Schriftenreihe

Personalwirtschaft

Band 4

ISSN 1439-5258

Verlag Dr. Kovač

Steffen Gaiser

Lernen in und von Organisationen

Die Rolle von individuellem Interesse

Verlag Dr. Kovač

VERLAG DR. KOVAČ

Arnoldstraße 49 · 22763 Hamburg · Tel. 040 - 39 88 80-0 · Fax 040 - 39 88 80-55

E-mail info@verlagdrkovac.de · Internet www.verlagdrkovac.de

Bibliografische Information Der Deutschen Bibliothek
Die Deutsche Bibliothek verzeichnet diese Publikation
in der Deutschen Nationalbibliographie;
detaillierte bibliografische Daten sind im Internet
über http://dnb.ddb.de abrufbar.

ISSN 1439-5258
ISBN 3-8300-0883-X

Zugl.: Dissertation, Universität Augsburg, 2002

© VERLAG DR. KOVAČ in Hamburg 2003

Printed in Germany
Alle Rechte vorbehalten. Nachdruck, fotomechanische Wiedergabe, Aufnahme in Online-Dienste
und Internet sowie Vervielfältigung auf Datenträgern wie CD-ROM etc. nur nach schriftlicher
Zustimmung des Verlages.

Gedruckt auf holz-, chlor- und säurefreiem Papier Alster Digital. Alster Digital ist
alterungsbeständig und erfüllt die Normen für Archivbeständigkeit ANSI 3948 und ISO 9706.

Für Sandra

Vorwort

Der hier vorliegende Text entstand im Rahmen meiner Promotion an der Wirtschaftswissenschaftlichen Fakultät der Universität Augsburg, die ich als externer Doktorand am Lehrstuhl für Personalwesen abgelegt habe. Eine Doktorarbeit schreibt man alleine und doch entsteht sie nicht ohne Unterstützung. Aus diesem Grund möchte ich mich bei Prof. Dr. O. Neuberger und Prof. Dr. M. Stengel für die Betreuung bedanken.

Als externer Doktorand hat man immer mit zwei Aufgabenfeldern zu ringen, einmal mit den regulären Anforderungen, die von Seiten des Arbeitgebers gestellt werden und zum anderen mit der Dissertation. Aus diesem Grund möchte ich mich bei meinem Kollegen Dr. C-M. Preuß bedanken, der mir trotz heftiger Beanspruchung durch seine eigenen Aufgaben den Rücken so gut es ging freigehalten hat.

Für das Korrekturlesen bedanke ich mich bei Frau Birgit Wurm und Herrn Tobias Specht, die in der Zeit meiner Promotion in unserem Team als studentische Hilfskräfte tätig waren.

Steffen Gaiser

Inhaltsverzeichnis

Abbildungsverzeichnis   XI

Tabellenverzeichnis   1

1. **Einleitende Bemerkungen**   3
   - 1.1. OL: Ein heterogenes Theoriegebiet mit praktischer Relevanz 4
   - 1.2. Ziel und Aufbau dieser Arbeit 7

I. Organisationales Lernen   11

2. **OL: Lernprozesse auf Organisationsebene**   13
   - 2.1. Lernen in Organisationstheorien 14
     - 2.1.1. Anpassungslernen in Organisationstheorien . 15
     - 2.1.2. Zusammenspiel organisationaler Parameter . 16
     - 2.1.3. Organisationskultur 17
   - 2.2. Organisationale Lerntheorien 22
     - 2.2.1. Perspektiven des organisationalen Lernens . . 22
     - 2.2.2. Theorien des organisationalen Lernens 26

Inhaltsverzeichnis

        2.2.2.1. Der vollständige Zyklus des Wahlverhaltens 26
        2.2.2.2. Ein kybernetisch fundiertes kulturelles Modell 30
        2.2.2.3. Veränderung von Wissensbasen . . . 37
        2.2.2.4. Der informationsorientierte Ansatz des organisationalen Lernens 53
        2.2.2.5. Der systemisch-kybernetische Ansatz 61
        2.2.2.6. Das Struktur-Modell 67
        2.2.2.7. Das OADI-Shared Mental Modells Modell 70
    2.2.3. Wer lernt beim organisationalen Lernen? . . 74
        2.2.3.1. Individuen als Akteure des Lernens 75
        2.2.3.2. Die Organisation als lernende Einheit? 83
        2.2.3.3. Eine dritte Perspektive: Lernen in strukturalistischer Sicht 84
    2.2.4. Organisationales Verlernen 89
  2.3. Pathologien im Lernprozess 94

3. Zusammenfassende Betrachtung und Kritik   103
3.1. Allgemeine Anmerkungen 103
3.2. Reflexion über OL 109
    3.2.1. OL: Eine begriffliche Betrachtung 109
        3.2.1.1. Organisationales Lernen, nicht Lernende Organisation 110
        3.2.1.2. Oxymoron 112
        3.2.1.3. Metapher 112
        3.2.1.4. Populärer Begriff 113

3.2.2. Was also ist organisationales Lernen? 114
    3.2.2.1. Eine 1:n Zuordnung 114
    3.2.2.2. OL und organisationaler Wandel .. 117
    3.2.2.3. OL und Organisationsentwicklung . 118
3.3. Lernen *in* Organisationen als Basis 122

II. Individuelle Lernprozesse   129

4. Lernen auf der Ebene des Individuums   131

4.1. Allgemeine Anmerkungen zum Thema Lernen 132
4.2. Behavioristische vs. Kognitive Lerntheorien 136
4.3. Stimulus-Response-Theorie 138
4.4. Kognitive Theorien 139
    4.4.1. Lernen als zyklische Denkschulung 140
    4.4.2. Piaget's Entwicklungspsychologie 142
    4.4.3. Lernen als Spirale 144
    4.4.4. Stufenmodell des Lernens 146
    4.4.5. Theorien des sozialen Lernens 148
        4.4.5.1. Lernen am Modell 148
        4.4.5.2. Kollektive Lernprozesse 149
4.5. Potenzielle Auslöser für Lernprozesse in Organisationen 151

III. Individuelles Interesse: Annäherung an ein komplexes Phänomen   155

5. Interesse - Annäherung an einen vieldeutigen Begriff   157

5.1. Interesse als alltagssprachlicher Begriff 159

Inhaltsverzeichnis

5.2. Eine kurze etymologische Betrachtung 161
5.3. Philosophische Interessenkonzepte 163
5.4. Interessenbegriff und Interessenkonzeptionen in der Psychologie 166
    5.4.1. Die wertbezogene Konzeption von Lunk ... 167
    5.4.2. Die Interessenskonzeption von Herbart 169
    5.4.3. Die aktivitätsorientierte Konzeption von Dewey 171
    5.4.4. Konzeption des echten Interesses von Kerschensteiner 172
    5.4.5. Interesse bei Piaget 173
5.5. Interesse: Eine erste Arbeitsdefinition 174

6. Interesse und Motivation: Zwei Seiten einer Medaille? 183
6.1. Extrinsische vs. Intrinsische Motivation 184
6.2. Konzeptionen intrinsischer Motivation 188
    6.2.1. Der psychoanalytische Ansatz von White .. 190
    6.2.2. Der behavioristisch-neurophysiologische Ansatz von Berlyne 191
    6.2.3. Der attributionstheoretische Ansatz von Deci 194
    6.2.4. Der phänomenologische Ansatz von Csikszentmihalyi 202
    6.2.5. Motivation und Emotion 205
6.3. Zusammenfassung und Anmerkungen 208

7. Interesse - eine Emotion? 213
7.1. Zum Stand der Emotionspsychologie 214
    7.1.1. Kategorisierungsansätze für Emotionstheorien 216

	7.1.1.1.	Kategorisierung nach wissenschaftlichem Erkenntnisinteresse 216
	7.1.1.2.	Kognitionsbezogene Kategorisierung 218
	7.1.1.3.	Kategorisierung nach Wesens- und Prozessmodellen 218
	7.1.1.4.	Kategorisierung nach zentralen Komponenten 219
7.1.2.	Merkmale von Emotionen - eine erste Bestimmung 220	
7.2. Interesse aus der Sicht des Komponentenmodells .. 226		
7.2.1.	Das Komponentenmodell im Überblick 227	
7.2.2.	Neurophysiologische Komponente 229	
	7.2.2.1.	Peripheralistische Ansätze 230
	7.2.2.2.	Zentralistische Ansätze 231
	7.2.2.3.	Neurophysiologische Betrachtung von Interesse 234
7.2.3.	Ausdruckskomponnte 236	
	7.2.3.1.	Allgemeines zum Ausdrucksverhalten 237
	7.2.3.2.	Ausdrucksverhalten und Interesse . 240
7.2.4.	Die subjektive Komponente 245	
7.2.5.	Anmerkungen zum Komponentenmodell ... 247	
7.3. Interesse aus der Sicht des Strukturmodells 249		
7.3.1.	Allgemeine Beschreibung des Strukturmodells 249	
7.3.2.	Interesse im Strukturmodell der Emotionen . 251	
7.4. Zusammenfassung 253		

8. Interesse: Definition und ein einfaches Modell   255

    8.1. Berücksichtigung der Umwelt 256
    8.2. Erweiterung des Objektbegriffs 262

8.3. Definition und Modell des Interesses 263

9. Zusammenfassung 267

IV. Interesse in organisationalen Lern- Prozessen 269

10. Interesse, Lernen und Leistung 271
10.1. Beschreibung des Einflusses von Interesse auf Lernen 272
    10.1.1. Auswirkung von Interesse auf Lernergebnisse 273
    10.1.2. Erklärungsansätze für die positive Auswirkung 275
    10.1.3. Zusammenfassung 280

11. Interessengeleitetes Handeln in Organisationen 283
11.1. Der Begriff Interesse in einer soziologisch orientierten Perspektive 284
11.2. Eigene und fremde Interessen 286
    11.2.1. Fremde Interessen als Handlungszwang.... 287
    11.2.2. Eigene Interessen und verinnerlichter Handlungszwang 289
11.3. Implikationen für Organisationale Lernprozesse ... 290
11.4. Interesse und Handeln in Organisationen 291
    11.4.1. Arbeitsteilung und Organisationsstruktur .. 292
    11.4.2. Aufgabenbezogene Handlungsregulation ... 293
        11.4.2.1. Handlungssteuerung durch TOTE-Einheiten 295
        11.4.2.2. Handlungsregulation durch VVR-Einheiten 296
        11.4.2.3. Operative Abbildsysteme 299

11.4.2.4. Hierarchisch- / heterarchisch sequentielle Regulation 302
11.4.2.5. Anmerkungen zu den dargestellten Ansätzen 304
11.4.3. Nichtaufgabenbezogenes Handeln 306
    11.4.3.1. Illusion der vollständigen Planbarkeit 306
    11.4.3.2. Geplantes Handeln bei Ajzen 308
    11.4.3.3. Interesse und eigenverantwortliches Handeln 312
    11.4.3.4. Bedingtaufgabenbezogenes Handeln 317
11.4.4. Interessen in der Verwertungsperspektive . . 319
    11.4.4.1. Personalwirtschaft oder die Sicht des Management 319
    11.4.4.2. Sozialisation *in den* und *im* Beruf . 321
    11.4.4.3. Job Enlargement, Job Enrichment und Job Rotation 325
11.5. Zusammenfassung 328
11.6. Nicht intendierte Folgen 329
    11.6.1. Interesse und Arbeitssucht 330
        11.6.1.1. Der Faktor Mensch 332
        11.6.1.2. Der Faktor Gesellschaft 333
        11.6.1.3. Der Faktor Suchtmittel 335
        11.6.1.4. Folgen der Arbeitssucht 337
    11.6.2. Interesse und Burnout 341
        11.6.2.1. Burnout als Metapher 342
        11.6.2.2. Definitionen und Beschreibungen . . 343
        11.6.2.3. Auslösende Faktoren 345
        11.6.2.4. Gefährdung der interessierten Mitarbeiter 348

Inhaltsverzeichnis

    11.6.3. Zusammenfassung 350

12. Die Rolle von Interesse in OL-Prozessen   **351**
    12.1. Ergänzung der kognitiven Sichtweise durch eine emotionale Überlegungen 351
    12.2. Beschreibung unter konstruktivistischer Perspektive 352

13. Zusammenfassung und Schlussfolgerung   **365**

Literaturverzeichnis   **373**

A. Abkürzungsverzeichnis   **415**

B. Indizes   **417**

Abbildungsverzeichnis

2.1. Geschichte des OL 26
2.2. OL bei March and Olsen 30
2.3. OL bei Argyris and Schön 36
2.4. Wissensorientiertes Modell des OL 42
2.5. OL bei Pautzke 47
2.6. OL im Info. Ansatz 60
2.7. OL bei Senge (1997) 65
2.8. OL bei Klimecki 68
2.9. KIM's OADI Modell 73
2.10. Musterkausalität bei Argyris 80
2.11. Zusammenhang Indiv. und Org. Lernen 83
2.12. Pathologien bei March and Olsen 97

3.1. Integratives Modell von Wiegand 105

4.1. Vollständiger Denkakt 142
4.2. Lernzyklus bei Kolb 146

5.1. Relationsmodell des Interesses 180

Abbildungsverzeichnis

6.1. Flow-Zustand 204

7.1. Peripheralistische und Zentralistische Ansätze 233
7.2. Emotionsausdruck: Interesse 242
7.3. Organon-Modell 243
7.4. Strukturmodell der Emotionen 252

8.1. Einfaches konstruktivistisches Interessenmodell . . . 266

11.1. TOTE-Einheit 297
11.2. Hacker's Handlungsregulation 300
11.3. VVR-Einheit 303
11.4. Geplantes Handeln bei Ajzen 310
11.5. Burnout bei Pines 347

12.1. Ablauf OL 360

Tabellenverzeichnis

2.1. Paradigmen des OL 59

3.1. Tab. Überblick über OL-Forschung 127

7.1. Emotionskategoriren (Scherer) 221
7.2. Basisemotionen 224
7.3. Scherer: Komponenten / Subsysteme / Funktionen . 229

1. Einleitende Bemerkungen

Bevor ein Einstieg in das Thema dieses Buches erfolgt, sollen an dieser Stelle einige Überlegungen zur praktischen und theoretischen Relevanz des Themas „Organisationales Lernen" dargestellt, sowie ein Überblick über den Aufbau des vorliegenden Textes gegeben werden.

In Bezug auf die Gestaltung des Textes habe ich bei der Wahl des Geschlechts der Substantive darauf verzichtet bei Substantiven, die generisch maskulin sind, die feminine Form zu ergänzen. Die maskuline Form steht somit stellvertretend für beide Geschlechter. Dies geschah nicht aus diskriminierenden Gründen, sondern um der Lesbarkeit des Textes willen. Ferner habe ich versucht den Gebrauch von Akronymen so weit wie möglich zu beschränken. Die unvermeidbaren Abkürzungen sind in einem Abkürzungsverzeichnis im Anhang A auf Seite 415 abgedruckt. Ein Index der Autoren, auf deren Werke im Rahmen dieses Textes Bezug genommen wird findet sich im Autorenregister in Anhang B ab Seite 426, als Hilfestellung zum Auffinden verschiedener Schlüsselwörter habe ich ferner einen Sachindex beigefügt, er findet sich ebenfalls in Anhang B ab Seite 428.

1. Einleitende Bemerkungen

1.1. OL: Ein heterogenes Theoriegebiet mit praktischer Relevanz

Die Auseinandersetzung mit dem Thema *organisationales Lernen* ist eine Auseinandersetzung mit dem Bestehen und Überleben von Organisationen im Zeitverlauf bzw. mit deren Erfolg und Misserfolg. Aus diesem Grund wird dem Thema nicht nur in der Theorie, sondern auch in der Praxis eine große Bedeutung zugemessen, was sich unter anderem an den Verkaufszahlen praxisorientierter OL-Literatur, sowie an deren oft pragmatisch- praktischer Ausrichtung zeigt.

Organisationales Lernen als theoretisches Gebiet befasst sich mit der Erklärung und Gestaltung von zielwirksamen Veränderungen in und von Organisationen.[1] Dabei unterbleibt jedoch meist eine genaue Abgrenzung zwischen Konzepten bzw. Theorien des organisationalen Lernens und denen des organisationalen Wandels bzw. Theorien und Konzepten der Organisationsentwicklung.

Seine Relevanz für die unternehmerische Praxis erhält das Thema unter anderem dadurch, dass sich die existierenden Ansätze meist durch eine direkte *Effektivitäts-* bzw. *Effizienzerwartung* auszeichnen. So hat Organisationales Lernen bei Argyris und Schön (1978)[2] bzw. Fiol und Lyles (1985)[3] nur dann stattgefunden, wenn sich eine gesteigerte Effizienz nachweisen lässt und für Tushman und Nadler (1978) sind die innovativsten Organisationen diejenigen, welche

---

[1] vgl. Wiegand (1996, S.8)
[2] vgl. Argyris und Schön (1978, S. 323)
[3] vgl. Fiol und Lyles (1985, S. 803)

1.1. OL: Ein heterogenes Theoriegebiet mit praktischer Relevanz

hochgradig effiziente Lernsysteme darstellen.[4]

Leider muss diesbezüglich angemerkt werden, dass die meisten dieser Aussagen auf nicht offengelegten Effizienzkriterien beruhen und ihre Aussagekraft somit generell in Frage gestellt werden muss.[5]

Und wie steht es mit der Theorie?

Zuerst einmal kann festgehalten werden, dass es *die* Theorie des organisationalen Lernens nicht gibt, sondern einen regelrechten Wald von Theorien, welche sich mit der Thematik aus unterschiedlichen Blickwinkeln befassen. Ferner kann festgestellt werden, dass "organisationales Lernen" als Thema in den meisten Organisationstheorien als implizite bzw. teilweise auch explizite Grundannahme vorhanden ist, oder in den Worten von Daft und Huber (1987):

> „It is rarely made explicit, but organizational learning has been a key assumption in organization theory since the 1950's."
> [Daft und Huber (1987, S.2)]

Wiegand (1996) weist in diesem Zusammenhang darauf hin, dass Organisationales Lernen für die meisten Theorien des organisationalen Wandels eine zentrale Bedeutung hat, da sie deren konzeptionelle Dynamisierung ermöglicht.[6] Wenn es um die Konzipierung von prozessualen und von individuellen Akteuren induzierten Veränderungen von Organisationen als sozialen Systemen geht, spielen individuelle bzw. kollektive Lernprozesse eine zentrale Rolle.

---

[4]vgl. Tushman und Nadler (1978, S. 75)
[5]vgl. Wiegand (1996, S.11)
[6]vgl. Wiegand (1996, S.7)

1. Einleitende Bemerkungen

Die Vielfalt der existierenden OL-Theorien zeigt, welche Aufmerksamkeit dem Thema von theoretischer Seite beigemessen wird. So finden sich diesbezügliche Annahmen in vielen organisationsbezogenen Theorien und Forschungsrichtungen, beispielsweise in Theorien und Untersuchungen zum *Management* von Baden-Fuller und Stopford (1994)[7], in den Ausführungen von Boisot (1995), bei Burns und Stalker (1961), bei Cyert und March (1963), bei Kolb (1976) bei Nonaka und Takeuschi (1995) und natürlich bei Senge (1990).

Des Weiteren finden sich Ansätze des organisationalen Lernens in Arbeiten zum Theoriegebiet *Unternehmensstrategie*, beispielsweise bei Argyris (1990), bei Grinyer und Spencer (1979), bei Miller (1990), bei Senge und Sterman (1992), sowie bei Wilkström und Norman (1994).

In Veröffentlichungen, die dem Gebiet des *Human Ressource Management* zugerechnet werden können, wird Organisationales Lernen als die prozessuale Komponente der Entwicklung sozialer Systeme betracht, in denen eine qualitative Entwicklung als eine Verbesserung der kollektiven Denkhaltung bzw. des Problemlösungsverhaltens durch OL angenommen wird. Überlegungen diesbezüglich finden sich bei Bateson (1985), bei Daft und Weick (1984), bei Duncan und Weiss (1979), Hedberg (1981), Huber (1991), bei Kofman und Senge (1993), Luhmann (1984) und Schein (1993).

Organisationales Lernen findet ferner seinen Niederschlag in mathematisch orientierten Modellen der *Ökonomie* und *Volkswirt-*

---

[7]Die Autoren haben für Ihr Werk den Titel „Rejuvenating mature businesses" gewählt und folgen dem Trend, OL unkritisch als eine Art omnipotentes Heilmittel zu betrachten. OL verjüngt! Alles andere lässt Organisationen alt aussehen. Dass eine Verjüngung jedoch nicht nur mit positiven Folgen verbunden ist wird nicht thematisiert.

schaftslehre, beispielsweise bei Überlegungen zu Lerneffekten, dem spieltheoretischen Lernansatz[8], sowie in theoretischen Ansätzen zu Humankapital in Volkswirtschaften. Zu nennen sind hierbei die Arbeiten von Ellison und Fudenberg (1993) und von Stigler (1961), sowie von Kreps (1990). Diese Arbeiten zeichnen sich im Gegensatz zu den oben genannten durch ihre starke mathematische Ausrichtung und die dabei vorgenommenen Simplifizierungen und unrealistischen Annahmen aus,[9] welche die Berechenbarkeit von menschlichem Verhalten suggerieren. Es muss jedoch an dieser Stelle relativierend angemerkt werden, dass die Arbeiten von Herbert Simon zur begrenzten Rationalität zumindest teilweise Einfluss in die volkswirtschaftlichen Forschungen auf diesem Gebiet gefunden haben, was sich in den Arbeiten von Collinsk (1996) und Arthur (1994) zeigt.

1.2. Ziel und Aufbau dieser Arbeit

In dieser Arbeit wird die bisher noch nicht gestellte Frage diskutiert werden, welche Rolle individuelle Interessen im Rahmen von organisationalen Lernprozessen spielen.

Die Komplexität und Vielfältigkeit des Themas *organisationales Lernen* macht dabei einen Überblick über die bisher existierenden Theorien gleichzeitig schwierig und unumgänglich. Durch die

---

[8] Der spieltheoretische Lernansatz untersucht die Art und Weise, in der Spieler aus Erfolgen der Vergangenheit bestimmte erfolgreiche Verhaltensweisen lernen.

[9] Sehr populär sind hierbei immer noch Annahmen wie die vollkommene Verfügbarkeit von Informationen auf Seiten der beschriebenen Parteien.

1. Einleitende Bemerkungen

Darstellung über den Stand der Forschung auf diesem Gebiet und eine Reflexion über organisationales „Lernen" im ersten Teil der Arbeit wird gezeigt werden, dass die bisherigen Betrachtungen viele Fragen aufgeworfen und teilweise auch beantwortet haben (Dies geschieht in den Abschnitten des Kapitels 2). Dabei wird insbesondere auf die Konzeptionen der Prozesse des organisationalen Lernens eingegangen (Abschnitt 2.2.2), die Frage nach den Agenten des Lernprozesses diskutiert (Abschnitt 2.2.3) und über OL „an sich" reflektiert.

Ab dem zweiten Teil der Arbeit steht deshalb das Individuum im Mittelpunkt der Betrachtung. Dabei wird der Frage nachgegangen, wie individuelle Lernprozesse, die nach den Überlegungen im ersten Teil als notwendige Bedingung für organisationale Lernprozesse betrachtet werden, ablaufen und insbesondere, wie sie in Organisationen angeregt werden können (Abschnitt 4), was die Überleitung zum Thema Interesse darstellt.

Da es sich bei Interesse um einen vieldeutigen Begriff und ein komplexes Phänomen handelt, wird im dritten Teil der Arbeit ausführlich auf individuumsbezogenes *Interesse* eingegangen. Dabei wird nach einer etymologischen Klärung des Interessenbegriffs auf zentrale Interessenskonzeptionen aus den Bereichen der Philosophie und der pädagogischen Psychologie eingegangen (Abschnitt 5). Ziel dabei ist es eine Arbeitsdefinition des Interesses für das weitere Vorgehen aufzustellen (Abschnitt 5.5), wobei die theoriebezogene Nähe der Interessenskonzeptionen zu psychologischen Konzepten der Motivation herausgearbeitet und die Schwierigkeit der Abgrenzung der beiden Theoriegebiete aufgezeigt wird (Abschnitt 6).

1.2. Ziel und Aufbau dieser Arbeit

In einem darauf folgenden Schritt (Abschnitt 7 ab Seite 213) wird aufgrund der emotionalen Komponente von Interesse auf Ergebnisse und Ansätze der Emotionsforschung zurückgegriffen und diskutiert, ob es sich bei Interesse um eine *Emotion* im Sinne der derzeit existierenden Ansätze der Emotionspsychologie handelt.

Der dritte Teil endet in einer Definition des Interesses und einem einfachen konstruktivistischen Interessensmodell (Abschnitt 8.3).

Der vierte Teil verbindet die bisher angestellten Überlegungen, indem er in einem ersten Schritt unter Zuhilfenahme von Erklärungsansätzen und Untersuchungsergebnissen aus dem Bereich der Pädagogik und der Andragogik, Aussagen zur Wirkungsweise von Interessen auf individuelle Lernprozesse diskutiert (Abschnitt 10).

In dem darauf folgenden Abschnitt wird auf die Diskussion um Interessen in Organisationen eingegangen. Dabei wird herausgearbeitet, dass die klassische Intessensdiskussion in Organisationen sich nicht um individuelle Interessen, sondern vielmehr um Fragen der Macht und Politik dreht. Aus diesem Grund wird die Einschränkung von Handlungsspielräumen als charakteristisches Merkmal von Organisationen als kollektiven Handlungssystemen auf interessegeleitetes Handeln in Organisationen diskutiert, wobei sowohl auf die positiven als auch negativen Folgen, wie die Gefahr des Abgleitens in die Arbeitssucht (Abschnitt 11.6.1) eingegangen wird.

Der letzte Teil der Arbeit führt die gewonnenen Erkenntnisse zusammen.

Teil I.

Organisationales Lernen

2. OL: Lernprozesse auf Organisationsebene

Dieses Kapitel wird der Klärung der Frage dienen: *Welche Überlegungen wurden bisher zum Thema des organisationalen Lernens angestellt und welche Fragen wurden noch nicht gestellt bzw. beantwortet?* Es gibt somit einen knappen Überblick über den Stand der Forschung auf diesem Gebiet. Das Kapitel trägt die Überschrift „Lernen auf Organisationsebene", da Lernprozesse, wie im Verlauf dieser Arbeit gezeigt wird, auf unterschiedlichen Ebenen konzipiert werden können. Eine Ebene stellt die Ebene des Individuums dar, die komplexere die Ebene der Organisation als Ansammlung von Individuen und Gruppen.

Zur Beantwortung dieser Fragestellung werden die einzelnen Ansätze auf dem Gebiet des organisationalen Lernens dargestellt und kurz diskutiert.[1] Der Schwerpunkt der Betrachtung liegt dabei auf

---

[1] Da der Ursprung des Forschungsgebiets in den 1960er Jahren liegt und Theorien in den unterschiedlichsten wissenschaftlichen Fachrichtungen hervorgebracht hat, ist es quasi unmöglich einen umfassenden Überblick über alle bisherigen Ansätze und Überlegungen im engen Rahmen dieser Arbeit zu geben. Aus diesem Grund werden hier nur die meist diskutierten Ansätze aufgegriffen. Die getroffene Auswahl ist somit sehr subjektiv, deckt sich aber großenteils mit der Auswahl, die andere Autoren in ihren Werken über OL-Forschung getroffen haben.

2. OL: Lernprozesse auf Organisationsebene

den Konzeptionen der Prozesse des organisationalen Lernens, den Lernagenten und den Pathologien im Lernprozess.

2.1. Lernen in Organisationstheorien

Bei Organisationen handelt es sich um *hochkomplexe soziale Gebilde*, weshalb es nach Kieser (1993) nicht möglich ist „alle ihre Eigenschaften und alle Beziehungen zwischen ihren Elementen in einer Theorie zu fassen."[2] Aus diesem Grund ist es in der Organisationsforschung zur Entwicklung unzähliger Organisationstheorien gekommen, die jeweils Teilaspekte des Organisationsphänomens beschreiben. Einige der Überlegungen zu Organisationen und daraus entstandene Theorien enthalten Aussagen, welche implizit die Annahmen von lernendem Verhalten beinhalten, aber nicht die Schlagwörter *Lernende Organisation* bzw. *organisationales Lernen* für die beschriebenen Vorgänge verwenden. Beispiele hierfür werden im Folgenden kurz umrissen.

Da *Lernen* meistens mit dem Begriff *Veränderung* in Verbindung steht, sind dies zum einen Untersuchungen bzw. Theorien, die sich mit *Anpassungsleistungen* von Organisationen bzw. organisationalen Teileinheiten (wie beispielsweise Abteilungen) an bestimmte Umwelten befassen. Einen weiteren Block bilden Theorien, welche sich mit der *Gestaltung verschiedener organisationaler Parameter*, wie beispielsweise der Organisationstruktur auseinander setzen.

Ansätze, die sich mit *Kulturen* in Organisationen als Wertegemeinschaften befassen, bilden den letzten der hier kurz angeschnittenen

---
[2]Kieser (1993, S.1)

2.1. Lernen in Organisationstheorien

Theorieblöcke.

2.1.1. Anpassungslernen in Organisationstheorien

In dieser Gruppe von Organisationstheorien geht es um die *Anpassung von Organisationen an ihre jeweilige Umwelt* und die Mechanismen, die dabei auftreten:

- *Burns und Stalker (1961)* stellten in empirischen Untersuchungen fest, dass Organisationen mit unterschiedlichen Strukturen in unterschiedlichen Umwelten mehr bzw. weniger erfolgreich waren. So kamen sie zu dem Schluss, dass bürokratische Organisationen in statischen Umwelten und organische Organisationen in dynamischen Umwelten effizienter sind.

- *Emery und Trist (1965)* fanden heraus, dass Organisationen nur als eigenständige Einheiten bestehen können, wenn sie es schaffen die Austauschbeziehungen mit ihrer Umwelt erfolgreich zu handhaben, wobei sich diese Austauschbeziehungen an den technologiebedingten Wandel der Umwelt anpassen müssen.

- *Lawrence und Lorsch (1967)* entwarfen ein Konzept, welches die Aussagen von Burns und Stalker (1961) verfeinerte und die Prägung der Organisationsstruktur von organisationalen Teileinheiten in Abhängigkeit der Dynamik ihrer jeweils spezifischen Umweltsegmente untersuchte.

- *Terreberry (1968)* stellte fest, dass sich Organisationen mehr und mehr in turbulenten Situationen wiederfinden, in denen

2. OL: Lernprozesse auf Organisationsebene

die Beschleunigungsrate und Komplexität von interaktiven Effekten in der Umwelt die Kapazität der Organisationen in Bezug auf die Prädiktabilität der Wirkung ihrer Handlungen übersteigt, was langfristig zu Kontrollverlust führen kann. Deshalb stellte sie die Hypothese auf, dass die Anpassungsfähigkeit von Organisationen abhängig ist von der Fähigkeit zu *lernen* und ihr Verhalten an die veränderte Umwelt anzupassen.

Implizit ist in all diesen Theorien der Anpassung von Organisationen an ihre Umwelten die Annahme enthalten, dass Organisationen *lernen*, wie ihre Umwelt beschaffen ist und welche organisationalen Gestaltungsparameter modifiziert werden müssen, um die beste Anpassung an die entsprechenden Umwelt und somit eine möglichst hohe Effizienz zu erreichen.

2.1.2. Zusammenspiel organisationaler Parameter

Die zweite der einleitend genannten Gruppen von Organisationstheorien befasst sich mit dem *Zusammenwirken von organisationalen Merkmalen* wie z.B. Organisationsstruktur, Strategie und Technologie.

- *Miles und Snow (1978)* untersuchten den Zusammenhang von Struktur und Strategie von Organisationen. Sie stellen dabei auf strategisches Verhalten als Variable in dem Anpassungsprozess an die organisationale Umwelt ab und identifizieren vier verschiedene Strategien: *Defenders, Prospectors, Analyzers* und *Reactors*. Sie stellen fest, dass Organisationen ihre

2.1. Lernen in Organisationstheorien

Organisationsstruktur mit ihrer Strategie in Einklang bringen müssen, um im Wettbewerb erfolgreich zu sein.

- *Hambrick (1982)* untersuchte den Einfluss der industriellen Umwelt auf die Effektivität verschiedener Strategien, basierend auf der von Miles und Snow (1978) eingeführten Klassifizierung. Dabei konzentrierte er sich auf *Defenders* und *Prospectors* und kam zu dem Ergebnis, dass erstgenannte in stabilen und nicht-innovativen Märkten, letztgenannte in dynamischen und innovativen Märkten effizienter waren.

Eine Erklärungsmöglichkeit für die erfolgreiche Wahl der entsprechenden Kombinationen der organisationalen Gestaltungsparameter kann der von den Vertretern des *Population Ecology-Ansatzes* aus der Evolutionstheorie übernommene Mechanismus der Selektion darstellen.[3] Es ist denkbar, dass es zu *Lernvorgängen* gekommen ist, und die Organisationen durch Lernvorgänge auf die jeweils optimalen Kombinationen gestoßen sind. Diejenigen Organisationen, welche schnell und effektiv gelernt haben bzw. gelernt haben zu lernen, konnten sich (beispielsweise durch interne Restrukturierung) schneller an ihre Umwelt anpassen und somit effizienter sein als ihre Konkurrenten.

2.1.3. Organisationskultur

Die letzte Gruppe der oben genannten Organisationstheorien befasst sich mit der in den 1980er Jahren sehr populären Forschungs-

---

[3] vgl. Hannen und Freeman (1977) bzw. Aldrich, McKlevey und Ulrich (1984)

2. OL: Lernprozesse auf Organisationsebene

richtung *Organisationskultur*,[4] mit kollektiven Denk- und Wertemustern, einschließlich der vermittelnden Symbolsysteme. Sie folgt also, im Gegensatz zu den oben genannten Ansätzen, keinem strukturalistischen, sondern eher einem *interpretativen Paradigma*. Dabei wird der aus der Anthropologie entliehene Kulturbegriff auf Organisationen übertragen. In der Anthropologie herrscht jedoch keineswegs Einigkeit über die Bedeutung des Kulturbegriffs, was die Vielfältigkeit seiner Interpretation in der Organisationsforschung erklären kann.[5] Neuberger und Kompa (1987)bezeichnen Unternehmenskultur deshalb als eine Metapher, bei welcher nur auf den ersten Blick klar erscheint, was sie bedeutet.[6]

Aus den verschiedenen Kultur-Konzepten in der Anthropologie[7] erscheinen die *Cognitive Perspective* und die *Symbolic Perspective* für das Verständnis des Organisationalen Lernens am wertvollsten. Erstgenannte sieht Kultur, als

> „[...] System of shared cognitions or a System of knowledge and beliefs."
> [Smircich (1983, S.348)]

Die Symbolische Perspektive versteht Kulturen als

> „[...] systems of shared symbols and meanings."
> [Smircich (1983, S.350)]

---

[4]Im weiteren Verlauf werden die Begriffe *Unternehmenskultur*, *Firmenkultur* und *Organisationskultur* synonym verwendet.
[5]vgl. Smircich (1983, S.339)
[6]vgl. Neuberger und Kompa (1987, S.17)
[7]Smircich (1983, S.342) identifiziert fünf verschiedene Konzepte.

2.1. Lernen in Organisationstheorien

Diese beiden Sichtweisen aus der Anthropologie haben das Kulturverständnis der Organisationsforschung nachhaltig beeinflusst. Es wird davon ausgegangen, dass Kultur das Verhalten der Organisationsmitglieder "ist" und dass unterschiedliche Organisationen, ähnlich unterschiedlichen Stämmen in der Betrachtungsweise der Anthropologie, unterschiedliche Kulturen haben. Es wird also davon ausgegangen, dass

„[...] jede Organisation für sich eine je spezifische Kultur entwickelt, d.h. in gewisser Hinsicht eine eigenständige Kulturgemeinschaft darstellt mit eigenen unverwechselbaren Vorstellungs- und Orientierungsmustern, die das Verhalten der Mitglieder nach innen und außen auf nachhaltige Weise prägen."
[Schreyögg (1992, S.1525)].

Diese *Organisationskultur* wird dabei verstanden als,

„[...] basic assumptions and beliefs that are shared by members of an organization, that operate unconsciously, and that define in a basic 'taken for granted' fashion an organization's view of itself and its environment. These assumptions and beliefs are learned responses to a group's problems of survival in its external environment and its problems of internal integration"
[Schein (1985, S.6)]

Bei der Betrachtung der bisher dargestellten Aussagen zu Kultur kann mit Neuberger und Kompa (1987) festgestellt werden, dass

2. OL: Lernprozesse auf Organisationsebene

der Begriff an sich zwei Konzeptualisierungen aufweist. Eine Organisation in der Organisationsforschung, genauso wie ein Stamm in der Anthropologie *hat* eine Kultur und *ist* eine Kultur.[8]

In Bezug auf die Gemeinsamkeiten der verschiedenen Ansätze zur Organisationskultur identifiziert Schreyögg (1992) die im Folgenden dargestellten *Kernelemente*. Organisationskulturen...

- sind gemeinsam geteilte Überzeugungen, die das Selbstverständnis und die Eigendefinition der Organisation prägen;

- werden als selbstverständlich angenommen, Selbstreflexionen sind die Ausnahme;

- sind kollektive Phänomene, die das Handeln des einzelnen Mitglieds prägen;

- sind Ergebnisse eines Lernprozesses;

- vermitteln Sinn und Orientierung in einer komplexen Welt, durch Mustervorgaben für Selektion und Interpretation;

- werden in Sozialisationsprozessen vermittelt.

Aus diesen Beschreibungen wird die für die konkrete *Forschung* zur Unternehmenskultur existierende *Schwierigkeit* ersichtlich. Es können zwar äußere Erscheinungsformen, wie z.B. Sprache, Riten etc. beobachtet und beschrieben werden, die zugrundeliegenden Werte, Normen und Schemata sind nicht direkt beobachtbar, sondern müssen vom Beobachter individuell konstruiert werden und hängen

---
[8] vgl. Neuberger und Kompa (1987, S.21ff).

2.1. Lernen in Organisationstheorien

somit stark von dem Zustand des Beobachters als beschreibendes System ab.

Überlegungen zum Phänomen der Unternehmenskultur haben in den Theorien des organisationalen Lernens vor allem bei dem Sprung von der individuellen auf die organisationale Lernebene große Bedeutung gewonnen. So vertritt Hedberg (1981) die Meinung:

> „Although organizational learning occurs through individuals, it would be a mistake to conclude that organizational learning is nothing but the cumulative result of their members' learning. [...] Members come and go, and leadership changes, but organizations' memories preserve certain behaviors, mental maps, *norms, and values* over time."
> [Hedberg (1981, S.3) Hervorhebungen durch S.G.]

Einfluss auf einzelne Theorien des organisationalen Lernens hat der Kulturelle Ansatz in Theorien genommen, welche Organisationen als *„community of assumptions"*[9] betrachten. Ferner in der Theorie von Argyris und Schön (1978) in Form der organisationalen *theory-in-use* [10], sowie bei Daft und Huber (1987)[11] bei der gemeinsamen Interpretation von Informationen im organisationalen Lernprozess.

---

[9] vgl. Etzioni (1975, S.201ff)
[10] Dargestellt in Abschnitt 2.2.2.2 ab Seite 30 dieser Arbeit
[11] vgl. Abschnitt 2.2.2.4 ab Seite 53 dieser Arbeit.

2. OL: Lernprozesse auf Organisationsebene

2.2. Organisationale Lerntheorien

Nachdem im vorangegangenen Abschnitt auf Ansätze des Lernens in Organisationstheorien, die nicht unter dem Label des organisationalen Lernens veröffentlicht wurden, eingegangen worden ist, wird in diesem Kapitel durch eine Untersuchung der existierenden Literatur[12] der derzeitige Stand der Forschung zum Thema organisationales Lernen aufgezeigt werden. Dabei wird die Leitfrage dieses Kapitels, nämlich wie der konkret angenommene Lernprozess beschrieben werden kann, im Mittelpunkt der Betrachtung stehen.

2.2.1. Perspektiven des organisationalen Lernens

Das Forschungsgebiet des organisationalen Lernens fand seinen Ausgangspunkt in den 1960er Jahren mit den Arbeiten von Cyert und March (1963), fiel dann in eine Art „Dornröschenschlaf" und wurde in den auslaufenden 1970er Jahren durch die Arbeiten von Argyris und Schön (1978) wieder in die Diskussion eingebracht und erfuhr in den auslaufenden 1980er und beginnenden 1990er Jahren breite Beachtung, die wohl maßgeblich durch die Arbeiten von Senge (1990) ausgelöst wurde. In vielen der zu diesem Thema existierenden Arbeiten wird versucht aus der Psychologie bekannte Lerntheorien auf Organisationen zu übertragen und sie somit nutzbar

---

[12] Generell lässt sich die Literatur zum Thema organisationales Lernen in drei Bereiche unterteilen. Zum einen sind dies die theoriebezogenen Veröffentlichungen, auf welche in diesem Abschnitt näher eingegangen werden soll, zum anderen die Veröffentlichungen mit empirischen Schwerpunkt und schließlich die Veröffentlichungen mit stark Praxis orientiertem, gestaltungsbezogenen Schwerpunkt. Der Fokus der Betrachtung im Rahmen dieser Arbeit liegt auf den theoriebezogenen Veröffentlichungen.

2.2. Organisationale Lerntheorien

zu machen.[13] Dabei unterbleibt jedoch meistens der explizite Verweis auf die aus der Psychologie entnommenen und teilweise abgeänderten Theorien des Individuallernens. Bei der Betrachtung des Forschungsgebiets ist festzustellen, dass derzeit keineswegs eine ausgearbeitete und umfassende Theorie des organisationalen Lernens besteht, und dass fast alle Autoren, die auf diesem Gebiet tätig sind, auf den *fragmentarischen Charakter* der bisherigen Forschung hinweisen.[14]

Generell kann festgestellt werden, dass es sich bei Theorien zu OL, ähnlich wie bei Theorien zum Beobachtungsgegenstand Organisation, um ein sehr heterogenes Forschungsgebiet handelt. Verschiedene Autoren haben das Phänomen unter unterschiedlichen Gesichtspunkten untersucht und daraus Theorien entwickelt, die den Forschungsgegenstand aus unterschiedlichen Perspektiven beschreiben. Aus diesem Grund soll für die hier einleitend dargestellte Kategorisierung die Bezeichnung *Perspektive* verwendet werden.[15]

Die bislang existierenden OL-Theorien lassen sich in perspektivischer Sicht in fünf Kategorien einteilen.[16]

1. Organisationales Lernen in der *Anpassungsperspektive*: Theorien dieser Kategorie verstehen OL als eine Anpassungsleistung von Organisationen an ihre jeweilige Umwelt, wobei die

---

[13] vgl. z.B. die Ansätze von March und Olsen (1975) bzw. Argyris und Schön (1974)

[14] vgl. beispielsweise Fiol und Lyles (1985, S.803), Duncan und Weiss (1979, S.78) bzw. Shrivastava (1983, S.9).

[15] Ordnungsversuche auf diesem Gebiet wurden u.a. von Shrivastava (1983) bzw. Eberl (1996) und Klimecki (1997) vorgenommen. Die hier dargestellte Einteilung entspricht einer Integration der bisher existierenden Gliederungsversuche.

[16] vgl. Shrivastava (1983, S.9ff) und ergänzend dazu Eberl (1996, S.19)

2. OL: Lernprozesse auf Organisationsebene

Anpassung auf unterschiedliche Arten erfolgen kann. *Cyert und March (1963)* betrachten die aggregierte Ebene von Organisationen und identifizieren drei verschiedene Anpassungs-Phasen in Entscheidungsprozessen, nämlich Anpassung von Zielen, Aufmerksamkeits- und Suchregeln. *Cangelosi und Dill (1965)* haben verschiedene, stressinduzierte Anpassungsmechanismen in Managementteams bei der Interaktion zwischen Individuum und Gruppe aufgezeigt. *March und Olsen (1975)* identifizierten Lernprozesse und Pathologien vor dem Hintergrund des individuellen und organisationalen Anpassungsverhaltens.

2. Organisationales Lernen in *kultureller Perspektive*: Die Vertreter dieser Perspektive gehen davon aus, dass Organisationsmitglieder eine Art gemeinsame *Weltanschauung* haben, also ein tief liegendes Set von Normen und Werten, die ihre Wahrnehmungen und Handlungen beeinflussen. *Argyris und Schön (1978)* bezeichnen dieses Set als *theory-in-use* und betrachten organisationales Lernen als deren Ausbildung bzw. Veränderungen.

3. Organisationales Lernen in der *Wissensperspektive*: *Duncan und Weiss (1979)* verstehen organisationales Lernen als die Veränderung einer organisationalen Wissensbasis, welche Wissen über den Zusammenhang von Handlungen der Organisation und deren Output enthält. *Pautzke (1989)* beschreibt einen möglichen Aufbau von organisationalen Wissensbasen und die Lernprozesse, welche innerhalb dieser zu Modifikationen führen.

2.2. Organisationale Lerntheorien

4. Organisationales Lernen als *Institutionales Erfahrungslernen*: Ein weiterer Ansatz zur Erklärung des organisationalen Lernens findet sich in den Theorien, welche sich mit Lernkurveneffekten in der industriellen Produktion auseinander setzen, wie z.B. *Asher (1954)* bzw. *Wright (1953)*.

5. Organisationales Lernen in einer *Systemisch-Kybernetischen Perspektive*: Senge (1990) betrachtet in einem sehr pragmatischen und praxisorientierten Ansatz OL als eine Kombination von Disziplinen, welche eine Organisation bewältigen (beherrschen) muss, um zur lernenden Organisation zu werden. Klimecki et al. (1994) integrieren in ihrem Strukturmodell des organisationalen Lernens systemische, konstruktivistische und kognitivistische Überlegungen in Bezug auf die Anpassung von Organisationen als Lernsysteme an sich ändernde Umwelten.

Die zeitliche Entwicklung der Theorien in den jeweiligen Perspektiven ist in Abbildung 2.1 auf Seite 26 dargestellt, in der neben den Perspektiven der OL-Theorien auch einige Theorien des individuellen Lernens eingetragen sind.[17]

---

[17] Diese Darstellung enthält nicht die Ansätze von Kim (1993a) und Klimecki et al. (1994) (vgl. Abschnit 2.2.2.7 bzw. Abschnitt 2.2.2.6), da diese sich als eklektische Ansätze nicht direkt zu einer der genannten Kategorien zuordnen lassen. Der Ansatz von Kim (1993a) kann am ehesten noch mit der anpassungsorientierten Perspektive in Verbindung gebracht werden (vgl. Abschnitt 2.2.2.7 ab Seite 70).

2. OL: Lernprozesse auf Organisationsebene

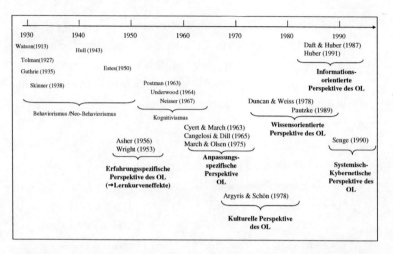

Abbildung 2.1.: Von individuellen zu organisationalen Lerntheorien. Eine kurze Entwicklungsgeschichte des organisationalen Lernens.

2.2.2. Theorien des organisationalen Lernens

Nachdem im vorangegangenen Abschnitt eine Kategorisierung für Theorien des OL dargestellt wurde, wird in diesem Abschnitt eine Ebene tiefer gegangen und einen Blick auf die konkreten Theorien des OL geworfen. Die Darstellung erfolgt dabei in chronologischer Reihenfolge ihres Entstehens.

2.2.2.1. Der vollständige Zyklus des Wahlverhaltens

James G. March hat zusammen mit seinen Mitarbeitern mehrere Ansätze des organisationalen Lernens entwickelt, die sich alle durch

2.2. Organisationale Lerntheorien

den Oberbegriff *Anpassungslernen* charakterisieren lassen. Entwickelt hat sich der Ansatz von March und Olsen (1975) aus den Überlegungen zu der von Barnard (1938) bzw. Simon (1945) mit begründeten *betriebswirtschaftlichen Entscheidungstheorie* und den Überlegungen von Cyert und March (1963), sowie Cohen, March und Olsen (1972)[18] Der diesen Überlegungen zugrunde liegende Organisationsbegriff ist derselbe, der auch in der betriebswirtschaftlichen Entscheidungstheorie zugrundegelegt wird: Organisationen bestehen aus Handlungen, nicht aus Menschen und Maschinen.

March und Olsen (1975) bzw. March und Olsen (1990)[19] gehen in ihrem Ansatz des organisationalen Lernens davon aus, dass Lernprozesse nicht mit einfachen Lernmodellen beschreibbar sind und greifen deshalb auf ein zyklisches Modell zurück, das sie als den *„vollständigen Zyklus des Wahlverhaltens"* bezeichnen.[20] Dieser ist in Abbildung 2.2 auf 30 grafisch dargestellt. Manche Autoren bezeichnen diesen Ansatz des organisationalen Lernens auch als OL aus der *Anpassungsorientierten Perspektive*[21] oder simpel als *Anpassungslernen*[22], was auf das Ziel des Lernens, nämlich die Anpassung an eine veränderte Umwelt hindeutet. Erfolgreiches OL lässt sich somit mit Levitt und March (1988) als gelungene Anpassung an Umweltveränderungen beschreiben.[23] Ergebnis des organisationalen Lernens ist dabei beispielsweise die Veränderung der *organizational rules* bzw. der *standard operation procedures*.[24]

---
[18] Weshalb der Ansatz auch *Entscheidung (Choice)* als zentralen Begriff trägt.
[19] Bei dem Artikel aus dem Jahre 1990 handelt es sich um die deutsche Übersetzung einer überarbeiteten Version des Artikels von 1975.
[20] s. March und Olsen (1990, S.377)
[21] z.B. Eberl (1996)
[22] z.B. Shrivastava (1983)
[23] vgl. Levitt und March (1988, S.320)
[24] vgl. Cyert und March (1963, S.101ff)

2. OL: Lernprozesse auf Organisationsebene

Im Unterschied zu anderen Autoren[25] betonen March und Olsen (1975) stärker den Aspekt der Interaktion von Organisation und Umwelt, wobei organisationales Lernen als erfahrungsbezogener Prozess konzipiert wird, der Entscheidungen generiert, die auf den wahrgenommenen Veränderungen der Umwelt beruhen, in der sich die Organisation bewähren muss. Organisationales Lernen steht somit in einem engen Zusammenhang mit organisationalen Entscheidungen. Den Autoren geht es dabei in erster Linie nicht darum einen idealtypischen Prozess des organisationalen Lernens zu entwerfen, sondern um die Identifikation und Darstellung von *Lernpathologien*, welche sie als Störungen im organisatorischen Lernzyklus betrachten. Auf diese Pathologien wird im Kapitel 2.3 ab Seite 94 näher eingegangen.

Das insgesamt *behavioristisch orientierte Modell*[26], das den Lernzyklus als Stimulus-Response System betrachtet, geht von einem geschlossenen Beziehungszyklus aus, bei dem *Kognitionen und Präferenzen der Individuen* in Beziehung zum *individuellen Verhalten* stehen, welches Auswirkungen auf das *organisatorische Wahlverhalten* hat. Dieses Wahlverhalten beeinflusst die *Reaktionen der Umwelt*, welche wiederum die *individuellen Kognitionen und Präferenzen* beeinflusst. Die Umwelt der Organisation kann dabei als Quelle der Stimuli, das Verhalten der Individuen als die darauf folgende Reaktion betrachtet werden. Da diese Reize jedoch von den Individuen interpretiert werden müssen, liegt auch eine *kognitive Komponente* des Lernens vor.

Bei der Betrachtung des Lernprozesses kann mit Fiol und Lyles

---

[25] z.B. Argyris und Schön (1974)
[26] vgl. Hedberg (1981, S.3)

2.2. Organisationale Lerntheorien

(1985) festgestellt werden:

> „Organisationen befinden sich demnach in einer permanenten Lernbereitschaft, einem 'aufgetauten' Zustand. Sie entwickeln darüber hinaus Lernsysteme, die im Laufe ihrer Geschichte Symbole, Leitlinien, Werte und Normen widerspiegeln. Sie sind somit grundsätzlich abhängig von ihren Mitgliedern."
> [Fiol und Lyles (1985, S.804)]

Dieses Zitat weist auf eine weitere Kategorisierbarkeit der OL-Ansätze hin, nämlich in solche, welche die Organisationsmitglieder als Agenten des organisationalen Lernprozesses betrachten und diejenigen, welche die Organisation „an sich" als lernende Einheit begreifen. Hierauf wird weiter unten im Text noch eingegangen werden.[27]

Anmerkungen zum Cycle of Choice

March und Olsen (1975) bzw. March und Olsen (1976) geht es in erster Linie nicht um die Erstellung eines Ansatzes zur Erklärung des organisationalen Lernens, sondern vielmehr um eine verbesserte Theorie des organisationalen Entscheidungsverhaltens.[28] Ferner liegt der Schwerpunkt ihrer Überlegungen auf dem Aufdecken von Lernpathologien, die sie als Unterbrechungen des vollständigen Wahlzyklus konzipieren. Die zentrale Rolle im Lernprozess spielen dabei die Mitglieder der Organisation,[29] die jedoch als gesichtslose,

---
[27] s. Abschnitt 2.2.3.
[28] vgl. Wiegand (1996, S.187)
[29] vgl. hierzu auch Kapitel 2.2.3 dieser Arbeit, welcher sich mit den Agenten des Lernprozesses auseinander setzt.

2. OL: Lernprozesse auf Organisationsebene

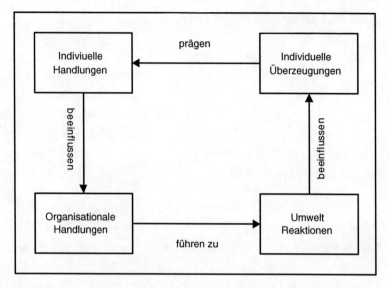

Abbildung 2.2.: Der vollständige Zyklus des Wahlverhaltens. Verändert übernommen aus March and Olsen (1990), S.377

automatisch arbeitende Motoren mit sozialen und kognitiven Beschränkungen betrachtet werden. Obwohl die Individuen als Agenten des Lernprozesses konzipiert werden, unterbleibt eine Berücksichtigung der individuellen Lernprozesse und eine Thematisierung der diesbezüglichen Determinanten.

2.2.2.2. Ein kybernetisch fundiertes kulturelles Modell

Bei der Theorie des organisationalen Lernens von *Argyris und Schön (1978)*, *Argyris (1990)* bzw. *Argyris (1999)*, handelt es sich nach Wahren (1996) um „die wohl bekannteste Theorie des organisatio-

2.2. Organisationale Lerntheorien

nalen Lernens."[30] Eberl (1996) bezeichnet den Ansatz als die am häufigsten diskutierte Konzeption auf diesem Gebiet[31] und Wiegand (1996) spricht von dem „am breitesten rezipierten Ansatz organisationalen Lernens."[32] Die Popularität des Modells kann meines Erachtens darin gesehen werden, dass Argyris und Schön ihren Ansatz ohne Bezug zu anderen Theorien des organisationalen Lernens entwerfen,[33] und dass der ursprüngliche Ansatz aus dem Jahre 1978 kontinuierlich weiterentwickelt und aktualisiert wurde, was ihn in der wissenschaftlichen Diskussion gehalten hat.[34]

Die Autoren gehen in ihrem Modell davon aus, dass organisationales Lernen durch die Feststellung von Fehlern ausgelöst wird, deren Handhabung dann die unterschiedlichen Lernformen charakterisiert, welche in Anlehnung an Ashby (1960) bzw. Bateson (1985) entwickelt wurden.[35]

Das diesem Ansatz zu Grunde liegende Organisationsverständnis ist nicht eindeutig festzustellen, da die Autoren in eklektischer Wei-

---

[30]vgl. Wahren (1996, S.46)
[31]vgl. Eberl (1996, S.29)
[32]Wiegand (1996, S.201)
[33]Obwohl sich beispielsweise Konzepte des Erfahrungslernens durchaus hätten integrieren lassen.
[34]Die Darstellung der Entwicklung des Ansatzes, die auf einem Entwicklungszeitraum von ca. 40 Jahren beruht, würde den Rahmen dieser Arbeit sprengen und dem Erkenntnisinteresse nicht dienlich sein. Für eine ausführliche Darstellung der Entwicklung sei auf Wiegand (1996, S.201ff)verwiesen.
[35]Die hier implizite Annahme der Messbarkeit einer Abweichung vom gewünschten Zustand durch einen Ist-Soll-Vergleich und darauf folgende Maßnahmen rechtfertigen m. E. nach die Bezeichnung *kybernetisch*. Andere Autoren bezeichnen diesen Ansatz als *kulturellen Ansatz*(ich habe diese Bezeichnung als Übersetzung des von Shrivastava (1983, S.9) genannten *assumption sharing* gewählt, da m.E. eine wörtliche Übersetzung zu komplex und evtl. irreführend wäre) bzw. als die *kulturelle Perspektive* des organisationalen Lernens (Eberl (1996, S.29).

2. OL: Lernprozesse auf Organisationsebene

se auf verschiedene Aspekte von Organisationen zurückgreifen, welche in unterschiedlichen Organisationstheorien betrachtet werden. Die Vorstellung von Organisationen als eine Art *kognitives System* mit relativ gefestigten mentalen Modellen, die im Sinne von Lewin aufgetaut, verändert und wieder verfestigt werden können (s. das unten abgedruckte Zitat) charakterisiert das Organisationsverständnis meines Erachtens nach am besten.

> „Our ultimate goal is to help individuals unfreeze and alter their theories of action so that they, acting as agents of the organization, will be able to unfreeze the organizational learning system that also inhibit double-loop learning."
> [Argyris und Schön (1978, S.4)]

Der kybernetische Charakter dieses Modells liegt in der Vorstellung, dass Lernen durch das Feststellen von Fehlern und die anschließenden Korrekturmaßnahmen definiert wird.

> „Learning is [...] defined as the detection and correction of errors. [...] The detection and correction of error produces learning and the lack of either or both inhibits learning."
> [Argyris (1976, S.365)]

Diese Vorstellung der *Regulation by Error* findet sich in der von Ashby (1956) inspirierten[36] kybernetischen Literatur. Zentral in den Überlegungen ist das Konzept der *Theory of Action*, das von den

---
[36]vgl. Ashby (1956, S.222)

2.2. Organisationale Lerntheorien

Autoren bereits einige Jahre zuvor in die Diskussion eingebracht wurde.[37]

Argyris und Schön gehen davon aus, dass jedes menschliche Handeln von diesen „*Theories of Action*"[38] als verhaltensbezogenen Hypothesen geprägt wird. Einen wichtigen Begriff stellt dabei die „*Cognitive Basis*" dar.[39] Sie wird beschrieben als eine Art individuelle Wissensbasis, in der Normen, Strategien und Annahmen über die Welt abgelegt sind.[40] Die Funktionsweise der *Theory of Action* wird folgendermaßen beschrieben:

> „In situation S, if you want to achieve consequence C, under assumptions a...n, do A...".
> [Argyris und Schön (1974, S.6)]

Das Ermitteln der *Theory of Action* der jeweiligen Individuen gestaltet sich in der Praxis sehr problematisch, da es nach Argyris und Schön (1974) zwei Ausprägungen gibt, welche nicht identisch sein müssen. Die beiden Ausprägungen unterscheiden sich in ihrem Bewusstseinsgrad und dem Grad ihrer Handlungslenkung. Die *Espoused Theory of Action* ist die Theorie, welche dem Individuum bewusst zugänglich ist und die bei Anfrage nach der Ursache des Verhaltens kommuniziert werden kann. Die *Theory-in-Use* ist dem Individuum nicht unbedingt bewusst zugänglich, kann somit auch nicht kommuniziert werden. Sie ist aber diejenige, welche tatsäch-

---

[37]s. Argyris und Schön (1974, S.4ff)
[38]s. Argyris und Schön (1978, S.10)
[39]s. Argyris und Schön (1978, S.10)
[40]Zu der Thematik der Speicherung von organisationalem Wissen s. auch Abschnitt 2.2.2.3, insbesondere ab Seite 49, wo Organisationsmitglieder als Wissensspeicher beschrieben werden.

2. OL: Lernprozesse auf Organisationsebene

lich das Handeln steuert. Das Individuum muss sich dabei nicht bewusst sein, dass eine Diskrepanz zwischen den beiden Theorien existieren kann, da die Theory-in-Use eben nicht direkt für das Bewusstsein greifbar ist.[41]

Ausgehend von der *Theory-in-Use* entwickeln die Autoren ein Modell, das durch die Unterscheidung von drei verschiedenen Lernarten gekennzeichnet ist. Zum einen das *Single-Loop-Learning*, welches bei festgestellter Diskrepanz zwischen Ist- und Sollzustand in Bezug auf Ergebnisse von Handlungen und der Theory-in-Use, eine Handlungsmodifikation zur Fehlerkorrektur einleitet. Zum Zweiten das *Double-Loop-Learning*, welches eine Modifikation der Theory-in-Use bewirkt. Die dritte Lernart stellt das von Bateson (1985) postulierte Konzept des *Deutero-Learning* dar.[42] Sie beschreiben die einzelnen Ebenen wie folgt:

> „Organizational learning involves the detection and correction of error. When the error detected and corrected permits the organization to carry on its present policies or achieve its present objectives, then that error-detection-and-correction process is *single-loop-learning*. *Double-loop-learning* occurs when error is detected and corrected in ways that involve the modification of an organization's underlying norms, policies and objectives."
> [Argyris und Schön (1978, S.3)]

Und in Bezug auf *deutero-learning*:

---
[41] vgl. Argyris und Schön (1974, S.7)
[42] s. hierzu die Ausführungen über Bateson (1985) in Abschnitt 4.4.4

2.2. Organisationale Lerntheorien

„When an organization engages in deutero-learning its members learn about previous contexts for learning. They reflect on and inquire into previous episodes of organizational learning, or failure to learn. They discover what they did that facilitated or inhibited learning, they invent new strategies for learning, they produce these strategies, and they evaluate and generalize what they have produced. "
[Argyris und Schön (1978, S.4)]

Es lassen sich folglich zwei Arten des Deutero-Lernens unterscheiden. Zum einen Deutero-Lernen, das sich auf Prozesse des Single-Loop-Lernens bezieht, zum anderen solches, das Prozesse des Double-Loop-Lernens betrifft. Erstgenanntes führt zu Lernkurven- bzw. Erfahrungskurveneffekten im Sinne von Asher (1954). Die zweite Ausprägung, also dem Deutero-Lernen in Bezug auf Double-Loop-Lernprozesse, stellt ein Lernen des Veränderns der Theory-in-Use dar. Grafisch dargestellt ist das Modell von Argyris und Schön (1978) in Abbildung 2.3 auf Seite 36.

Anmerkungen zu dem Ansatz von Argyris und Schön
Der Ansatz von Argyris und Schön weist eine Ausrichtung auf, welche sich auf die Innenperspektive von Organisationen konzentriert. Die externe Umwelt der Organisation fließt, anders als bei March und Olsen (1975), kaum in die Betrachtung ein.

Die Konzeption des organisationalen Lernprozesses kann als implizit individualistisch - kognitiv orientiert beschrieben werden. Wiegand (1996) kritisiert diesbezüglich, dass die Autoren dabei die Wi-

2. OL: Lernprozesse auf Organisationsebene

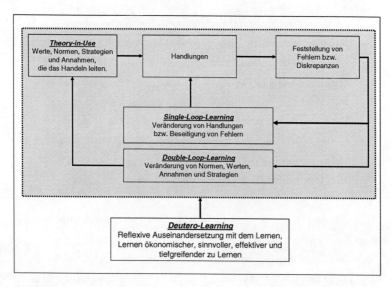

Abbildung 2.3.: Organisationalen Lernens in der Sichtweise des kybernetisch-kulturellen Ansatzes. Verändert übernommen aus Argyris and Schön (1990), S.94

derstände gegen Wandel von Seiten der direkt betroffenen Arbeitsgruppe und der Organisation unterschätzen.[43] Ferner unterbleibt die konkrete Beschreibung der Einflussnahme der Organisationsmitglieder auf die organisationale Handlungstheorie, oder anders ausgedrückt: Wie bildet sich die organisationale Theory-in-Use? Haben alle Organisationsmitglieder die gleiche Chance Einfluss auf diese zu nehmen oder nur bestimmte, bzw. gibt es so etwas wie eine kritische Anzahl von Mitgliedern ab, der von einer Veränderung der organisationalen Theory-in-Use gesprochen werden kann?

---

[43]vgl. Wiegand (1996, S.225)

2.2. Organisationale Lerntheorien

Ferner muss angemerkt werden, dass die Unterteilung in die drei Lernarten Eindeutigkeit und Objektivität suggeriert. Die Abhängigkeit der Zuweisung von Lernprozessen zu den einzelnen Lernarten ist meines Erachtens nach jedoch von der Konstruktion des entsprechenden Beobachters abhängig und somit alles andere als eindeutig. Ferner bleibt das Zusammenspiel der drei in dem Modell existierenden Lernarten ungeklärt.

Das Lernverständnis, welches diesem Ansatz zugrunde liegt, kann meines Erachtens am besten als kognitivistisch bezeichnet werden.[44] Die Organisation muss sich dabei an ihre vorhergegangenen Lernkontexte und Lernvorgänge erinnern können. Nur dann kann sie über diese reflektieren und den Prozess des Deutero-Lernens einleiten. Wie dies geschieht und von wem Informationen über den Verlauf von Lernprozessen gesammelt, gespeichert und wieder abgerufen werden bleibt dabei ungeklärt.

2.2.2.3. Veränderung von Wissensbasen

Die Ansätze des organisationalen Lernens, welche im Rahmen dieses Abschnitts betrachtet werden, thematisieren die fehlende Konzeption von Wissen und dessen Speicherung im organisationalen Kontext zum Zweck des organisationalen Lernens. Denn obwohl beispielsweise Levitt und March (1988) Wissen als Routinen qualifizieren und Argyris und Schön (1974) handlungsleitendes Wissen in organisationalen Routinen verankert sehen, unterlassen es die Autoren näher auf den Aufbau von konkreten oder abstrakten

---

[44] Wie oben im Text bereits erwähnt sind die Vorstellungen des organisationalen Lernens an die Konzeption des individualistischen Lernens von Bateson (1985) angelehnt.

2. OL: Lernprozesse auf Organisationsebene

Wissensbasen einzugehen.

In den nachfolgend dargestellten Ansätzen steht organisationales Lernen in enger Verbindung mit dem Wissensbegriff, wobei Wissen vor allem dazu benutzt wird Handlungen zu erklären. Die Ansätze unterstellen implizit eine gewisse Analogie, zwischen hoch entwickelten lebenden Organismen und Organisationen. Diese Analogie besteht in der Annahme, dass Organisationen über eine Art *Gehirn* als organisationalen Wissensspeicher verfügen. Obwohl Lazlo (1972) aufgezeigt hat, dass in Bezug auf die Informationsverarbeitung durchaus Ähnlichkeiten zwischen menschlichen Gehirnen und Organisationen bestehen, erscheint eine unkritische Übernahme dieses Konzeptes in die Forschung über organisationales Lernen problematisch. Organisationen haben keine Gehirne im Sinne von *„ein Mensch, ein Gehirn"*, sondern sie verfügen über kognitive Systeme und Gedächtnisse auf einem höheren Emergenzniveau. Shrivastava (1983) bezeichnet in seiner Untergliederung der Ansätze des organisationalen Lernens die hier betrachteten mit den zentralen Worten *developing knowledge*[45], was das Lernverständnis dieses Ansatzes sehr gut beschreibt.

Drei Ansätze, die eine wissensorientierte Perspektive aufweisen, sollen an dieser Stelle näher betrachtet werden. Es handelt sich dabei um den Ansatz von Duncan und Weiss (1979), deren Sichtweise auf die Wissensbasis von Organisationen dann durch die Überlegungen von Pautzke (1989) ergänzt und schließlich durch die Überlegungen von Walsh und Ungson (1991) abgerundet wird.

---

[45] vgl. Shrivastava (1983, S.13f)

2.2. Organisationale Lerntheorien

Wissensbasis als Action-Outcome- Beziehungsspeicher
Duncan und Weiss (1979) stellen in ihrem Ansatz des organisationalen Lernens, wie einleitend bereits erwähnt, Begriffe und Mechanismen des *Wissensmanagements* in den Fokus der Betrachtung. Zentraler Begriff der Überlegungen innerhalb dieses Ansatzes ist das so genannte „*Action Outcome Relationship*"[46], also das Verhältnis von Handlungen innerhalb der Organisation zu der von dieser hervorgebrachten Menge an organisationalem Output. Diese Zusammenhänge werden nach Vorstellung der Autoren in einer organisationalen Wissensbasis gespeichert, wobei sie es leider vermeiden auf deren Aufbau und Wirkungsweise konkreter einzugehen. Eine Beschreibung des möglichen Aufbaus und der Funktionsweise einer organisationalen Wissensbasis wird von Pautzke (1989) vorgenommen, auf dessen Ansatz der *Evolution der organisatorischen Wissensbasis* ab Seite 43 eingegangen werden wird.

Entstanden ist dieser Ansatz als Kritik an den Theorien von Argyris und Schön (1978) bzw. March und Olsen (1975), welche nach Meinung der Autoren die *organisationale* Komponente des organisationalen Lernens nicht stark genug betonen, sondern sich zu sehr an den Individuen innerhalb der Organisation orientieren.[47] Hierdurch wird ihrer Meinung nach keine deskriptive Erfassung eines systematisch organisationalen Lernprozesses möglich.

Im Rahmen des wissensorientierten Ansatzes von Duncan und Weiss (1979) werden Organisationen „*as a system of purposeful action*" verstanden.[48] Dabei werden Handlungen von Individuen, die nicht

---
[46] s. Duncan und Weiss (1979, S.81f)
[47] vgl. Duncan und Weiss (1979, S.88)
[48] s. Duncan und Weiss (1979, S.80)

2. OL: Lernprozesse auf Organisationsebene

dem Erreichen organisationaler Ziele dienen, aus der Betrachtung ausgeschlossen.

Als einen Auslöser des Lernprozesses sehen sie das Entdecken so genannter „*performance gaps*"[49] im Sinne von *Downs (1966)*,[50] also die Feststellung, dass die *tatsächlich erbrachte Leistung* der Organisation von der *erwarteten Leistung* abweicht.[51] Die Erwartungen an die Leistung der Organisation werden dabei nach Duncan und Weiss (1979, S.92) von den Entscheidungsträgern der Organisation entwickelt, vorgegeben und kontrolliert. *Performance gaps* entstehen, wenn das organisationale Wissen unvollständig ist; sie regen die Suche nach neuem Wissen über Action-Outcome-Relationships an. Der Vorgang ist in Abbildung 2.4 auf Seite 42 grafisch hervorgehoben.

Ein weiterer Auslöser für organisationale Lernprozesse kann das „*Durchführen von Quasi-Experimenten*" darstellen, bei welchem die Mitglieder der Organisation durch Beobachtung der Umwelt und von Action-Outcome Relationships neues Wissen über diese generieren können. Diese Form des Auslösers für organisationale Lernprozesse ähnelt dem von March und Olsen (1990) postulierten Konzept des *Lernens durch Experimentieren*.[52]

Ferner kann der Lernprozess durch „*arm chair learning*"[53] ausgelöst werden, also durch Ideen einzelner Organisationsmitglieder, die

---

[49] s. Duncan und Weiss (1979, S.91)
[50] s. Downs (1966, S.191)
[51] Duncan und Weiss (1979) setzen somit ebenfalls an der Abweichung eines Ist- von einem gewünschten Soll-Zustand an, bleiben aber in ihrer Argumentation auf der Ebene des Single-Loop-Learning durch Fehlerkorrektur.
[52] vgl. March und Olsen (1990, S.374)
[53] s. Duncan und Weiss (1979, S.93)

2.2. Organisationale Lerntheorien

das Ergebnis fundamentaler Annahmen, Prämissen, bzw. deduktiv-kognitiver Prozesse sind, welche bildlich gesprochen in der entspannten Atmosphäre eines Sessels stattfinden.

Schließlich kann der Lernprozess noch durch das „*Eindringen von externem Wissen*" in die Organisation angestoßen werden. Z.B. durch externe Berater oder Veröffentlichungen wissenschaftlicher Ergebnisse in Medien, zu denen die Organisation Zugang besitzt.[54]

Angestoßen von diesen Auslösern können der Wandel und das Wachstum der organisationalen Wissensbasis auf folgende Arten geschehen:[55]

1. Erwerb von neuem Wissen über neue oder bestimmte, bereits bekannte Action-Outcome-Relationships.

2. Substitution alter Action-Outcome-Relationships durch neue.

3. Validierung bereits bestehender Action-Outcome-Relationships.

Der Ansatz zeichnet sich im Gegensatz zu seinen Vorgängern durch eine klare Trennung von individuellem und organisatorischem Lernen aus, beruht aber auf sehr stark mechanistischen Grundannahmen, was in der Folgezeit auf Kritik gestoßen ist.[56] In Bezug auf die Diskussion der Faktoren, welche die Akzeptanz von Wissen beeinflussen, bringen Duncan und Weiss (1979) eine *politische Perspektive* ins Spiel. Sie räumen ein, dass nicht nur rationale Kriterien

---
[54] vgl. Duncan und Weiss (1979, S.94)
[55] vgl. Duncan und Weiss (1979, S.87)
[56] z.B. bei Geißler (1995)

2. OL: Lernprozesse auf Organisationsebene

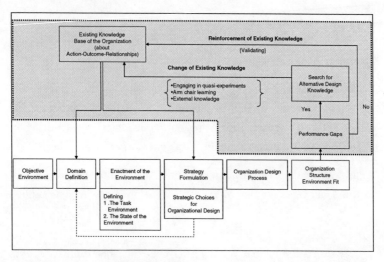

Abbildung 2.4.: Wissensorientiertes Modell organisationalen Lernens. Verändert übernommen und ergänzt aus Duncan and Weiss (1979), S. 92-98

für die Akzeptanz von Veränderungen der Wissensbasis angenommen werden können. Diese Sichtweise wäre ihrer Meinung nach „... limited and somehow naive".[57] Schwierig wird die Akzeptanz von Veränderungen z.B dann, wenn neues Wissen nicht konsistent mit dem in der Organisation vorherrschenden Set an Glaubenssätzen ist.

Wissen kann dazu gebraucht werden, um Machtverschiebungen zu bewirken, was zur Gefährdung persönlicher Interessen beitragen und sich somit auf die Verteilung von Wissen und dessen Akzeptanz auswirken kann. Auf den Aufbau der organisationalen Wis-

---

[57]s. Duncan und Weiss (1979, S. 95)

2.2. Organisationale Lerntheorien

sensbasis gehen Duncan und Weiss (1979) jedoch genauso wenig ein wie die bislang dargestellten Ansätze. Aus diesem Grund wird im Folgenden ein Blick auf die Überlegungen von Pautzke (1989) geworfen.

Die organisationale Wissensbasis bei Pautzke

Pautzke (1989) betrachtet organisationales Lernen vorrangig unter dem Aspekt der Veränderung der organisationalen Wissensbasis, wobei der Wissensbegriff dabei sehr weit gefasst wird. Wissen wird definiert als „... all das [...] was tatsächlich in Handlungen und Verhalten einfließt und dieses prägt."[58] Neben der Vorstellung einer Klassifikation der Wissensarten, wie sie bei MacHulp (1962) zu finden ist, bezieht sich Pautzke (1989) auf die von Habermas (1981) eingeführte Dreiteilung in *kognitiv-instrumentelles*, *moralisch-praktisches* und *ästhetisch-expressives* Wissen. Des weiteren erwähnt Pautzke im Rahmen der Diskussion um implizites, also nicht in sprachlicher Form verfügbares aber dennoch handlungsleitenden Wissens, das so genannte *sedimentierte Wissen*. Diese Form des Wissens hat sich quasi in Werkzeugen, Artefakten etc. verdinglicht.

Organisationales Lernen wird in diesem Ansatz, ähnlich wie bei Duncan und Weiss (1979) verstanden als:

---

[58] s. Pautzke (1989, S. 66). In dieser Definition verbergen sich somit auch, wie in Abschnitt 6.2.5 gezeigt wird Emotionen, denen eine Handlungsleitung nachgewiesen werden kann. Emotionen *sind* somit Wissen. (Vgl. hierzu auch das Modell des Interesses in Abschnitt 8).

2. OL: Lernprozesse auf Organisationsebene

„... die Nutzung, Veränderung und Fortentwicklung einer organisatorischen *Wissensbasis*."
[Pautzke (1989, S. 89)]

Dabei wird unter *Nutzung* die *Beschaffung* von latentem Wissen bzw. dessen Bereitstellung für organisationale Entscheidungsprozesse durch den Abbau von Informationspathologien verstanden.[59] Pautzke (1989) beschreibt die Veränderung der organisationalen Wissensbasis dabei anhand drei unterschiedlicher Vorgänge:[60]

1. *Beschaffung* von neuem Wissen bzw. *Verfügbarmachung* von latent vorhandenem,

2. *Veränderung (Verbesserung)* von bereits existierendem, verfügbarem Wissen in einem bestehenden Rahmen und

3. *Fortentwicklung* der Wissensbasis im Sinne einer Evolution, wodurch es zum Übergang auf eine höhere Entwicklungsstufe kommt.

Den konkreten Aufbau der organisationalen Wissensbasis beschreibt *Pautzke (1989)* in einem Schichtmodell[61], welches sich aus *fünf Bereichen* zusammensetzt.[62] Die Einteilung der Schichten erfolgt dabei nach der Wahrscheinlichkeit, mit welcher das in ihr enthaltene Wissen bei organisatorischen Entscheidungen verwendet wird. Die Schichten sind im Einzelnen:

---

[59] Zum Thema Informationspathologien s. Abschnitt 2.3 ab Seite 94
[60] vgl. Pautzke (1989, S. 89-112)
[61] s. Pautzke (1989, S. 76ff)
[62] Die folgende Beschreibung ist von Innen nach Außen ausgerichtet, eine grafische Darstellung ist in Abbildung 2.5 auf Seite 47 wiedergegeben.

2.2. Organisationale Lerntheorien

- *Organisationskultur, Weltbilder, Sinnmodelle etc.* also das von allen Organisationsmitgliedern geteilte Wissen als der innerste Bereich der Wissensbasis.[63]

- *Zugängliches individuelles Detailwissen* als das durch Arbeitsteilung entstandene Wissen einzelner Mitglieder.

- *Unzugängliches individuelles Wissen*, welches durch *Informations- und Kommunikationspathologien* bzw. durch *Transfer- und Willensbarrieren* für die Organisation nicht zugänglich ist.

- *Wissen der Umwelt*, über welches innerhalb der Organisation ein *Metawissen* besteht.

- *Im Kosmos vorhandenes Wissen*, über welches die Organisationsmitglieder noch nicht verfügen können, also z.B. individuelles Metawissen bzw. nicht bekannte Weltbilder auf kultureller Ebene.

Organisationales Lernen findet nach Pautzke (1989) statt durch das Verfügbarmachen von bisher nicht verfügbarem Wissen, also durch die Übertragung von Wissen der äußeren Schichten des Modells in Richtung Kern. Dies kann auf folgende Weise geschehen:[64]

1. Überführung bereits verfügbaren Wissens einzelner Mitglieder der Organisation in das von allen geteilte Wissen, was

---

[63] Dieses Wissen ist laut Pautzke nicht an einzelne Mitglieder gebunden, es ist zwischen ihnen, manifestiert sich in den Handlungen und muss den einzelnen Mitgliedern nicht unbedingt bewusst sein.

[64] s. Pautzke (1989, S. 87f)

2. OL: Lernprozesse auf Organisationsebene

zu einer Erhöhung der Redundanz der aktuellen Wissensbasis führt. Durch die hierbei stattfindenden Vorgänge der *Externalisierung* und anschließender *Institutionalisierung* von Wissen wird dieses unabhängig von seinem Träger.

2. Transferierung von Wissen, welches der Organisation bis zu diesem Zeitpunkt noch nicht zur Verfügung stand, in ein von allen geteiltes Wissen.

3. Verfügbarmachen von Wissen für *einige*, also *nicht alle* Organisationsmitglieder, das bislang nicht verfügbar war.

4. Mitglieder der Organisation eignen sich Wissen aus der Umwelt an, welches erst durch die Kombination mit den Lernarten 1-3 für alle Mitglieder verfügbar wird.

5. Lernprozesse höherer Ordnung, bei denen es zu einem Wandel der Kultur bzw. des Sinnmodells kommt. Pautzke (1989, S.114) geht davon aus, dass die Veränderung des Kerns der Wissensbasis einer festen Entwicklungslogik folgt, die über evolutionäre Prozesse eine gerichtete Veränderung des paradigmatischen Kerns bewirken. Die Struktur des Kerns der organisationalen Wissensbasis bestimmt dabei den Rahmen für die Lernformen 1-4.

Die verschiedenen Ausprägungen des organisationalen Lernens bei Pautzke (1989) sind in Abbildung 2.5 durch die nummerierten Pfeile gekennzeichnet, wobei die Nummerierung der oben stehenden Aufzählung folgt. Auslöser für den Lernprozess sieht Pautzke (1989) in den folgenden Faktoren bzw. Vorgängen:

2.2. Organisationale Lerntheorien

Abbildung 2.5.: Evolution der Wissensbasis bei Pautzke. Eigene Darstellung in Anlehnung an Pautzke (1989), S.87

2. OL: Lernprozesse auf Organisationsebene

- *Steuerungskrisen*, welche die Notwendigkeit von Lernprozessen in das Bewusstsein rufen.

- *Organizational Slack*, also freie Ressourcen, die für aktive Lernprozesse genutzt werden können.

- *Faktor Mensch*, also das Einbringen von neuem Wissen durch neue Organisationsmitglieder bzw. das Abstoßen von nicht mehr benötigtem Wissen und Routinen als Prozess des Verlernens durch Freisetzung von Mitarbeitern.

- *Verständigungsorientiertes Handeln*, also Kommunikation, welche losgelöst von der Aufgabe der Handlungskoordinierung zu einem Selbstzweck geführt wird.

- *Widersprüche, Ambiguitäten, Divergenzen und Anomalien.* Diese Art der Auslöser erinnert an das Konzept der *genetischen Epistemologie* von Piaget (1980).

- *Reflexion*, als ganzheitliches Denken über Grenzen hinweg.

Die Auslöser für das organisationale Lernen bei Pautzke (1989) bzw. bei Duncan und Weiss (1979) ergänzen sich bzw. bedingen sich gegenseitig. So ist Pautzkes *organizational slack* als verfügbare Zeitressource[65] eine Voraussetzung für das *Experimentieren* und *arm chair learning* bei Duncan und Weiss (1979) und Übereinstimmung herrscht bei der Annahme neuen Wissens über die Aufnahme neuer Mitglieder in die Organisation bzw. das Einholen von externen Beratern.

---

[65] vgl. Lawson (2001)

2.2. Organisationale Lerntheorien

Struktur eines organisationalen Gedächtnisses
An dieser Stelle erscheint es sinnvoll einen Blick auf den Ansatz von Walsh und Ungson (1991) zu werfen, in dem potenzielle Speicherorte für organisationales Wissen aufgedeckt werden. Der Ansatz stellt an sich keine eigenständige Theorie des organisationalen Lernens dar, gibt aber Antworten auf die bis zu seiner Entstehung ungeklärte Frage, wo das organisationale Wissen konkret gespeichert wird.

Walsh und Ungson (1991) verstehen das organisationale Gedächtnis ähnlich wie das menschliche Gedächtnis als eine Art Wissensspeicher und betrachten Organisationen als ein Netzwerk von gemeinsam geteiltem Wissen. Das organisationale Gedächtnis wird dabei in einer konstruktivistischen Haltung definiert als ein von einem Beobachter gebildetes Konstrukt, durch das an sich nicht sichtbare Einflüsse auf Handlungen der Organisation konstruiert werden können.

> „In its most basic sense, organizational memory refers to stored information from an organization's history that can be brought to bear on present decisions."
> [Walsh und Ungson (1991, S.61)]

Das diesem Ansatz zugrunde liegende Organisationsverständnis lässt sich schwer eindeutig bestimmen. Einerseits betonen die Autoren ihre Verbundenheit zur interpretativen Organisationsforschung, andererseits steht ihre Konzeption von Organisationen als Handlungs- und Entscheidungsgebilde[66] den Vorstellungen der betriebswirt-

---
[66]vgl. Walsh und Ungson (1991, S.61)

2. OL: Lernprozesse auf Organisationsebene

schaftlichen Entscheidungstheorie nahe. In Bezug auf die Speicherorte des organisationalen Wissens nehmen die Autoren sechs verschiedene 'Wissensbehälter' an.[67]

1. *Individuen* werden als Speicher für Wissen über die Organisation an sich, sowie über die in ihr ablaufenden Transformations- und Entscheidungsprozesse gesehen.

2. *Organisationskultur* wird verstanden als Speicher für Wissen über die die Verwendung von Symbolen und Artefakten. Sie ist somit vergangenheitsbezogen und ermöglicht die Übergabe von Wissen zwischen den einzelnen Organisationsmitgliedern.

3. *Transformationsprozesse* als relativ stabile und schwer zu verändernde Gebilde speichern Wissen über die Transformation von Input zu Output.[68]

---

[67] Walsh und Ungson (1991, S.63ff) verwenden die Metapher von so genannten *Bins*, also Behältern oder Kisten, in welche Wissen abgelegt und wieder herausgeholt werden kann. Meines Erachtens nach stellt die sinngemäße Übersetzung *Wissensbehälter* die sinnvollste Übertragung in die deutsche Sprache dar. Es wird an dieser Stelle bewusst nur auf die Aussagen von Walsh und Ungson (1991) in Bezug auf die Speicherorte von organisationalem Wissen eingegangen, da dies meines Erachtens nach eine sinnvolle Ergänzung zu den oben dargestellten Ansätzen von Duncan und Weiss (1979) und Pautzke (1989) darstellt. In Bezug auf die vollständigen Aussagen des Ansatzes sei auf den Originaltext verwiesen.

[68] Walsh und Ungson (1991, S.65) subsumieren unter Transformationsprozessen sowohl die Umwandlung von Materialien im Produktionsprozess, als auch die Sozialisation neuer Mitglieder in die bestehende Organisationskultur; somit sind die Grenzen zwischen den Wissensbehältern Transformationsprozesse und Unternehmenskultur nicht eindeutig definierbar. Fraglich ist meines Erachtens ferner, in wieweit Wissen in Prozessen gespeichert werden kann. Wissen *über* Prozesse kann in festgelegten Vorgehensweisen (standard operating procedures) gespeichert werden, die Speicherung von Wissen *in* Prozessen erscheint fraglich.

2.2. Organisationale Lerntheorien

4. *Organisationsstruktur* dient als Speicher von Wissen über Mythen und Normen der Gesellschaft,[69] sowie von Wissen über die Wahrnehmung der Umwelt der Organisation.

5. *Umwelt der Arbeitsplätze* dient als Speicher für Wissen über die Hierarchie und beeinflusst das Arbeitsverhalten der Organisationsmitglieder.

6. *Externe Archive* stehen dem als erstes genannten Wissensspeicher, also den Individuen innerhalb der Organisation sehr nahe. Walsh und Ungson (1991) verstehen unter dieser Kategorie ehemalige Mitglieder der Organisation, die jetzt durch ihr Ausscheiden aus der Organisation als außerhalb von selbiger konzipiert werden.

Anmerkungen zu den wissensbasierten Ansätzen

Die hier dargestellten Ansätze des organisationalen Lernens als Veränderung einer Organisationalen Wissensbasis beruhen auf einigen impliziten Grundannahmen, die an dieser Stelle nicht unaufgedeckt bleiben sollen.

Sowohl Pautzke (1989) als auch Duncan und Weiss (1979) gehen davon aus, dass Wissen einige Eigenschaften besitzt, die nicht unumstritten sind. Wissen wird in diesen Ansätzen als eine Substanz verstanden, welche übertragbar ist. Es kann gesendet und empfangen werden, es wird gesammelt, verändert und gespeichert. Aus

---

[69] vgl. Douglas (1986, S.112). Die Zuordnung von Mythen und Normen zum Gebiet der organisationalen Struktur ist allerdings ungewöhnlich. Sie werden normalerweise im Rahmen der Diskussion um Kultur behandelt (vgl. Abschnitt 2.1.3).

2. OL: Lernprozesse auf Organisationsebene

einer konstruktivistischen Sichtweise stellt Wissen eine jeweils individuelle Konstruktion dar, welche nicht ohne Veränderung in einem anderen Individuum erzeugt werden kann. Es muss in Symbole gefasst, über ein Medium transportiert und vom Empfänger aufgenommen und erneut individuell konstruiert werden. Dies hat zur Folge, dass der Transfer von Wissen immer auch seine Transformation darstellt.[70] Die individuellen Konstruktionen bei Sender und Empfänger sind folglich nicht identisch. Wissen ist somit in einer konstruktivistischen Sichtweise

- relational und durch Artefakte vermittelt;

- immer im Kontext der spezifischen Situation verwurzelt und wird erworben durch eine Art von Teilnahme an einer community of practice;

- wird kontinuierlich reproduziert und verhandelt und ist somit immer dynamisch und provisorisch.

Wenn Wissen aber als unlösbar verbunden mit Individuen, Materialien oder sozialen Umständen konzipiert wird so lassen sich nur schwer generalisierte Aussagen für den Aufbau von organisationalen Wissensbasen treffen, weshalb sowohl Pautzke (1989) als auch Duncan und Weiss (1979) keine konstruktivistische, sondern eine pragmatische Sicht auf das Thema wählen.

---

[70]vgl. hierzu auch die Überlegungen von Gheradi und Nicolini (2000).

2.2. Organisationale Lerntheorien

2.2.2.4. Der informationsorientierte Ansatz des organisationalen Lernens

Der informationsorientierte Ansatz des organisationalen Lernens beruht auf dem Verständnis von Organisationen als informationsverarbeitende Systeme, wie es z.B. bei Galbraith (1973), Tushman und Nadler (1978) und Shrivastava (1983) zu finden ist. Die Betonung liegt hierbei auf dem Phänomen der Information und deren Handhabung bzw. Interpretation im organisationalen Kontext. Überlegungen diesbezüglich finden sich in den Arbeiten von Porter und Roberts (1967), Huber, O'Connell und Cummings (1975), March und Simon (1958) und Weick (1979).

Mit dem Konzept *Information* und *Informationsverarbeitung* sind in den Organisationstheorien meist weitere Aspekte verbunden, wie z.B. die Wahrnehmung der Ungewissheit der organisationalen Umwelt (bei Lawrence und Lorsch (1967) und Duncan (1972)), das Abtasten der Umwelt (bei Aguilar (1967)) und das *boundary spanning* (bei Thompson (1967)).

Der *eigentliche* informationsorientierte Ansatz geht auf die erst zu einem späteren Zeitpunkt verfassten Arbeiten von Daft und Huber (1987) bzw. Huber (1991) zurück. In seinem Mittelpunkt steht der Umgang von Organisationen mit Informationen und deren Beitrag zum organisationalen Lernen. Information wird dabei von den Autoren definiert als „... *that which can change a person's understanding or mental representation*"[71]. Damit folgen die Autoren der Eigenheit, den Begriff *Information* als zentralen Begriff zu gebrauchen, ihn aber nicht exakt zu definieren. Sie gehen wie Daft

---

[71] s. Daft und Huber (1987, S.14)

2. OL: Lernprozesse auf Organisationsebene

und Macintosh (1981)[72] davon aus, dass Information etwas ist, was durch die Veränderung mentaler Modelle Ungewissheit bzw. Entropie bei einem Empfänger im Kommunikationsprozess reduziert.[73] Der Unterschied zwischen *Daten* und *Information* liegt somit in der manipulierenden Wirkung in Bezug auf die mentalen Modelle. Wildavsky (1983) definiert Information im Vergleich zu Daten:[74]

„Information is [...] to be considered to be data ordered to affect choice."
[Wildavsky (1983, S.30)]

Hieraus ergibt sich für die Organisation ein zentrales Problem. Daten müssen aufgenommen, selektiert und aufbereitet werden, um in organisationale Entscheidungsprozesse einfließen zu können.

---

[72] vgl. Daft und Macintosh (1981, S.209)
[73] Dieses Verständnis findet sich bei früher veröffentlichten psychologischen Werken, z.B. bei Sannon und Weaver (1949) und Garner (1962).
[74] *Information* stellt einen kontrovers diskutierten Begriff in verschiedenen Wissenschaftsrichtungen dar, weshalb die Summe an Definitionen ständig zunimmt. Somit stellt die hier dargestellte Definition keineswegs der Weisheit letzten Schluss dar. Eine kleine Sammlung von (subjektiv selektierten) Definitionen ist in dem Kasten auf Seite 55 dargestellt.

2.2. Organisationale Lerntheorien

> **Die Vieldeutigkeit des Informationsbegriffs. eine kleine Auswahl:**
>
> - Jeder Unterschied, der einen Unterschied macht. (Bateson (1982))
> - Information ist natürlich der Prozess, durch den wir Erkenntnis gewinnen (von Foerster (1971))
> - Die Teilmenge von Wissen, die aktuell in Handlungssituationen benötigt wird und vor der Informationsverarbeitung nicht vorhanden ist. Information ist demnach entscheidend von den Kontextfaktoren der Benutzer und der Nutzungssituation abhängig. (Kuhlen (1999))
> - When organized and defined in some intelligible fashion, then data becomes information. (Tapscott (1997))
>
> Bei der Betrachtung der einzelnen Definitionen fällt auf, dass keineswegs Einigkeit darüber besteht, was *Information* ist. Vielmehr sind die Definitionen auf den jeweiligen Erklärungskontext zugeschnitten.

Daten werden im Kommunikationsprozess mit Hilfe von Medien übermittelt und können gemessen werden. Zu *Information* hingegen werden Daten erst, wenn sie vom Empfänger verstanden werden, somit seine mentalen Modelle beeinflussen, und dann in Entscheidungsprozesse einfließen können. Dies hat natürlich Auswirkungen auf die Forschung auf diesem Gebiet, da Daten gemessen werden können[75], Informationen an sich jedoch keine tangiblen Eigenschaften besitzen.

Daft und Huber (1987) identifizieren bei der Analyse der bis zum Zeitpunkt der Entstehung ihres Artikels existierenden Literatur zum Thema organisationales Lernen zwei Sichtweisen auf die Behandlung des Themas *Information*. Dies ist zum einen die *System-Structural-Perspective*, welche von der System-Structural Perspektive auf Organisationen abgeleitet wird und die dem *funktionalis-*

---
[75]z.B. Anzahl der Wörter in einem Gespräch oder Anzahl der empfangenen Datenpackete eines Computers.

2. OL: Lernprozesse auf Organisationsebene

tischen Paradigma[76] nahe steht. Zum anderen die neuere *Interpretive Perspective*, welche eng verbunden ist mit dem *interpretativen Paradigma* der Organisationsforschung.[77] Die jeweilige Sicht der beiden Perspektiven auf das organisationale Lernen ist zusammenfassend in Tabelle 2.1 auf Seite 59 wiedergegeben.

Die strukturalistische Sichtweise

In strukturalistischer Sicht kann festgestellt werden, dass es generelle Mechanismen in Bezug auf die Handhabung bzw. Beschaffung von Informationen in Organisationen gibt. Dies ist einerseits das *Sammeln* von Informationen (*Information Acquisition*) aus der externen und internen Umwelt und andererseits die *Verbreitung* von Informationen (*Information Distribution*) innerhalb der Organisation.[78] Das Sammeln von Informationen kann dabei auf zwei Varianten erfolgen, als passives und routinisiertes *monitoring* bzw. als aktiveres, tiefer gehendes *probing*.

In Bezug auf die *Verteilung der Information* innerhalb der Organisation beschreiben Daft und Huber (1987, S.7) das *message routing* und das *message summarizing* als zentrale Mechanismen. Beim Routing wird Information selektiv an bestimmte Organisationseinheiten weitergeleitet[79], was zur Verhinderung der Informationsüberlastung der einzelnen Organisationseinheiten beitragen soll. Beim *Summarizing* wird nicht direkt die Verteilung der Information als manipulierbare Größe betrachtet, sondern der Umfang der

---

[76] Zu Paradigmen in der Organisationsforschung s. Burrell und Morgan (1979)AMorgan, G.
[77] vgl. Daft und Huber (1987, S.4)
[78] vgl. Daft und Huber (1987, S.5f)
[79] Und an manche nicht!

2.2. Organisationale Lerntheorien

jeweiligen Informationen wird (sinnvoll?) reduziert. Auch hierbei soll es sich um einem Hilfsmechanismus handeln, der die Verarbeitungszeit reduziert. Parallel zu beiden genannten Mechanismen identifizieren die Autoren ferner *message delay* aufgrund von Priorisierungen durch einzelne Organisationseinheiten und *message modification*.

Die Autoren bezeichnen das Problem der Informationsbeschaffung und Verteilung als *logistisches Problem* und greifen damit auf die Überlegungen von Tushman und Nadler (1978) zurück, die Informationsverarbeitung im organisationalen Design-Prozess untersucht haben. Das Erkenntnisinteresse der strukturellen Perspektive des organisationalen Lernens im informationsorientierten Ansatz liegt somit auf der Verringerung der Unwissenheit einer Organisation als Entität durch das Bereitstellen von Informationen. Dabei wird Information als tangibles Gut gehandhabt, welches durch Nachrichten transportierbar ist. Information wird an den Organisationsgrenzen von dem *„boundary-spanning personell"*,[80] also Personal, das an den Organisationsgrenzen Kontakt mit der Umwelt hat, aufgenommen und weitergeleitet an die entsprechenden Organisationseinheiten.

Die in dieser Sicht implizit vorhandene Annahme von *Objektivität*, *Rationalität* und *Linearität* erinnern an das im Vor- und Umfeld der industriellen Revolution entstandene *kartesianische Weltbild*, welches als Denkmodell und Handlungsmaxime zunehmend an praktischem Wert verliert.[81] Aus diesem Grund ergänzen Daft und Huber (1987) ihr Modell des organisationalen Lernens um die interpreta-

---

[80] s. Daft und Huber (1987, S.5)
[81] vgl. Pedler, Boydell und Burgoyne (1991, S.82)

2. OL: Lernprozesse auf Organisationsebene

tive Sichtweise, die im folgenden Abschnitt dargestellt wird.

Die interpretative Sichtweise
Im Zentrum der interpretativen Sichtweise des informationsorientierten Ansatzes des organisationalen Lernens steht die Interpretation von Informationen, also das Versehen von Daten mit möglichst gemeinsam geteilten Bedeutungen. Nach Daft und Macintosh (1981) können Informationen verstanden werden als Daten, welche die Möglichkeit besitzen Unsicherheit zu reduzieren und das Verständnis der Umwelt zu verändern. Es geht folglich um Symbole, um deren Bedeutung und kognitive Interpretation.

Dabei wird von der *Mehrdeutigkeit* der Informationen ausgegangen, die Organisationen reduzieren müssen, um funktionieren zu können. Dabei kann das empfangene Signal aus der Umwelt an sich absolut klar sein, seine Interpretation hingegen kann mehrere Bedeutungen haben.[82] Organisationen müssen also in dieser Perspektive mehr „Energie" aufwenden als in der strukturalistischen Sichtweise. Sie müssen im Chaos mehrdeutiger Informationen eine gemeinsame Grammatik für die Interpretation entwickeln, um bestehen zu können.

Mit dieser interpretativen Perspektive ergänzen Daft und Huber (1987) den im vorhergehenden Abschnitt dargestellten strukturalistischen Ansatz und entwickeln somit ein Modell des organisationalen Lernens, in welchem sie beide Sichtweisen zu integrieren versuchen.

---

[82] s. hierzu u.a. Weick (1979)

2.2. Organisationale Lerntheorien

STRUKTURALISTISCHE PERSPEKTIVE	VS.	INTERPRETATIVE PERSPEKTIVE
Organisation als System zur Datenübermittlung	vs.	Organisation als System zur Interpretation von Daten
Anzahl, Häufigkeit, Richtung und physische Merkmale der Nachrichten	vs.	Zweck, Bedeutung der Symbole, Sinnbildung der Beteiligten
Organisationale Umwelt ist objektiv und kann durch Aufnahme von Daten verstanden werden	vs.	Organisationale Umwelt ist mehrdeutig und wird durch geteilte Definitionen und vorgegebene Interpretationen verstanden
Organisationen lernen durch die Aufnahme von Daten und das Erstellen rationale Analysen. Neues Verhalten wird dann von den Entscheidungsträgern vorgegeben	vs.	Organisationen lernen durch die Diskussion und gemeinsame Interpretationen von Ereignissen, wechselnden Annahmen und Versuch und Irrtum
Verständnis führt zu Handlung	vs.	Handlung führt zu Verständnis

Tabelle 2.1.: Strukturalistisches vs. Interpretatives Paradigma des organisationalen Lernens in der informationsorientierten Perspektive. Verändert übernommen aus: Daft and Huber(1987, S.9)

Der eigentliche Lernprozess

Für Daft und Huber (1987) besteht der Prozess des organisationalen Lernens aus allen mit der *Aufnahme, Verteilung* und *Interpretation* von Information[83] verbundenen Aktivitäten, also aus einer logistischen Komponente, resultierend aus der strukturalistischen Perspektive und einer interpretativen. Um überleben zu können, müssen Organisationen also sowohl ein *Interpretationsproblem* als auch ein *Logistik-Problem* erfolgreich lösen. Der Lernprozess im Verständnis des informationsorientierten Ansatzes ist in Abbildung 2.6 auf Seite 60 dargestellt.

---

[83]vgl. Daft und Huber (1987, S.10ff)

2. OL: Lernprozesse auf Organisationsebene

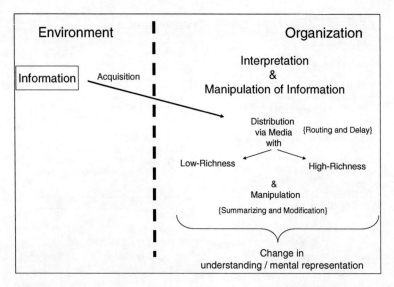

Abbildung 2.6.: Organisationales Lernen im Informationsorientierten Ansatz. Entwickelt aus Daft und Huber (1987): S.5-21

Ein zentraler Begriff hierbei ist die überlebensnotwendige *Informationsmenge (information load)*,[84] welche von den Dimensionen *Grad der Mehrdeutigkeit der Informationen* und den Ausmaßen des *logistischen Problem* abhängig ist.

Anmerkungen zum informationsorientierten Ansatz

Huber (1991) beginnt zwar mit einem Definitionsversuch für organisationales Lernen, legt dann aber doch keinen eigenständigen Ansatz vor, da er die einzelnen Elemente, auf die er zurückgreift,

---
[84]s. Daft und Huber (1987, S.11)

2.2. Organisationale Lerntheorien

kaum miteinander verbindet.[85] Ferner findet sich keine Aussage darüber, wie die notwendige Selektion von Informationen vor sich geht, worin Shrivastava (1983) einen Hauptgrund der Existenz von Organisationen sieht[86] und wie Informationen das Verhalten der Organisation auf der aggregierten Makroebene beeinflussen.[87]

Was bei diesem Ansatz ferner weitgehend ungeklärt bleibt, ist die Antwort auf die Frage nach den Selektionsmechanismen, bzw. wie die Vielfalt des Umweltgeschehens auf relevante, verarbeitbare Informationen reduziert werden kann. Ferner gibt dieser Ansatz keinerlei Antwort auf die Frage, wie die Informationen nach ihrer Selektion verdichtet und verarbeitet werden können, um in organisationale Entscheidungsprozesse einzufließen.

Eine konkrete Auseinandersetzung mit den Lernprozessen auf den unterschiedlichen Emergenzebenen Individuum, Gruppe und Organisation unterbleibt ebenfalls.

2.2.2.5. Der systemisch-kybernetische Ansatz

Senge (1990) nimmt in seiner Arbeit *The Fifth Discipline* eine

---

[85] Wiegand (1996, S.245) unterstellt in einer harten Kritik, dass Huber die einzelnen Bausteine absichtlich nicht verbindet, da durch die getrennte Betrachtung Anknüpfpunkte zu bestehenden Konzepten der interpretativen Organisationsforschung zur Verfügung gestellt werden.

[86] vgl. Shrivastava (1983, S.29)

[87] Zusammenfassende Aussagen hierzu finden sich, bezogen auf die Entscheidungsfindung in Organisationen durch Manager in dem Übersichtsartikel von Ungson, Braunstein und Hall (1981). Diese identifizieren verschiedene Arten von Problemen, welche sich in Bezug auf die individuelle Informationsverarbeitung unterscheiden. Sie nennen zwei verschiedene Arten von Problemen, zum einen die *wohlstrukturierten Probleme* (Well-Structured Problems) zum anderen die *schlecht strukturierten Probleme*(Ill-Structured Problems) vgl. Ungson et al. (1981, S.120ff).

2. OL: Lernprozesse auf Organisationsebene

systemisch- kybernetische Perspektive ein und beschreibt den Weg zur Lernenden Organisation mit Hilfe von fünf Disziplinen. Dabei handelt es sich bei der fünften Disziplin, dem *systemischen Denken* um eine den vier vorhergehenden Disziplinen übergeordnete Denkweise.[88] Diese *fünf Disziplinen* werden im Folgenden beschrieben:

1. *Personal Mastery*, also die Aktivierung und Nutzbarmachung menschlicher Potenziale durch den Aufbau einer *kreativen Spannung* aus der Diskrepanz zwischen Status Quo und persönlicher Vision. *Lernen* bedeutet in diesem Zusammenhang einen nie endenden Vorgang, der wie folgt beschrieben wird:

   „[...] dass man die Fähigkeit erweitert, die Ergebnisse zu erzielen, die man im Leben wahrhaft anstrebt.[...] Menschen mit einem hohen Grad an *personal mastery* leben, um zu lernen. *Sie kommen niemals an.*[89]"
   [Senge (1997, S.174), Hervorhebungen durch S.G. .]

2. *Mentale Modelle*, die in einer Anlehnung an Argyris und Schön (1978)[90] verstanden werden als:

---

[88] Der Ansatz von Senge (1990) entstand aus dem am M.I.T. initiierten Forschungsprogramm „Program in Systems Thinking and Organizational Learning". Senge ist dabei stark beeinflusst von seinem Lehrer Forrester, welcher das Konzept des Systemischen Denkens durch seine Mitarbeit am „Club-Of-Rome" populär gemacht hat(vgl. Forrester (1972)).

[89] In dieser Unendlichkeit des Lernens kann ein Grund für die Attraktivität der Vision der *lernenden Organisation* gesehen werden, durch welche die Mitglieder der Organisation permanent dazu angehalten werden sich und die Organisation weiter zu verändern. Personal Mastery stellt somit einen Weg dar, den es zu meistern gilt (analog zu dem asiatischen Sprichwort: Der Weg ist das Ziel).

[90] s. hierzu Abschnitt 2.2.2.2 ab Seite 30

2.2. Organisationale Lerntheorien

> „[...] tief verwurzelte Annahmen, Verallgemeinerungen oder auch Bilder und Symbole, die großen Einfluss darauf haben, wie wir die Welt wahrnehmen und *wie wir handeln*."
> [Senge (1997, S. 17) Kursivsetzungen durch S.G.]

Da der Umgang mit mentalen Modellen einen hohen Grad an Fähigkeit zur Reflexion verlangt, fordert Senge (1990) die Entwicklung von Reflexionsfähigkeit über das *Anerkennen von Abstraktionssprüngen*, das *Offenlegen der linken Spalte*[91], das Einhalten des *Gleichgewichts zwischen Erkunden und Plädieren*, sowie das Erkennen von Unterschieden zwischen verlautbarer (espoused theory) und praktizierter Theorie (theory in use)[92].

3. *Gemeinsam geteilte Visionen*, also die Förderung von Engagement und Commitment, durch die Entwicklung von Bildern einer gemeinsamen Zukunft. Beim Aufbau dieser Vision unterscheiden Senge et al. (1997) die Stufen *Verkünden, Verkaufen, Testen, Beraten* und die *Ko-Kreation*[93].

4. *Team-Lernen*, welches Senge (1997), ähnlich, wie Miller (1986) als effektiver für die Organisation betrachtet, wobei er die Rolle des dialogisch-kommunikativen Elements hervorhebt.[94]

---

[91] Zur Erklärung dieser Technik s. ausführlich Argyris, Putnam und McLain Smith (1985, S.340f).
[92] Zu den beiden Arten der Handlungstheorien s. die Ausführungen in Kapitel 2.2.2.2
[93] s. Senge et al. (1997, S. 364)
[94] Zur Rolle des Dialogs vgl. Stäbler (1999, S.52f).

2. OL: Lernprozesse auf Organisationsebene

5. *Systemdenken* als fünfte Disziplin. Für Senge (1997) stellt diese Disziplin eine integrierende, übergeordnete Dimension im Vergleich zu des anderen Disziplinen dar.

„I call systems thinking the fifth discipline because it is the conceptual cornerstone that underlies all of the five learning disciplines [...]. "
[Senge (1990, S.43)]

Senge (1990) geht also bei der Untersuchung und Beschreibung organisationaler Lernprozesse einen anderen Weg als die bisher vorgestellten Ansätze. Er verzichtet auf eine konkrete Definition des Untersuchungsgegenstandes, und verlagert sich auf Beschreibungen des Weges dorthin, bzw. der Eigenschaften, welche eine *Lernende Organisation* auszeichnet. Dargestellt ist der Prozess des organisationalen Lernens nach Senge (1997) in Abbildung 2.7.

Anmerkungen zum Systemisch-Kybernetischen Ansatz

Dem Ansatz „an sich" kann der Label eines eklektizistischen Modells angehängt werden, da Senge sich fast ausschließlich aus bereits bestehenden Ansätzen bei der Entwicklung seines Modells bedient und somit eine Vielfalt verschiedener Theorien, Konzepte und Metaphern anführt, welche in der Summe organisationales Lernen ergeben sollen. Die Instrumente, die er für die Entwicklung von konkret existierenden Organisationen hin zur lernenden Organisation auf der Basis seines Ansatzes anbietet (z.B. die *learning laboratories*) und die als Zielgruppe hauptsächlich Top-Manager haben,[95] erweisen sich bei näherer Betrachtung ebenfalls als eine Art alter

---
[95] vgl. Wiegand (1996, S.279)

2.2. Organisationale Lerntheorien

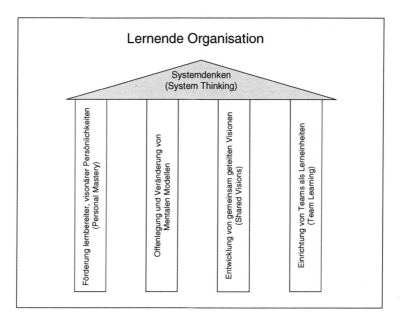

Abbildung 2.7.: Der Weg zur *Lernenden Organisation* bei Senge (1997)

Wein in neuen Schläuchen. In der Ausrichtung der Trainings auf das Top-Management widerspricht Senge in gewisser Weise sich selbst, da er in Senge und Lannon (1990) darauf hinweist, dass Wissenstransfer durch das Management schwierig sei und eigentlich die Mitarbeiter niedrigerer Hierarchieebenen Lernerfahrungen machen müssten.[96]

Die in dem Ansatz enthaltenen Grundannahmen bedürfen einer kurzen Darstellung. Senge (1990) geht davon aus, dass Individuen

---

[96] vgl. Senge und Lannon (1990, S.67)

2. OL: Lernprozesse auf Organisationsebene

sowohl lernfähig als auch willens sind zu lernen:

> „Learning organizations are possible because, deep down, we *are all learners* [...] because not only is it our nature to learn but we *love to learn.*"
> [Senge (1990, S.4), Hervorhebung durch S.G.]

Diese Generalisierung kann meines Erachtens nicht unreflektiert auf sämtliche Mitglieder aller Organisationen dieser Welt übertragen werden und bedarf genauso einer differenzierteren Betrachtung wie die Aussagen, die Senge und Sterman (1992) in Bezug auf die für Organisationen relevanten Umwelten treffen, nämlich, dass diese generell durch zurückgehendes Produktivitätswachstum und explosive technologische wie politische Veränderungen gekennzeichnet sind.[97] Wollen alle Individuen in Organisationen wirklich immer lernen und sich weiterentwickeln, oder bedarf es bestimmter Auslöser um individuelle Lernprozesse anzustoßen? Durch die oben zitierte zirkuläre Grundannahme umgeht Senge (1990) diese Diskussion.

In Bezug auf das Organisationsverständnis des Ansatzes von Senge (1990) kann festgestellt werden, dass er kein spezifisches organisationstheoretisches Fundament besitzt und das Verhältnis zwischen individuellem und organisationalem Lernen eher vage bleibt.

---

[97] vgl. Senge und Sterman (1992, S.353)

2.2. Organisationale Lerntheorien

2.2.2.6. Das Struktur-Modell

Klimecki et al. (1994) entwickeln ein integratives Strukturmodell des organisationalen Lernens, das sich durch die Integration von systemischen, konstruktivistischen und kognitionstheoretischen Ansätzen auszeichnet. Die Autoren gehen dabei davon aus, dass Organisationen als soziale Systeme in Umwelten agieren, in denen sie zum Systemerhalt einen Fit-Zustand herstellen, also ihre Austauschbeziehungen mit der Umwelt diesbezüglich gestalten müssen. Bei dynamischen Umwelten erfordert dies ein ständiges Anpassen der Organisation als System, wobei diese Veränderungen im Voraus oder im Nachhinein erfolgen können. Ziel der Entwicklung des Modells ist es dabei ...

> „[...] die Konzepte 'Organisation' sowie 'Lernen' sowie ihre spezifische Verbindung logisch und methodisch so abzugrenzen, dass eine empirische Analyse sinnvoll und möglich ist."
> [Klimecki et al. (1994, S. 12)]

Lernen verstehen die Autoren als einen nicht direkt beobachtbaren Prozess, der zur zeitbezogenen Transformation einer bestehenden kognitiven Struktur in eine von dieser differenten führt. Dieser Prozess erschließt sich für einen Beobachter lediglich interpretativ aus der Beobachtung veränderter organisationaler Handlungen.[98] Die konstruktivistische Perspektive besteht in der Konzeption des Wissens als konstruierte Abbildung der „realen"Welt in Form von kognitiven Strukturen, welche durch den Lernprozess eine Verän-

---
[98]vgl. Klimecki et al. (1994, S.19f)

2. OL: Lernprozesse auf Organisationsebene

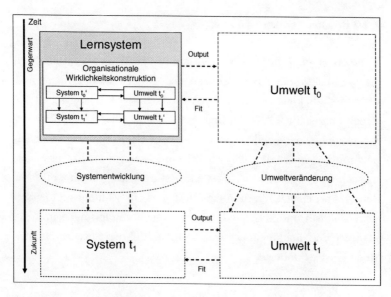

Abbildung 2.8.: Das Strukturmodell des organisationalen Lernens. (Übernommen aus Klimecki et al. (1994), S.24

derung erfahren. Diese Lernprozesse beruhen auf Informationsverarbeitungsprozessen, auf organisationalen Wahrnehmungs- und Interpretationsvorgängen. Die intersubjektiv geteilten Wirklichkeitskonstruktionen entstehen dabei im Kommunikationsprozess in einem zirkulären Prozess.[99] Dargestellt ist das Modell in Abbildung 2.8 auf Seite 68. Im Mittelpunkt der Argumentation steht somit die organisationale Konstruktion der Wirklichkeit und deren Veränderung im Verlauf des Lernprozesses.

---

[99]vgl. Klimecki et al. (1994, S.25)

2.2. Organisationale Lerntheorien

Anmerkungen zu dem Strukturmodell Kritik
Wie oben bereits erwähnt stellen Klimecki et al. (1994) die Konstruktion der organisationalen Realität in das Zentrum ihres organisationalen Lernkonzepts und betrachten das OL-Phänomen somit aus einer kognitiv-konstruktivistischen Perspektive. „Lernen bezieht sich auf die Veränderung der organisationalen Wirklichkeitskonstruktion."[100] Leider unterlassen es die Autoren darauf einzugehen, wie man diese Konstruktionen aufdeckt und sie entwickelt. Bei dieser „Subjektivierung" der Organisation stellt sich ferner die Frage, warum sie nicht vollständig stattfindet? Wenn die Organisation analog zu intelligenten Lebewesen verstanden wird, die ihre Wirklichkeit konstruieren, warum werden dann nicht weitere Subjektive Faktoren berücksichtigt, wie beispielsweise Emotionen und Motivationen?

Die Empfehlungen für die Praxis, nämlich „Handlungsbarrieren, die eine Ausschöpfung vorhandener Problemlösungspotenziale verhindern" abzubauen und eine „Übereinstimmung zwischen vorhandenem und für die Problemlösung benötigtem Wissen"[101] herzustellen erweist sich in der Praxis als problematisch. Wer soll wie erkennen welche Handlungsbarrieren abgebaut werden müssen und welches Wissen wann wem zur Verfügung gestellt werden soll?

Ferner unterlassen es Klimecki et al. (1994) auf die Faktoren einzugehen, welche die Organisationsmitglieder dazu veranlassen ihre mentalen Modelle zu verändern und dies auf die Ebene der Organisation zu tragen. Insgesamt macht das Modell einen eklektizistischen Eindruck, da es aus einer Kombination verschiedener bereits

---

[100] Klimecki et al. (1994, S.25)
[101] ebenda

2. OL: Lernprozesse auf Organisationsebene

existierender Ansätze besteht. Zugute gehalten werden muss jedoch, dass der Ansatz als einziger der bislang dargestellten die Organisation selbst als lernendes „Subjekt"betrachtet und nur implizit auf die Organisationsmitglieder als Lernagenten zurückgreift.[102]

2.2.2.7. Das OADI-Shared Mental Modells Modell

Bei dem OADI-Modell von Kim (1993a) handelt es sich um ein eklektisches Modell, in das vor allem die Überlegungen von March und Olsen (1975), Argyris und Schön (1978), sowie von Daft und Weick (1984) Einfluss gefunden haben. Es kann wohl zurecht als das bisher komplexeste Modell organisationaler Lernprozesse bezeichnet werden. Die Abkürzung OADI steht dabei für die englischen Begriffe **O**bserve, **A**ssess, **D**esign und **I**mplement und beschreibt die einzelnen Phasen des individuellen Lernprozesses, welcher den Überlegungen zugrundegelegt wird. SMM steht für **S**hared **M**ental **M**odells, die das Ergebnis des Lernprozesses darstellen. Kim verwendet also ein Modell des individuellen Lernens, das auf die Ausführungen von Kolb (1984)[103] zurückgeht, welcher sich auf die Untersuchungen und Überlegungen zum *Erfahrungslernen* von Dewey (1938) bzw. Lewin (1951) bezieht,[104] um die Veränderungen in den individuellen mentalen Modellen zu erklären. Dabei greift er bei dem Konstrukt der Mentalen Modelle auf Senge (1990)und somit auch auf Argyris und Schön (1978) zurück.

In Bezug auf das individuelle Lernen nimmt Kim (1993a) dabei eine Unterteilung in einen *operationalen* und einen *konzeptionellen*

---
[102] vgl. Abbildung 2.8
[103] vgl. Kolb (1984, S.20ff)
[104] vgl. Kim (1993b, S.43f) bzw. Kolb (1984, S.20ff)

2.2. Organisationale Lerntheorien

Teil des individuellen Lernens vor. Beobachten und Testen ordnet er dem operationalen, Bewerten und Gestalten dem konzeptionellen Teil zu. Den Bereich der individuellen mentalen Modelle, welche die SMM beeinflussen und gleichzeitig von diesen wiederum beeinflusst werden, untergliedert er dabei in zwei Bereiche. Den ersten Bereich stellt das *Rahmenwissen*, also das Wissen warum Individuen handeln (know-why) dar. Der zweite Bereich umfasst das *Routinewissen*, also das Wissen, wie Individuen handeln (know-how). Diese beiden Wissensarten werden in den Vorstellungen von Kim (1993a) beeinflusst bzw. modifiziert durch unterschiedlichen Lernarten, nämlich das individuelle Rahmenwissen durch konzeptionelles Lernen und das individuelle Routinewissen durch operationales Lernen.

Kim (1993b) weist auf einen wichtigen Aspekt, nämlich die Trennung von Lernen und Gedächtnis hin. Lernen umfasst in seiner Sicht die Akquisition von Wissen, wobei das Gedächtnis die Aufbewahrung, Speicherung und Repräsentation übernimmt.[105]

Organisationales Lernen entsteht in dieser Vorstellung durch das Aufdecken von individuellen mentalen Modellen, Kommunikation und die Überführung in geteilte mentale Modelle. Dabei korrespondiert das individuelle Rahmenwissen mit der *Weltanschauung* auf der Ebene der geteilten mentalen Modelle und das individuelle Routinewissen mit dem organisationalen Routinewissen. Weltanschauung verweist dabei auf die kulturelle Komponente des organisationalen Lernens, da unter Weltanschauung die handlungs- und interpretationsbeeinflussenden Werte und Normen verstanden werden.

---

[105] vgl. Kim (1993a, S.39)

2. OL: Lernprozesse auf Organisationsebene

Auf diesen Überlegungen aufbauend beschreibt Kim (1993a) zwei verschiedene Formen von Lernprozessen in Organisationen, wobei er an das von Argyris und Schön (1978) in die OL-Diskussion eingeführte Konzept des Double-Loop-Learning anknüpft. Dies ist zum einen das individuelle **D**ouble-**L**oop-**L**earning (IDLL) und zum anderen das auf der aggregierten Ebene stattfindende **O**rganisationale-**D**ouble-**L**oop-**L**earning (ODLL). Das ODLL entsteht dabei aus dem IDLL, indem die individuellen mentalen Modelle offengelegt und für „die Organisation" zugänglich gemacht werden, damit diese ihre handlungsleitenden mentalen Modelle und somit ihr Verhalten verändern kann.

Die Grundlage des organisationalen Lernens bei Kim (1993a) sind somit Lernprozesse höherer Ordnung auf individueller und organisationaler Ebene. Ohne Double-Loop-Lernen auf individueller und organisatorischer Ebene kann es kein organisationales Lernen geben. Ein reines Anpassungslernen im Sinne von individuellem Single-Loop-Lernen kann somit nicht zu organisationalen Lernprozessen führen. Anzumerken ist hierbei, dass organisationales Lernen in dieser Vorstellung nicht nur umweltinduziert stattfinden kann, sondern dass es auch durch Differenzen zwischen individuellen und geteilten mentalen Modellen ausgelöst werden kann. Das Modell von Kim (1993b) ist in Abbildung 2.9 dargestellt.

Anmerkungen zum OADI-SMM Modell :
Das Modell von Kim (1993a) stellt meines Erachtens nach das umfangreichste und komplexeste Modell des organisationalen Lernens dar und schafft eine gelungene Integration des Lernens auf den verschiedenen Emergenzebenen des Individuums und der Organi-

2.2. Organisationale Lerntheorien

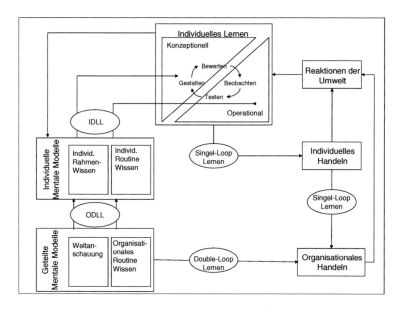

Abbildung 2.9.: Das OADI-Modell von KIM. Übernommen aus Kim (1993), S.44

sation. Dennoch bleiben einige Fragen unbeantwortet. Kim geht davon aus, dass der Prozess des organisationalen Lernens durch die Beobachtung der Veränderung in der organisationalen Umwelt durch mindestens ein Organisationsmitglied ausgelöst wird. Diese Annahme ist sehr positiv. Die Frage nach dem „warum" Organisationsmitglieder die organisationale Umwelt beobachten, oder zumindest den Teil der Umwelt, der für die Erfüllung ihrer Aufgaben Relevanz hat, wird nicht gestellt. Ist es weil es die Organisation spezifische Anreize diesbezüglich geschaffen hat oder weil das Individuum aufgrund der Verinnerlichung einer vorgegebenen organisa-

2. OL: Lernprozesse auf Organisationsebene

tionalen Vision von sich selbst aus eine Beobachtung der relevanten Umwelt vornimmt?

2.2.3. Wer lernt beim organisationalen Lernen?

Nach der Betrachtung der bislang existierenden Erklärungsansätze für Phänomene des organisationalen Lernens wird im folgenden Abschnitt der Frage nachgegangen, wo die kleinste lernende Einheit im Prozess des organisationalen Lernens innerhalb der jeweiligen Ansätze angenommen wird. Oder anders gefragt: Wer lernt beim organisationalen Lernen?

Bei der Betrachtung der den OL-Theorien inhärenten Vorstellungen bezüglich des Lernprozesses fällt auf, dass grundsätzlich zwei Konzeptionen des organisationalen Lernens angenommen werden:[106]

1. Organisationales Lernen als *„stellvertretendes"* oder *„atomares" Lernen der Organisationsmitglieder*. Diese Sichtweise findet sich beispielsweise in den Vorstellungen von March und Olsen (1975), Argyris und Schön (1978), Daft und Huber (1987), sowie bei Kim (1993a).

2. Organisationales Lernen als *Lernen der Organisation als Subjekt*. Diese Sichtweise findet sich beispielsweise in den Ansätzen von Duncan und Weiss (1979), sowie von Pautzke (1989)

Bei der ersten Variante stellt sich die Frage, wie in einer Organisation *alle* Organisationsmitglieder stellvertretend für die Organisa-

---
[106]vgl. Müller-Stewens und Pautzke (1991, S.189)

2.2. Organisationale Lerntheorien

tion lernen können.[107] Es zeigt sich bei näherer Betrachtung, dass das stellvertretende Lernen meist von einer *organisatorischen Elite*, z.B. der Unternehmensführung als dominante Koalition in der oligarchischen Organisation übernommen wird.[108]

Eine weitere Frage, die sich bei dieser Sichtweise auf das organisationale Lernen als stellvertretendes Lernen der Individuen stellt, ist ob und wie Organisationen das Lernen der Organisationsmitglieder beeinflussen. Sind sie nur passiver Rahmen für das Lernen der Organisationsmitglieder oder sind sie, wie Hedberg (1981) formuliert, die *Bühne* auf welcher *Lernen gespielt wird*, auf welcher die *Darsteller* zwar agieren, aber *dirigiert* werden.[109] Und nicht zuletzt: Wie wird der Sprung von der individuellen Lernebene auf die kollektive Ebene der Organisation vollzogen?

2.2.3.1. Individuen als Akteure des Lernens

Die oben dargestellten Theorien haben als gemeinsamen Nenner, dass sie davon ausgehen, dass es sich bei Organisationen um soziale Gebilde handelt, in denen Individuen Entscheidungen treffen, miteinander und gegeneinander agieren und aufeinander reagieren. Der Großteil dieser Theorien sieht dabei explizit bzw. implizit das einzelne Individuum als kleinstes lernendes Element im Rahmen des organisationalen Lernprozesses,[110] nimmt also die Perspekti-

---

[107] Dabei stellt sich natürlich die Frage nach der jeweiligen Konzeption von Organisation und ob es die Organisation als „Objekt" überhaupt geben kann.

[108] vgl. Thompson (1967, S.126ff)

[109] vgl. Hedberg (1981, S.6)

[110] Dies kann damit begründet werden, dass Lernen im klassischen Sinn als in den Individuen lokalisiert angenommen wird. Die Aussage von Simon (1991,

2. OL: Lernprozesse auf Organisationsebene

ve des *stellvertretenden Lernens* ein. In den Worten von Dogson (1993):

„[...] individuals are the primary learning entity in firms, and it is individuals which create organizational forms that enable learning in ways which facilitate organizational transformation."
[Dogson (1993, S.378)]

Oder in den Worten von Friedman (2002):

„By definition, organizational learning is a process that can be fully understood only at the group or organizational level. Nevertheless, seminal theorists on the subject have tended to agree that organizational learning begins, and often ends, with the individual."
[Friedman (2002, S.70)]

Die Frage, die sich hierbei stellt, muss folglich lauten: Wie wird das individuelle Lernen zum organisatorischen Lernen? Denn, wie Hedberg (1981) feststellt:

„Although organizational learning occurs through individuals, it would be a mistake to conclude that organizational learning is nothing but the cumulative result of their members' learning."
[Hedberg (1981, S.3)]

S.125) „All learning takes place inside individual human heads"ist meines Erachtens jedoch zu eng gefasst, da Lernen nicht nur im Kopf, sondern auch im Körper stattfindet.(Vgl. beispielsweise die Aussagen von Polanyi (1962)).

2.2. Organisationale Lerntheorien

Oder in den Worten von Kim (1993a):

„The importance of individual learning for organizational learning is at once obvious and subtle - obvious because all organizations are composed of individuals; subtle because organizations can learn independent of any specific individual but not independent of all individuals."
[Kim (1993a, S.37)]

Pautzke (1989) fordert deshalb dazu auf

„[...] in differenzierter Weise Prozesse zu identifizieren, die ein Lernen von Organisationen jenseits einer Personifizierung erklären können."
[Pautzke (1989, S.104)]

Aus diesem Grund werden im folgenden Abschnitt verschiedene Ansätze auf die *Träger* bzw. *Agenten* des Lernprozesses hin untersucht und gegebenenfalls dargestellt, wie der gedankliche Sprung von der individuellen zur organisatorischen Lernebene vollzogen wird.

Bei Betrachtung des *vollständigen Zyklus des Wahlverhaltens* fällt auf, dass es sich um ein Modell des organisationalen Lernens handelt, jedoch die *Kognitionen der einzelnen Organisationsmitglieder* die entscheidende Rolle im Lernprozess spielen. Bei *March und Olsen (1990)* sind es also die Individuen, welche im Rahmen des Zyklus des Wahlverhaltens[111] Diskrepanzen zwischen ihrer Vorstel-

---
[111] s. March und Olsen (1990, S.377)

2. OL: Lernprozesse auf Organisationsebene

lung von der Welt[112] und deren tatsächlich wahrgenommener Ausprägung feststellen, daraufhin ihr Verhalten ändern und daraus die entsprechenden Rückschlüsse auf die Imagination der Welt und die Effektivität ihrer Handlungen ziehen. Oder mit den Worten von Hedberg (1981):

> „It is individuals who act and who learn from acting; organizations are the stages where acting takes place."
> [Hedberg (1981, S.3)]

Das organisationale Moment des Lernens entsteht erst durch die Verbindung des individuellen Verhaltens mit dem Verhalten von anderen, der Organisation angehörigen Individuen. Das Individuum als Agent des organisationalen Lernens nimmt somit in dieser Vorstellung eine zentrale Rolle im organisationalen Lernprozess ein. Es übernimmt die Wahrnehmung und Bewertung der veränderten Umwelt, welche sich durch die kollektiven Handlungen ergeben hat und leitet den weiteren Lernzyklus ein.

Argyris und Schön (1978) betonen zwar, dass Organisationen nicht auf eine Ansammlung von Individuen reduziert werden können, jedoch sind es in ihrem Modell ebenfalls die Individuen, welche „[...] continually modify their maps and images of the organization [...]" und die somit die „[...] changes in organizational theory-in-use" hervorbringen.[113].

> „*They* act [...] with expectations of patterned outcomes, which their subsequent experience confirms or

---

[112] March und Olsen (1990, S.377) sprechen in diesem Zusammenhang von „Weltmodellen".
[113] s. Argyris und Schön (1978, S. 17)

2.2. Organisationale Lerntheorien

disconfirms. Where there is a mismatch of outcome to expectation (error) *members* may respond by modifying *their* images, maps and activities so as to bring expectations and outcome back into line. *They* detect an error in organizational theory-in-use, and *they* correct it."
[Argyris und Schön (1978, S. 18), Hervorhebungen durch S.G.]

Die Veränderung der individuellen geistigen Landkarten und Abbildungen der Organisation verändert die organisationale *theory-in-use*.[114]

Konkret geschieht dies durch die individuellen Erkundungsprozesse. Organisationales Lernen findet nach Vorstellung der Autoren statt, wenn es als Resultat von *Erkundungsprozessen („inquiry")* zu Veränderungen in der organisationalen Gebrauchstheorie kommt. Mitglieder der Organisation handeln als Agenten der Organisation, welche durch diese Sichtweise Subjektcharakter bekommt und somit auch Subjekt von Lernprozessen sein kann.

Gesellschaftssysteme entstehen für Argyris (1997) aus der Summe der Konsequenzen, welche durch die auf handlungsleitenden Theorien basierten Aktionen der Beteiligten produziert werden. Alle Entwürfe zusammen bilden dabei ein größeres Muster der Kausalität. Die Konsequenz daraus ist, dass jedes Individuum für die Schaffung systemischer Muster direkt mitverantwortlich ist und die systemischen Muster wiederum auf die Individuen einwirken. Der somit entstandene zyklische Wirkungsprozess ist in Abbildung 2.10 auf Seite 80 dargestellt. Diese Vorstellung hat natürlich die Tatsa-

---

[114]vgl. Argyris und Schön (1978, S.17)

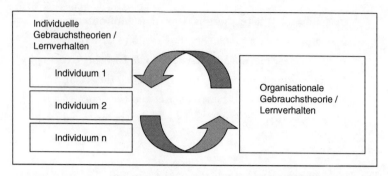

Abbildung 2.10.: Musterkausalität: Die Interdependenz von individuellem und organisationalem Lernverhalten. Entwickelt aus Argyris and Schön (1978): S.5-21

che zur Folge, dass sich kein Mitglied einer Organisation seiner Verantwortung für organisationale Lernprozesse entziehen kann.

Daft und Huber (1987) gliedern sich in Bezug auf die Agenten des Lernprozesses in die Reihe von March und Olsen (1975) und Argyris und Schön (1978) ein und betrachten bei ihrem Ansatz des organisationalen Lernens ebenfalls das Individuum als die kleinste lernende Einheit. Ihr Lernprozess beschreibt zwar die Aufnahme und Verteilung bzw. Interpretation von Informationen als organisatorisches Problem, jedoch wird Information verstanden als etwas, das manipulative Auswirkungen auf das Gedächtnis bzw. die mentalen Repräsentationen von *Personen* hat.[115] Für die Aufnahme der Information aus der organisationalen Umwelt, sehen sie *„sensory units"*[116] bzw. *„boundary-spanning personnel"*[117] verantwortlich.

---

[115] s. Daft und Huber (1987, 14)
[116] s. Daft und Huber (1987, 21)
[117] s. Daft und Huber (1987, S.5)

2.2. Organisationale Lerntheorien

Die organisationale, also überindividuelle Perspektive des Ansatzes entsteht für sie durch die kommunikativen Prozesse, durch welche die Informationen in der Organisation mit Hilfe von Medien verbreitet werden. Dabei verzichten sie auf eine genaue Definition ihres Organisationsverständnisses. Sie verstehen Lernen ebenfalls, wie die Autoren der anfangs genannten Ansätze, als einen kognitiven Vorgang, bei dem es um die informationsinduzierten Variationen individueller mentaler Modelle geht. Den Einfluss der veränderten individuellen mentalen Modelle auf das organisationale Verhalten gegenüber der Umwelt thematisieren sie nicht. Den Sprung von der individuellen auf die organisatorische Ebene kann laut diesem Ansatz nur Wissen erfüllen, welches die Eigenschaften *kommunizierbar* (communicable), *konsent* (consensual) und *integrierbar* (integrated) besitzt.

Neben den bislang vorgestellten Erklärungen zum Zusammenhang von individuellem und organisationalem Lernen stellt Geißler (1991) einen systemischen Ansatz zur Erklärung vor. Er führt hierzu den Begriff des *Steuerungspotenzials* ein:

> „Lernen ist zunächst einmal eine Sache des einzelnen Individuums. Es vollzieht sich in ihm, [...] indem neues Wissen und Können hinzukommt oder indem neue Regeln und Verfahren erworben werden [...]. Diesen Zusammenhang kann man mit dem Begriff des *Steuerungspotenzials* beschreiben, das das Individuum bezüglich seines Umgangs mit seiner [...] Organisation, in der es arbeitet, hat. Lernprozesse [...] können in diesem Sinne als Veränderung des Steuerungspotenzials verstanden

2. OL: Lernprozesse auf Organisationsebene

werden."

[Geißler (1991, S.81f)]

Wenn nun davon ausgegangen wird, dass individuelles Lernen eine Veränderung im individuellen Steuerungspotenzial mit sich bringt, die auf das individuelle Verhalten wirkt, so verändert sich auch das Steuerungspotenzial und Verhalten der organisationalen Kleingruppe, in der sich das Individuum bewegt und in einem letzten Schritt somit auch das Steuerungspotential und Verhalten der Organisation, welche sich aus dem Verhalten der organisationalen Gruppen zusammensetzt.[118] Diese Vorstellung betrachtet Organisationen als komplexe Systeme und verdeutlicht die Rolle des einzelnen Mitglieds bei Veränderung der sozialen Gesamtstruktur. Die systemische Auffassung ist in Abbildung 2.11 auf Seite 83 grafisch dargestellt. Wenn sich ein Knoten des Netzwerkes ändert, so ändert sich auch die Gesamtstruktur.

Zusammenfassend kann an dieser Stelle festgehalten werden, dass Prozesse des Lernens auf der Ebene des Individuums als eine notwendige, jedoch nicht hinreichende Bedingung für organisationales Lernen betrachtet werden können.[119] Selbst wenn alle Mitglieder der Organisation lernen, ist nicht sichergestellt, dass ein Lernen auf der Ebene der Organisation stattfindet.

---

[118] Das implizite Organisationsverständnis in dieser Sichtweise lässt sich somit beschreiben als *System von Handlungen*, das im Gegensatz zum Verständnis von March und Simon (1958) nicht aus *locker gekoppelten*, sondern aus eng gekoppelten Handlungen besteht.

[119] vgl. hierzu auch die Beschreibungen zu Pathologien im organisationalen Lernprozess in Abschnitt 2.3 ab Seite 94.

2.2. Organisationale Lerntheorien

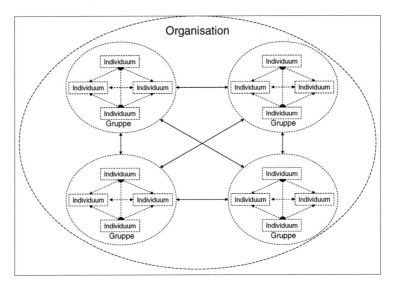

Abbildung 2.11.: Der Zusammenhang von individuellem und organisationalem Lernen. Entwickelt aus Geißler(1991), S.81f

2.2.3.2. Die Organisation als lernende Einheit?

Duncan und Weiss (1979) kritisieren in ihrem Ansatz die Orientierung des Lernprozesses am Individuum bei March und Olsen (1975) bzw. bei Argyris und Schön (1978) und heben die geringe Betonung des Organisationalen bei diesen Ansätzen hervor.[120] Deshalb entwickeln sie eine Sicht auf organisationale Lernprozesse, welche vordergründig die Organisation als lernendes Objekt darstellt, welches über eine Wissensbasis verfügt, die durch organisationale Ereignisse verändert werden kann.

---

[120] vgl. Duncan und Weiss (1979, S.88)

2. OL: Lernprozesse auf Organisationsebene

Sie kommen dennoch nicht darum herum den Individuen innerhalb der Organisation eine zentrale Rolle bei organisationalen Lernprozessen zuzusprechen. Es sind die Mitglieder der Organisation, welche die „performance gaps"[121] erkennen und über die in Abschnitt 2.2.2.3 beschriebenen Prozesse zur Modifikation der organisationalen Wissensbasis beitragen, sei es von innerhalb der Organisation über das *arm chair learning* bzw. *engaging in quasi-experiments* oder als externe Individuen, z.B. Berater oder Wissenschaftler, die *externes Wissen in die Organisation hineintragen*. Somit kann festgehalten werden, dass dieser Ansatz zwar die Organisation als lernende Einheit in den Vordergrund rücken will, dies jedoch nur vordergründig unternimmt, denn hinter dem Vorhang der Organisation spielen immer noch die Mitglieder die zentralen Rollen.

2.2.3.3. Eine dritte Perspektive: Lernen in strukturalistischer Sicht

Die bisher existierende Literatur über die Forschung zum organisationalen Lernen beschränkt sich auf die Untergliederung in die beiden oben dargestellten Kategorien, nach denen entweder das Individuum oder die Organisation Akteur des organisationalen Lernens ist. Eine dritte Perspektive könnte Lernprozesse in den Mittelpunkt der Betrachtung stellen, die sich im Kontext von Handlung und Struktur bewegen. Die Lerninhalte sind weder in den einzelnen Akteuren, noch in ganzen Organisationen zu suchen, sondern in den dazwischenliegenden organisationalen Routinen oder dem professionellen Handeln der Akteure. In Bezug auf soziale Systeme hat

---
[121] s. Duncan und Weiss (1979, S.91)

2.2. Organisationale Lerntheorien

ein Strom von aufsehenerregenden soziologisch-theoretischen Publikationen seit den 1970'er Jahren Anthony Giddens' Strukturationstheorie zu der derzeit wohl populärsten soziologischen Theorie werden lassen, deren Ideen zu Handlung und Struktur aus nahezu allen Bereiche der Sozialwissenschaften nicht mehr wegzudenken ist.[122] Der Dualismus von individuellem und organisationalem Lernen müsste in dieser Perspektive abgelöst werden durch die Analyse von Lernprozessen als Veränderung der Strukturierungsweisen sozialer Systeme zwischen Akteur und System über Handlungen von Akteuren in sozialen Systemen. Ein solcher Ansatz könnte auch die Rolle von Macht, welche aus Ressourcen resultiert, in organisationalen Lernprozessen beleuchten, einen Aspekt, den die meisten der oben dargestellten Ansätze vernachlässigen.

Ansetzen könnte diese Theorie an den zentralen Begriffen von Giddens Strukturationstheorie, nämlich:

- *Handlung*: Giddens' Handlungsbegriff ist stark phänomenologisch geprägt. Eine Handlung ist für ihn eine Art Prozess in der Zeit, welcher einen Anfang und ein Ende hat, über ein sachliches Problem integriert wird und in soziale und räumliche Bezüge eingebettet ist.[123] Handlungen lassen sich dabei unterteilen in Einzelhandlungen und Interaktionen. *Einzelhandlungen* werden dabei bestimmt von Motivation (als Organisation von bewussten bzw. unbewussten Wünschen und Interessen[124] versteht Interesse in Abgrenzung zu Wünschen folgendermaßen: „To be aware of ones interests,

---
[122] vgl. Joas (1995, S.9)
[123] vgl. Giddens (1977, S.75)
[124] Giddens (1977, S.79)

2. OL: Lernprozesse auf Organisationsebene

therefore, is more than to be aware of want or wants; it is to know one can set about trying to realize them." Wünsche gelten somit als Basis von Interesse.), Rationalisierung (als die Mobilisierung von Ideen) und reflexiver Beobachtung (als die an Interessen und Ideen orientierte Kontrolle und Steuerung der Handlung). *Interaktion* kennzeichnet im Gegensatz zu Einzelhandlungen Handlungen, welche sich aufeinander beziehen. Giddens (1979) identifiziert drei analytische Interaktionsaspekte in Bezug auf Interaktionen. *Macht* (als Einflussnahme, welche über Ressourcen vermittelt ist), *Kommunikation* (als Bedeutungs- und Sinntransfer, welche über interpretative Schemata hergestellt wird, die im Interaktionsverlauf typisiert und abgeglichen werden) und *Sanktion* (als Billigungs-/ Missbilligungsbeziehungen, welche auf Verhaltenserwartungen in Form von Rechten und Verpflichtungen gestützt sind).[125]

- *Akteur*: Einzelhandlungen und Interaktionen verweisen nach Giddens immer auf einen Akteur, der in der Lage ist zu handeln, Handlungen zu unterlassen, der weiß, wie Handlungen ausgeführt und an andere Handlungen angeschlossen werden.[126]

- *Institutionen und Systeme*: Der Akteur ist bei Giddens Mitglied einer spezifischen Gesellschaft, die er durch seine Handlungen mit konstituiert und verkörpert somit, im Sinne von Marx, ein jeweils spezifisches Ensemble gesellschaftlicher Verhältnisse. Die Grundelemente der Gesellschaft und ihrer Teile

---
[125] vgl. Giddens (1979, S.81-85)
[126] vgl. Giddens (1982a, S.9)

2.2. Organisationale Lerntheorien

sind dabei Institutionen als Einzelhandlungen und Interaktionen, die stets aufs Neue im gewohnten zeitlichen Rhythmus und in gewohnter räumlicher Bahn ausgeführt werden.[127] Institutionen liefern somit die Eckdaten, an denen die Akteure ihr Handeln ausrichten.[128] Unter einem sozialen System versteht Giddens institutionell verfestigte Interaktionsgebilde, für deren Bestand Beziehungen von Autonomie und Dependenz konstitutiv sind.[129] Gesellschaften bestehen bei Giddens aus einzelnen institutionell stabilisierten Teilsystemen, welche er in die vier Kategorien *kulturelle*, *politische*, *wirtschaftliche* und *moralisch-gemeinschaftliche* Institutionen untergliedert, für die jeweils spezifische Strukturaspekte bei ihrer Konstitution vorrangig sind.

- *Strukturaspekte*: Die Strukturaspekte von sozialen Institutionen bzw. Systemen definiert Giddens als *Herrschaft* (als ein System objektiv vorgegebener Chancen bezüglich der Kontrolle über Personen bzw. Ressourcen), *Signifikation* (als System vorgegebener symbolischer Sinneswelten) und *Legitimation* (als ein System vorgegebener Rechtfertigungs- und Wertemuster). Die Wirkungsweise von Struktur besteht darin Handlungsfreiräume positiv und negativ festzulegen, oder in den Worten von Giddens (1979): „Structure is both enabling and constraining."[130]

Die Anwendung strukturationstheoretischer Überlegungen auf das

---
[127] vgl. Giddens (1982b, S.10)
[128] vgl. Giddens (1979, S.81)
[129] vgl. Giddens (1981, S.41f)
[130] Giddens (1979, S.69)

2. OL: Lernprozesse auf Organisationsebene

Phänomen des organisationalen Lernens kann unter Betrachtung der Wissenskomponente des OL geschehen.[131] Eine strukturationstheoretische Betrachtung versteht Wissen dabei als Strukturwissen.[132] Es ist somit einerseits Wissen von Akteuren über Strukturen, das praktischer Natur und nicht unbedingt diskursiv verfügbar ist. Auf der anderen Seite ist Wissen auch kollektiver Natur, da das Wissen über Strukturen das Handeln der Akteure leitet und somit wiederum die Strukturen definiert. Strukturen korrespondieren somit mit dem Wissensbegriff, da sie als Erinnerungsspuren virtuell in den Köpfen mehrerer Akteure vorhanden sind. Wissen hat somit Regelcharakter,[133] es beinhaltet Sinn und Wertvorstellungen, die u.a. eine Organisation konstituieren. Ferner kann Wissen als eine Ressource verstanden werden und somit als Grundlage für Macht. Fasst man die organisationale Wissensbasis als Struktur eines Systems auf, so ist sie konstituierend für das soziale System.

Wenn mit Giddens angenommen wird, dass Reflexivität Voraussetzung für Lernprozesse ist, deren Aufgabe die kontinuierliche Überprüfung von Informationen über die eigene Handlungsfähigkeit einschließlich deren Modifikation ist, so ist Reflexion der Mechanismus, über den Wissen geschaffen wird. Da Lernen an der Veränderung von Handlungsweisen beobachtet werden kann, kann Lernen ein immanenter Handlungsbezug unterstellt werden.[134] Strukturen werden dabei auch durch kognitive Inhalte bestimmt, sie werden aber in konkretem Handeln verwirklicht. Die Frage, welche sich

---

[131] vgl. hierzu die Aussagen zu den Wissensbasierten Ansätzen des organisationalen Lernen in Abschnitt 2.2.2.3 ab Seite 37 dieser Arbeit.
[132] vgl. Kießling (1988, S.116)
[133] vgl. Willke (1996, S.290)
[134] vgl. Eberl (1996, S.54) bzw. Pautzke (1989, S.65)

2.2. Organisationale Lerntheorien

hierbei stellt lautet nach dem Lernen im Kontext von Handlung und Struktur. Lernprozesse finden immer im Kontext von Handlung und Struktur statt. Die Lerninhalte sind dabei weder im Individuum, noch in der Organisation zu sehen, sondern in den dazwischen liegenden Routinen und Handlungen der Akteure. Eine solche Sichtweise verabschiedet sich von der Suche nach individuellen bzw. organisationalen Lernsubjekten und rückt die mit Lernen verbundenen Prozesse („dinglich gedacht") zwischen Akteur und System in den Vordergrund.

Wie sich bei den hier rudimentär dargestellten Überlegungen und der Fülle der Publikationen von Giddens und anderen Autoren zur Strukturationstheorie vermuten lässt, würde die Entwicklung einer strukturationstheoretisch fundierten Theorie des organisationalen Lernens den Rahmen dieser Arbeit bei weitem sprengen.

2.2.4. Organisationales Verlernen

Wie im vorigen Abschnitt dargestellt wurde, existieren viele Ansätze um organisationale Lernprozesse zu erklären. Ganz im Gegensatz dazu ist die Zahl der Überlegungen zu dem mit dem Lernen verbundenen Verlernen recht gering. Dabei muss der negativen Konnotation der Begriffe im Bezugsrahmen des organisationalen Lernens und insbesondere des Wissensmanagements widersprochen werden. Begriffe wie Vergessen und Verlernen stellen zwar sprachtheoretisch das Gegenteil zu Lernen und Wissensbewahrung dar, spielen jedoch bei der Einstellung der Organisation auf veränderte Umweltbedingungen, bei der alte Verhaltens- Denk- und Handelsweisen aufgegeben und durch neue ersetzt werden müssen, eine wichtige Rolle.

2. OL: Lernprozesse auf Organisationsebene

Oder in den Worten von Hedberg (1981):[135]

"Unlearning is a process through which learners discard knowledge. Unlearning makes way for new responses and mental maps."
[Hedberg (1981, S.18)]

Verlernen bedeutet also das Ablegen, Verwerfen und Ausrangieren von Wissen, welches zuvor teilweise mühselig aufgenommen wurde und sich bereits in zahlreichen Situationen bewährt hat. Erfolgreiches Verhalten der Vergangenheit wird fälschlicherweise angewandt auf veränderte Situationen, der Erfolg in der Vergangenheit wird ungerechtfertigt als Kriterium für die Validität und die Konsistenz des gegenwärtigen Handelns genommen.[136] Erfolg verstärkt die organisationalen Handlungstheorien, die *theories of action* und die *organizational maps* und macht deren Modifikation bzw. Ab- oder Auflösung schwierig. Dies erfordert Anstrengungen seitens der Mitglieder der Organisation, denn um weiterhin erfolgreich zu sein, müssen sie aktiv entlernen[137] und durch diesen Vorgang der Bereinigung Raum für bewusste und gewichtete Erinnerungen schaffen.[138] Leider geschieht dies in der Praxis eher selten, wie Probst und Büchel (1994) feststellen.

---

[135] Hedberg (1981) wird zusammen mit Nyström und Starbuck (1984) zu der *Unlearning-School* gerechnet, die sich mit den Aspekt des Verlernens in die Diskussion um das Organisationale Lernen eingebracht hat.
[136] vgl. hierzu beispielsweise die Ausführungen von Meyer und Starbuck (1993)
[137] *Entlernen* betont im Vergleich zu *Vergessen* die Aktivität der Agenten. Vergessen geschieht unfreiwillig und ohne Zutun aber „Entlernen ist der bewusste Abschied vom Herkömmlichen" [Meilicke (2000, S.68)]
[138] vgl. Lämmert (1996, S.14)

2.2. Organisationale Lerntheorien

„Die empirische Forschung stellt leider immer wieder fest, dass es nur sehr wenige Organisationen gibt, die ihren Ressourcenreichtum bzw. ihre internen Strukturen so nutzen, dass sich neue Möglichkeiten erschließen lassen. [...] Erfolg und Überfluss ist leider weitaus häufiger die Basis für Trägheit, Bewahrung von Verhaltensweisen, Ausschluss von neuen Strategien sowie die Verstärkung des Traditionalen. [...] Denn wo Wissen bewahrt wird, wird Lernen verhindert. Lernen '(zer)stört' das bestehende Wissen in den gegenwärtigen Strukturen" [Probst und Büchel (1994, S.51)]

Generell erscheint es schwierig eine genaue Linie zwischen Prozessen des Lernens und des Ver- bzw. Entlernens zu ziehen, da die zuletzt genannten meist implizit in den erstgenannten enthalten sind. Jede Modifikation von Wissen bedeutet auch das Vergessen, Verlernen und Aufgeben von Wissensbestandteilen. Jedes Lernen besteht bei genauerem Hinsehen aus einer Serie von Todesfällen und Geburten bzw. Wiedergeburten von Wissen.[139]

Da bereits beim Lernen von Organisationen die zwei Sichtweisen, *stellvertretendes Lernen der Organisationsmitglieder* für die Organisation und *Lernen der Organisation* an sich unterschieden wurde,[140] soll diese Untergliederung auch hier berücksichtigt werden. Hedberg (1981) bezieht sich auf die *Stellvertreterperspektive* und weist auf die Schwierigkeit des Verlernens hin.

„Organizations learn and unlearn via their members.

---
[139] vgl. beispielsweise Starbuck (1976)
[140] vgl. Abschnitt 2.2.3 ab Seite 74 dieser Arbeit.

2. OL: Lernprozesse auf Organisationsebene

Unlearning in the human mind is a cumbersome and
energy-consuming process. "
[Hedberg (1981, S.18)]

Diese Perspektive findet sich in all den Ansätzen, welche die Organisationsmitglieder als Agenten der organisationalen Lernprozesse sehen. In den Vorstellung von March und Olsen (1975)[141] finden potenzielle Vorgänge des Verlernens auf der Ebene der individuellen, handlungssteuernden Überzeugungen statt. Eingeschliffene organisatorische Handlungen können nur (abgesehen von Zwang) dann verändert werden, wenn individuelle Erfahrungen modifiziert, also teilweise aufgegeben werden, dadurch die gewohnten individuellen Handlungen, welche auf die organisatorischen Handlungen einwirken aufgegeben werden und somit die organisatorischen Handlungen modifiziert werden.

In dem Modell von Argyris und Schön (1978)[142] sind Vorgänge des Verlernens implizit in den höheren Stufen des Lernens, dem Double-Loop-Learning und dem Deutero-Learning enthalten. Auf der Stufe des Double-Loop-Learning findet Verlernen durch die Korrektur der handlungsleitenden Werte, Normen und Strategien der *Theory in Use* statt. Strategien, welche zu Handlungen geführt haben, die nicht den gewünschten Erfolg gebracht haben, werden verworfen bzw. verändert. Auf der Stufe des Deutero-Learning werden *Lernprozesse*, welche nicht den gewünschten Erfolg gebracht haben, modifiziert bzw. durch andere ersetzt.

---

[141] vgl. das Modell von March und Olsen (1990, S.377), sowie Abschnitt 2.2.2.1 auf Seite 26 dieser Arbeit

[142] vgl. hierzu Argyris und Schön (1978, S.94), sowie Abschnitt 2.2.2.2 auf Seite 30 dieser Arbeit.

2.2. Organisationale Lerntheorien

In der Sichtweise von *Organisationen als lernende Entitäten*, wie sie z.B. in den Modellen von der Veränderung der organisationalen Wissensbasis angenommen werden, wird das Verlernen nicht an den Mitgliedern der Organisation festgemacht, sondern an der Organisation selbst. Duncan und Weiss (1979) gehen in ihrem Ansatz implizit davon aus, dass die Veränderung der organisationalen Wissensbasis nicht nur durch Erweiterung des organisationalen Wissens erfolgen kann, sondern dass Wissen über *action-outcome-Beziehungen*, welches aufgrund von Veränderungen der organisationalen Umwelt (externer, wie interner) obsolet wurde, aus dieser entfernt wird.

In der informationsorientierten Perspektive des organisationalen Lernens[143] ist das Verlernen implizit in der Aufnahme neuer Informationen aus der organisationalen Umwelt enthalten. Am Ende des Lernprozesses, an dessen Anfang die Informationsaufnahme steht kommt es zu einer Veränderung in den mentalen Modellen der Organisation. Dies bedeutet aber auch, dass nicht passende Elemente dieser mentalen Modelle eliminiert werden. Die Informationsaufnahme, Verbreitung und Verarbeitung kann also auch zum Vergessen von alten Informationen beitragen.

Bei dem systemisch-kybernetischen Ansatz von Senge (1990) ist das Verlernen, wie auch in dem kybernetischen Ansatz von Argyris und Schön (1978) implizit in der Veränderung der mentalen Modelle enthalten. Ferner kann es bei der Ausbildung einer gemeinsamen Vision, was die dritte Disziplin in Senges Ansatz darstellt, dazu kommen, dass bisher existierende Visionen abgeändert bzw. ganz verworfen werden.

---

[143] vgl. Daft und Huber (1987) bzw. Abschnitt 2.2.2.4 ab Seite 53 dieser Arbeit.

2. OL: Lernprozesse auf Organisationsebene

Anmerkungen zum Verlernen

Die in diesem Abschnitt aufgezeigten Vorstellungen über das Verlernen von Organisationen zeigen m.E., dass Verlernen nicht als das Gegenteil oder das Komplement zu Lernen verstanden werden darf. Wenn Lernen als eine beobachtbare Änderung des Verhaltens beschrieben wird, so ist Lernen gleich Verlernen. Der Verzicht auf alte Verhaltensweisen bedeutet eine Veränderung des Verhaltens.

2.3. Pathologien im Lernprozess

Nachdem im letzten Abschnitt über die positive Wirkung des umgangssprachlich negativ besetzten Verlernens in organisationalen Lernprozessen eingegangen wurde, wird an dieser Stelle auf die tatsächlich als negativ betrachteten Lernpathologien, also die Störungen im Lernprozess eingegangen. Dies erscheint angebracht, da einige Ansätze explizit der Aufdeckung und Thematisierung dieser Prozesse gewidmet sind.[144]

In der OL-Literatur wird immer wieder die Frage aufgeworfen, warum und auf welche Weise Lernprozesse in Organisationen behindert werden und vor allem darum, was zu tun ist um diese Behinderungen zu reduzieren und Lernprozesse positiv zu beeinflussen bzw. konstruktiv zu gestalten. Dies zeigt sich nicht zuletzt in den gewählten Titeln der Autoren, wie z.B. *„Overcoming Organizational Defences - Facilitating Organizational Learning*[145]. Aus diesem Grund soll hier exemplarisch auf die Pathologien im *cycle*

---
[144] vgl. beispielsweise March und Olsen (1976).
[145] Argyris (1990)

2.3. Pathologien im Lernprozess

of choice von March und Olsen (1976) und im Modell von Argyris und Schön (1974) eingegangen werden.

Unvollständige Lernzyklen

March und Olsen (1990) identifizieren insgesamt vier Pathologien, welche den Zyklus des vollständigen Lernens an jeweils unterschiedlichen Stellen stören und somit organisationales Lernen bebzw. verhindern. Der unvollständige Lernzyklus ist in Abbildung 2.12 auf Seite 97.

Diese Pathologien beschreiben die Autoren wie folgt:

- *Rollenbeschränktes Erfahrungslernen* bedeutet, dass das individuelle Lernen wenig oder gar keine Auswirkung auf das individuelle Verhalten hat. Es kommt zu einer *„Trennung von Wissen und Aktion"*.

  „Der Zyklus ist durch Beschränkungen durch Rollendefinitionen und Normenprozeduren unterbrochen. [...] Eines der Dinge, die an komplexen sozialen Strukturen auffallen. "

- *Abergläubisches Erfahrungslernen* bedeutet, dass die Verbindung zwischen organisatorischem Handeln und Umweltreaktion gestört ist.

  „Das Lernen geht weiter. Es werden Schlussfolgerungen getroffen, und das Handeln wird geändert. Organisatorisches Verhalten wird als Folge einer

2. OL: Lernprozesse auf Organisationsebene

> Interpretation der Konsequenzen modifiziert, das Verhalten beeinflusst jedoch die Konsequenzen nicht signifikant."

- *Präorganisationales Erfahrungslernen* bedeutet, dass die Verbindung von individuellem und organisatorischem Handeln problematisch ist.

> „Das Individuum hat keinen Einfluss mehr auf organisatorisches Handeln (zumindest nicht in eindeutiger Weise). Was es lernt, kann das nachfolgende Verhalten der Organisation nicht beeinflussen."

- *Experimentelles Lernen unter Ungewissheit* bedeutet, dass nicht klar ist, was geschah bzw. warum es geschah.

> „Das Individuum versucht zu lernen und sein Verhalten auf der Grundlage dieses Lernens zu modifizieren. In der einfachen Situation wirkt es auf das Handeln ein, welches wiederum Auswirkungen auf die Umwelt hat; nachfolgende Ereignisse zeichnen sich jedoch lediglich verschwommen ab und Kausalverbindungen zwischen Ereignissen müssen abgeleitet werden. [...] Ein Modell des Prozesses macht jedoch Vorstellungen davon erforderlich, in welcher Weise Ereignissen Sinn und Struktur zugeschrieben werden." [146]

---

[146] s. March und Olsen (1990, S. 386-388)

2.3. Pathologien im Lernprozess

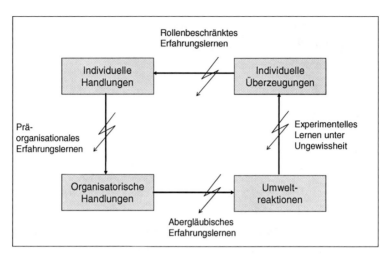

Abbildung 2.12.: Der unvollständige Zyklus des Wahlverhaltens. Entwickelt aus March and Olsen (1990), S.386-388

Defensive Muster: Ein Modell der eingeschränkten Lernsysteme

Argyris (1990) führt die teilweise Unfähigkeit von Organisationen zu lernen auf *defensive Muster* zurück, welche die Ausprägungen der *erlernten Unfähigkeit* („skilled incompetence") bzw. *defensive Routinen* („defensive routines") haben können.

Grundannahme in Bezug auf die erlernte Unfähigkeit ist, dass Verhalten situationsabhängig gelernt wird, sich dann in ähnlichen Situationen verfestigt und schließlich nicht nur verfestigt, sondern festgefahren und nicht mehr hinterfragt wird. Argyris (1990) kommt zu dem Schluss, dass Organisationen mangels fehlender Reflexi-

2. OL: Lernprozesse auf Organisationsebene

on *blind* gegenüber diesen festgefahrenen Verhaltensweisen werden und bezeichnet diese Tatsache als *erlernte Unaufmerksamkeit* („skilled unawareness").

Defensive Routinen bewirken dann, dass die unpassenden Methoden nicht nur nicht korrigiert werden, sie führen dazu, dass sie verteidigt und weiteren Prüfungen entzogen werden. Sie werden allseits akzeptiert und evtl. sogar zu Normen des richtigen Handelns. Diese defensiven Routinen sind „.. antilearning, overprotective, and self-sealing"[147]. Sie bewirken, dass es in der Organisation dazu kommt, dass Mitglieder Handlungen durchführt, die Argyris (1990) unter Rückgriff auf einen aus dem Boxsport stammenden Begriff, als *fancy footwork* bezeichnet. Also ablenkende Manöver, welche

> „...permit individuals to be blind to their inconsistencies in their actions or deny that these inconsistencies even exist [...] or place the blame on other people [...] use all the defensive reasoning and actions at their command in order to continue the distancing and blindness without holding themselves responsible for doing so."[148]

Die Folge hiervon sind Hoffnungslosigkeit, Zynismus und Distanziertheit gegenüber den herrschenden Verhältnissen, was Argyris (1990) mit dem Begriff *Malice* (also Unbehagen) umschreibt und eine verminderte Leistungsfähigkeit der Organisation.

Individuen, welche sich in hohem Maße für den Erfolg der Organisation verantwortlich fühlen, geraten somit in eine *double-bind* Situa-

---

[147] s. Argyris (1990, S. 25)
[148] s. Argyris (1990, S.46)

2.3. Pathologien im Lernprozess

tion.[149] Die Akzeptanz für die Situation widerspricht ihrem Sinn für Integrität und erzeugt einen Zustand, der sich wohl am besten mit dem von Festinger (1957) geprägten Begriff der *kognitiven Dissonanz* beschreiben lässt. Der Versuch des Durchbrechens der organisationalen Abwehrroutinen wird systematisch unterminiert und endet häufig in einem Burn-Out-Zustand der entsprechenden Individuen.

Die unterbrochenen Zyklen im OADI-SMM

Kim (1993a) ergänzt die vier Lernpathologien von March und Olsen (1990) um weitere drei Unterbrechungen des Lernzyklus.[150]

- *Situational Learning*, als eine Unterbrechung der Verbindung zwischen dem individuellen Lernen und den mentalen Modellen des entsprechenden Individuums, also wenn eine kurzfristige Lösung gefunden wird, aber beispielsweise aufgrund großer Arbeitsbelastung keine Verfestigung im Gedächtnis der betroffenen Person stattfindet.

- *Fragmented Learning*, als eine Störung der Verbindung zwischen individuellen und geteilten mentalen Modellen, was in stark dezentral organisierten Organisationen wie Universitäten geschehen kann, bei denen zwischen einzelnen Individuen bzw. Organisationseinheiten kein Erfahrungsaustausch gepflegt wird.

---

[149] Zum Konzept des Double-Bind s. Watzlawick, Beavin und Jackson (1996).
[150] vgl. Kim (1993a, S.46)

2. *OL: Lernprozesse auf Organisationsebene*

- *Opportunistic Learning*, als eine fehlende Verbindung zwischen den geteilten mentalen Modellen und den Handlungen der Organisation. Dies kann geschehen, wenn einzelne machtvolle Individuen Entscheidungen für das Verhalten der Organisation treffen, die nicht mit den geteilten mentalen Modellen der meisten Mitglieder vereinbar sind.

Anmerkungen zu den Lernpathologien

Bei der Betrachtung der in diesem Abschnitt dargestellten Pathologien fällt auf, dass es *die* Pathologie nicht gibt. Da die einzelnen Erklärungen für das Versagen von organisationalen Lernprozessen sich auf jeweils unterschiedliche Vorstellungen von organisationalem Lernen mit unterschiedlichen Perspektiven beziehen, erscheint eine integrative Betrachtung nicht möglich. Die Definition was Pathologien sind ist somit subjektiv vom Beobachter abhängig. Eine Pathologie, die von einem Unternehmensberater anhand eines spezifischen Modells „Aufgedeckt"wird muss den Auftraggebern innerhalb der Organisation nicht als Pathologie erscheinen.

Bei der Betrachtung der Lernpathologien, die von den Autoren der bislang diskutierten Ansätzen identifiziert wurden fehlt meines Erachtens nach eine grundlegende Überlegung. Die Überlegungen beziehen sich alle auf *organisationale* Lernprozesse, also Lernprozesse auf einer überindividuellen ebene. Folglich beschreiben die Störungen im Lernprozess ausschließlich auf dieser. Gleichzeitig stellen die Autoren jedoch, wie in Abschnitt 2.2.3 gezeigt wurde, implizit oder explizit das einzelne Organisationsmitglied als Agent des Lernprozesses dar. Somit ergibt sich eine bislang nicht diskutierte Störung

2.3. Pathologien im Lernprozess

in, bzw. Be- oder Verhinderung von organisationalen Lernprozessen. Wenn die einzelnen Agenten des Lernprozesses nicht aktiv werden und beginnen zu lernen, wenn also das Lernen auf der Ebene des Individuums nicht stattfindet, so fehlt den Prozessen auf der Ebene der Organisation die Initialzündung. Oder bildlich gesprochen: Der Motor des organisationalen Lernens kann nicht laufen, wenn niemand den Zündschlüssel dreht.

Aus diesem Grund muss die untrennbare Verknüpfung von individuellem und organisationalem Lernen bzw. dem Lernen *in* Organisationen und dem Lernen *von* Organisationen, mehr betont werden und die Frage gestellt werden: Wie lernen Individuen (nicht)? Gibt es Möglichkeiten seitens der Organisation individuelle Lernprozesse anzuregen bzw. was behindert individuelle Lernprozesse und wie können diese Behinderungen vermieden werden? Aus diesem Grund wird sich das folgende Kapitel mit individuellen Lernprozessen auseinander setzen.

3. Zusammenfassende Betrachtung und Kritik

Die im vorangegangenen Kapitel dargestellten Theorien des organisationalen Lernens können nicht ohne Kommentar und Kritik hingenommen werden. Aus diesem Grund werden im folgenden Kapitel die Theorien aus einer Metaperspektive betrachtet und die Eigenheiten des Forschungsgebiets herausgearbeitet.

3.1. Allgemeine Anmerkungen

Bei der Betrachtung der bisher existierenden Ansätze zum Thema des organisationalen Lernens bzw. der *"Lernenden Organisation"* kann festgestellt werden, dass es sich um ein zerforschtes Theoriegebiet mit einem regelrechten Wildwuchs von Theorien handelt. Eine einheitliche theoretische Fundierung bzw. ein einheitlicher theoretischer Bezugsrahmen scheint bis heute nicht gefunden. Auffällig ist ferner, dass die meisten Autoren sich bei der Konzeption ihrer Ansätze von Theorien des individuellen Lernens leiten lassen, diese aber meist nur grob übernehmen und überwiegend keine direkte Verbindung zum Lernen auf der Individualebene herstellen. In Be-

3. Zusammenfassende Betrachtung und Kritik

zug auf die "Zutaten" der jeweiligen Theorien kann festgestellt werden, dass oft gleiche oder ähnliche Begriffe verwendet werden, die daraus "gekochten Gerichte", um bei der Metapher der Essenszubereitung zu bleiben, jedoch unterschiedlich sind und alle zusammen einen Nachteil haben: Sie machen nicht ganz satt. Eine integrierende Theorie ist noch nicht zu erkennen. Der einzige Autor, der sich die Mühe gemacht hat eine Art integratives Modell des organisationalen Lernens aus den Aussagen der populärsten Theorien zu erstellen ist Wiegand (1996), dessen Modell in Abbildung 3.1 auf Seite 105 dargestellt ist.

Bei der Aufstellung der einzelnen Ansätze gehen die Autoren von einigen impliziten und unreflektierten Grundannahmen aus, welche meines Erachtens zumindest eine kurze Darstellung erfordern.

Lernen wird immer als eine positive Veränderung angenommen und der daraus resultierende permanente Wandel von Organisationen wird quasi als das Maß aller Dinge dargestellt. Die *Lernende Organisation* stellt somit eine Art "Vergötterung" des Wandels dar. Die Fragen:*"Wie viel Lernen verträgt eine Organisation?"*, bzw. um in der Terminologie von Lewin zu sprechen: *"Wie lange kann eine Organisation sich im aufgetauten Zustand befinden ohne zu instabil zu werden?* und schließlich: *"Kann Organisationales Lernen ungehindert stattfinden, ohne dass die Organisation ihre Identität verliert?"*, werden dabei nicht gestellt.

Bei der Betrachtung der Konzepte kann ferner festgestellt werden, dass organisationales Lernen und insbesondere der Begriff *Lernende Organisation* weniger als Bezeichnung für konkrete Konzepte verstanden, sondern eher als Vision oder Leitbild für Unternehmen

3.1. Allgemeine Anmerkungen

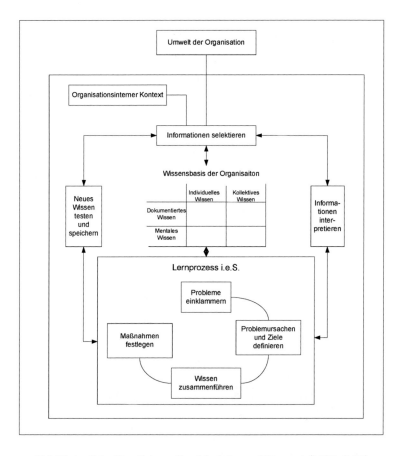

Abbildung 3.1.: Das integrative Modell von Wiegand (1996, S.98)

3. Zusammenfassende Betrachtung und Kritik

herangezogen werden und eine Art *one best way* verkörpern sollen. Sie dienen somit als Rationalitätsmythos für die Abstützung von Veränderungsmaßnahmen und gewährleisten eine organisierte Selbstberuhigung in unruhigen Zeiten, welche durch die Zunahme an potenziellen Handlungsmöglichkeiten bei gleichzeitig zunehmender Unsicherheit in Bezug auf die Folge von Entscheidungen gekennzeichnet sind.[1] Die Konzepte bestechen durch die Wahl ihrer Schlagworte und hemmen dabei gleichzeitig das Aufkommen von Kritik: Wer kann denn etwas gegen Lernen und Wissen haben? Dabei produzieren diese Methoden der Rationalisierung eine Vielzahl blinder Flecken, die bewirken können, „[...] dass die problematischen Nebenfolgen eines Leitbildes oder einer Methode des Organisationswandels nicht wahrgenommen werden."[2]

In Bezug auf das Wissen der Organisationsmitglieder wird unterstellt, dass es möglich ist, dies an andere Mitglieder zu übermitteln und weiterzugeben, doch die Fragen, welche sich diesbezüglich stellen, lauten: Wenn man die organisationale Realität betrachtet, mit der Unsicherheit der Arbeitsplätze, den Machtkämpfen von mikropolitisch agierenden Individuen innerhalb der Organisation,[3] dem Verständnis von Wissen als Machtbasis im Sinne von French und Raven (1958) („Wissen ist Macht"), das von Führungskräften als informelles Führungsinstrument eingesetzt wird und „[...] vielleicht das einzige Machtinstrument von Personen [ist], die nicht autorisiert sind, Macht auszuüben und Entscheidungen zu fällen"[4], wenn Wissen die Möglichkeit bedeutet anderen Mitarbeitern am Arbeits-

---

[1] vgl. Kühl (2000, S.46)
[2] Kühl (2000, S.53)
[3] vgl. Neuberger (1995)
[4] vgl. Innhofer und Innhofer (2000, S.22)

3.1. Allgemeine Anmerkungen

platz „immer noch was vormachen zu können",[5] wie sollen die Mitglieder dann angeregt werden ihr Wissen zu teilen? Kann das Wissen der Organisationsmitglieder von diesen *enteignet* werden im Sinne von Taylor (1919) oder sind die Organisationsmitglieder so weise, dass sie die Notwendigkeit sehen ihr Wissen zu teilen? Die pessimistische Antwort hierauf gibt Armstrong (2000):

> „[...] within the contemporary scramble for organizational survival, there is little focus on wisdom, little time for it."
> [Armstrong (2000, S.358)]

Ein weiterer Kritikpunkt betrifft die Konzeptionalisierung des Informationsbedarf bei den Theorien des organisationalen Lernens, insbesondere bei den in Absatz 2.2.2.4 ab Seite 53 dargestellten informationsbasierten Ansätzen. Sie thematisieren zwar die überlebensnotwendige Informationsmenge, welche eine Organisation als eine Art Mindestmenge benötigt, gehen jedoch nicht auf Filtermechanismen ein, die ein "Ertrinken" der Organisation in der vorherrschenden Informationsflut verhindern können. Ein Grund für diese fehlende Thematisierung kann in dem Zeitraum der Entstehung der betroffenen Theorien gesehen werden.[6] Durch die rasante Entwicklung in der Informationstechnologie hat sich jedoch die Menge an verfügbaren Informationen um ein Vielfaches gesteigert. Wenn

---

[5] Dieser Ausspruch stammt beispielsweise von einem Meister in der Automobilindustrie. Und ist dokumentiert in der Arbeit von Freimut, Hauck und Ashbar (2002).

[6] Die Entstehung der informationsorientierten Ansätzen lag vor dem weltweiten Siegeszug der Informationstechnologie und der sprunghaften Verbreitung von Personal Computern in Unternehmen und privaten Haushalten in den 1990er Jahren.

3. Zusammenfassende Betrachtung und Kritik

man bedenkt, dass in den meisten Büros heute 60% der Zeit darauf verwendet wird Dokumente zu lesen und Informationen zu verarbeiten, dass die durchschnittliche Führungskraft in Wirtschaft und Verwaltung ein Lesequantum von etwa einer Millionen Wörter pro Woche bewältigen muss und, trotz der Vision vom papierlosen Büro die ver(sch)wendete Papiermenge sich immer weiter vervielfacht,[7] so muss eine Frage für informationsbasierte Theorien des organisationalen Lernens auch lauten: Wie kann die vorhandene Informationsmenge sinnvoll auf die Verarbeitungskapazität der Organisationsmitglieder reduziert werden, damit die Qualität der Entscheidungen nicht unter dem Informationsstress der Entscheidungsträger leidet?

Die im vorigen Abschnitt besprochenen Theorien gehen davon aus, dass Lernen stattfinden muss und sich die Mitglieder der Organisation in einer Art Pilgerweg an dieses Ideal annähern müssen.[8] Die Organisationen müssen sich an die sich wandelnden Umwelten anpassen, aber ist dieser Zwang auch den Agenten der Lernprozesse immer bewusst? Die zentrale Frage lautet folglich: Was bewegt ein Mitglied der Organisation dazu sich selbst zum Agenten des organisationalen Lernens zu machen?

---

[7]Die hier genannten Angaben stammen aus einem Artikel in Psychologie Heute (ohne Verfasser) (1998). Sie können höchstens als grobe Richtlinie gewertet werden, da in dem genannten Artikel leider darauf verzichtet wurde Angaben zum Zustandekommen der Zahlen zu machen. Dennoch zeigen sie eine Tendenz auf, welche von Weil und Rosen (1997) und Schenk (1997) im Rahmen der Auseinandersetzung mit den Nebenfolgen von moderner Informationstechnologie dargestellt wurde.

[8]vgl. Arnold (2000b)(Anm.: Arnold (2000a) versteht den Weg zum Lernenden Unternehmen als ein Hinausgehen in eine unbekannte Fremde, ähnlich dem Weg eines Pilgers.)

3.2. Reflexion über OL

Obwohl der Begriff „*Organisationales Lernen*" zum ersten Mal explizit in der Literatur von Cyert und March (1963) verwendet wird, existieren doch, wie in Abschnitt 2.1 gezeigt, seit den 1950er Jahren eine Reihe von Konzepten und Theorien auf dem Gebiet der Organisationsforschung, welche Mechanismen beschreiben, die implizit auf organisationales Lernen schließen lassen.[9] Das „Neue" an den Konzepten des OL liegt in der Anwendung der in der Psychologie und Pädagogik schon seit langem viel diskutierten Theorien, die sich mit dem Phänomen des Lernens auseinander setzen, auf Organisationen. Die Frage, die dabei leider zu selten gestellt wird zielt auf die Übertragbarkeit der Prozesse des individuellen Lernens auf Organisationen ab. OL ist somit eine relativ unreflektierte Subjektivierung von Organisationen, mit einer starken Verwertungsabsicht. Organisationen sollen, wie Kinder in der Schule, Lernen und Lernen lernen.

Da der Begriff „organisationales Lernen" bzw. „Lernende Organisation"sich durch diese Übertragung als problematisch erweist, wird sich der nächste Abschnitt mit den Begriffen an sich auseinander setzen.

3.2.1. OL: Eine begriffliche Betrachtung

Der Begriff des organisationalen Lernens hat eine klassische Tradition in der Soziologie der Organisation.[10] Die zugrunde liegende

---

[9]vgl. Daft und Huber (1987, S.2f)
[10]vgl. Krebsbach-Gnath (1996, S.1)

3. Zusammenfassende Betrachtung und Kritik

theoretische Konzeption ist die Vorstellung von Organisationen als zielgerichtete Soziale Systeme, eingebettet in eine organisationale Umwelt, mit der Austauschbeziehungen bestehen und in der das System um seine Selbsterhaltung kämpft. Wie bereits einleitend erwähnt sehen viele Wissenschaftler und Praktiker in der Förderung des organisationalen Lernens bzw. in der Entwicklung der Organisation hin zu einer "Lernenden Organisation", einen erfolgreichen Weg, um für die Selbsterhaltung und den Erfolg der entsprechenden Organisation zu kämpfen. Da die Begriffe *organisationales Lernen*, *Organisationslernen* und *Lernende Organisation* aufgrund ihrer hohen Beliebtheit zu Modewörtern geworden sind, soll hier über die (teilweise problematischen) Begriffe reflektiert werden.

3.2.1.1. Organisationales Lernen, nicht Lernende Organisation

Dabei kann als erstes festgestellt werden, dass es im Sinne einer konstruktivistischen Grundhaltung so etwas wie eine real existierende Organisation nicht geben kann. Es handelt sich dabei vielmehr um eine Konstruktion des Nervensystems eines jeweiligen Beobachters, eine Errechnung im Rahmen der jeweils individuellen Konstruktion einer stabilen individuellen Realität des entsprechenden Individuums.[11] Eine *"Lernende Organisation"* kann somit nicht als etwas Reales, tatsächlich objektiv Existierendes gesehen werden, sondern als ein sprachlicher Ausdruck (Begriff) einer individuellen Wirklichkeitskonstruktion.[12] Es handelt sich beim Begriff "Lernende Organisation" also, wie bei jedem anderen Begriff auch,

---

[11] Zur näheren Erläuterung der Konstruktivistischen Betrachtungsweise s. auch Abschnitt 8.1 ab Seite 256.
[12] vgl. Maturana und Varela (1987, S.223ff)

3.2. Reflexion über OL

um eine Beschreibung. Beschreibungen können verstanden werden als Ausdruck einer Beobachtung, die von einem Beobachter gemacht und sprachlich kodiert wurde. Eine Beobachtung wiederum resultiert aus einer Abgrenzung.[13] Folglich muss es etwas geben, wovon sich die Lernende Organisation abgrenzt, also Organisationen, welche die Bezeichnung *"Nicht-Lernende Organisation"* verdienen. Neuberger (1999) stellt fest, dass „bei Lernender Organisation [...] der Gegenbegriff Nicht-Lernende Organisation mitgedacht [wird], so dass unterstellt wird, dass es so etwas wie Nicht-Lernende Organisationen gibt", bzw. dass „Lernende Organisation eine Art mühsam erworbener Ehrentitel" sei.[14]

Organisationen haben jedoch, so Krebsbach-Gnath (1996), „immer schon gelernt, sich auf veränderte Umweltbedingungen einzustellen".[15] Der Begriff *lernende Organisation* ist in dieser Sicht als Begriff Unsinn, da er aus einer Unterscheidung resultiert, die so nicht getroffen werden kann. Es macht deshalb meines Erachtens wenig Sinn von Lernenden Organisationen zu reden und die Verwirklichung dieser als Allheilmittel zu predigen. Sinnvoller wäre es von Organisationen zu sprechen, die gewisse Lernpathologien aufweisen bzw. diese erfolgreich vermeiden oder von Organisationen, *in* denen dysfunktional bzw. funktional, kontinuierlich bzw. nicht kontinuierlich gelernt wird.

---

[13] vgl. Willke (2000, S. 158f)
[14] s. Neuberger (1999, S.13)
[15] s. Krebsbach-Gnath (1996, S.3)

3. Zusammenfassende Betrachtung und Kritik

3.2.1.2. Oxymoron

Bei genauerer Betrachtung der beiden Begriffe *Lernen* und *Organisation* fällt auf, dass es sich um zwei Begriffe handelt, welche in ihren Konnotationen widersprüchlich besetzt sind. Lernen auf der einen Seite wird assoziiert mit "Explorieren" und "Vielfalt erzeugen", wohingegen Organisieren eine Reduktion der Vielfalt und eine gewisse Standardisierung impliziert. Kluge und Schilling (2000) bezeichnen deshalb die Kombination der beiden antithetischen Begriffe in Additionswörtern wie z.B. *Lernende Organisation* als Oxymoron.[16]

3.2.1.3. Metapher

Lernen wird normalerweise als Tätigkeit verstanden, die lebenden Organismen, insbesondere höher entwickelten Säugetieren zugeschrieben wird. Bei Organisationen handelt es sich jedoch um soziale Gebilde ohne ein konkretes zentrales Nervensystem, ohne konkretes Gehirn. Somit stellen die Begriffe organisationales Lernen bzw. lernende Organisation Metaphern dar, bei denen der Begriff Lernen, der normalerweise an Lebewesen festgemacht wird, eine Übertragung auf Organisationen als soziale Systeme erfährt.[17] Die Frage wie diese Übertragung einer Tätigkeit von Individuen auf ein soziales System in der organisationalen Praxis geschieht, bzw. welcher Zusammenhang zwischen individuellem und organisationalen Lernen besteht, wurde in Abschnitt 2.2.3 beleuchtet.

---

[16] vgl. Kluge und Schilling (2000, S.179)
[17] vgl. Klimecki et al. (1994, S.1f)

3.2. Reflexion über OL

3.2.1.4. Populärer Begriff

Wenn es sich bei den Additionswörtern aus den Begriffspaaren Lernen und Organisation um Oxymora bzw. Metaphern handelt, so stellt sich die Frage, was diese Begriffe so attraktiv und so reizvoll macht. Warum erfreuen sie sich so starker Popularität? Die Antwort hierfür kann in den Implikationen und unterschwelligen Annahmen, die sie mit sich bringen, gesehen werden. Zum einen kann die kollektive Bezeichnung einer Organisation als *Lernende Organisation* eine bessere Identifikation der Mitglieder der Organisation mit dieser, bzw. eine bessere Abgrenzung von anderen Organisationen mit sich bringen, nach dem Motto: Wir sind eine Lernende Organisation (die anderen nicht!). Lernende Organisation suggeriert ferner, dass es sich dabei um ein von allen gemeinsam verfolgtes Projekt handelt. Jeder lernt und trägt seinen Teil bei. Dabei wird das Lernen nie abgeschlossen, da es sich bei Lernen um eine endlose Aufgabe handelt.[18] Lernende Organisation kann somit als gemeinsame Vision sehr nützlich sein um alle Organisationsmitglieder zu permanentem Reflektieren über die Arbeitsprozesse und dem Entwickeln und aktiven Verfolgen von Verbesserungsvorschlägen anzuhalten. Die gemeinsame Perspektive richtet dabei die Mitglieder auf die lernende Organisation aus, wie ein Magnet die Eisenfeilspäne.[19]

---

[18] vgl. Neuberger (1999, S.12)
[19] Es muss an dieser Stelle angemerkt werden, dass das hier geschilderte Konzept der *Vision* auf die Organisationsmitglieder natürlich nicht so genau und physikalisch wirkt, wie der Magnet auf Eisenspäne. Eine Diskussion der Rolle von Visionen als komplexe Phänomene in Organisationen kann an dieser Stelle nicht geführt werden. Hierfür sei auf Neuberger (2002) verwiesen.

3. Zusammenfassende Betrachtung und Kritik

3.2.2. Was also ist organisationales Lernen?

Die Antwort hierauf wurde teilweise im vorigen Abschnitt gegeben: „organisationales Lernen" ist eine in sich widersprüchliche Metapher, die eine große Beliebtheit geniest. Diese Begriffsklärung sagt zwar einiges über den Begriff aus aber nichts darüber, was denn das komische Ding eigentlich ist, das als „organisationales Lernen" bezeichnet wird.

3.2.2.1. Eine 1:n Zuordnung

Die in den vorangegangenen Kapiteln dargestellte Diskussion um das Thema *„Organisationales Lernen"* zeigt ein in den Sozialwissenschaften weit verbreitetes Problem auf. Anders als beispielsweise in den Naturwissenschaften kann ein Forschungsgebiet sich entwickeln, auch ohne die Existenz *eindeutiger* von allen akzeptierten Definitionen.[20] Dies ist teilweise schlimmer als die sprachliche Verwirrung, die laut der Bibel als Strafe Gottes auf Babylon niedergegangen ist und zu einer n:1 Zuordnung geführt hat (n verschiedene Begriffe beschreiben einen Gegenstand). Für die verschiedenen Ausdrücke in den unterschiedlichen Sprachen kann immerhin intrapsychisch ein stabiler Eigenwert gebildet werden, was die Grundlage der Verständigung ist.

Die hier vorliegende Vielfalt der Konstruktionen hat jedoch zur Folge, dass verschiedene Forscher den selben Begriff verwenden um damit unterschiedliche Vorgänge zu beschreiben, es kommt somit

---

[20] Eine Entwicklung der Mechanik als Teilgebiet der Physik wäre beispielsweise undenkbar gewesen, wenn es nicht das von Newton aufgestellte und von den nachfolgenden Forschern akzeptierte Gesetz der Gravitation gegeben hätte.

3.2. Reflexion über OL

zu einer 1:n Zuordnung. Der gleiche Begriff (bzw. das gleiche Begriffspaar) wird unterschiedlichen Vorgängen zugeordnet. Dies hat zur Folge, das eine Art Pseudoklarheit geschaffen wird. Sie lautet: Es gibt *das* organisationale Lernen bzw. *die* lernende Organisation.

Kompliziert wird die Diskussion um „organisationales Lernen" zusätzlich dadurch, dass der Begriff *Lernen* aus der Psychologie von der Ebenen des Individuums recht unreflektiert auf komplexe soziale Gebilde übertragen wird. Die intrapsychischen Vorgänge sind jedoch nicht einmal in der Psychologie eindeutig geklärt. „Lernen"wird dort vielmehr verwendet als die Erklärung für Verhaltensänderungen und subsummiert eine Menge unterschiedlicher Theorien und Paradigmen.

Organisationales Lernen: Eine Konstruktion

Da Lernen an sich nicht wahrgenommen werden kann, handelt es sich bei organisationalem Lernen um eine Konstruktion eines Beobachters. Sie beruht auf einem wahrgenommenen Unterschied zwischen zwei Zuständen des Beobachtungsgegenstandes Organisation.

Dabei wird die nächste Schwierigkeit bereits sichtbar. *Die* Organisation existiert genauso wenig wie *das* Lernen. Auch für Organisationen gilt, dass unterschiedliche Forscher diese unterschiedlich von der organisationalen Umwelt abgrenzen; ähnlich wie in dem oft verwendeten Beispiel mit den blinden Männern, die einen Elefanten an jeweils unterschiedlichen Körperteilen abtasten und danach

3. Zusammenfassende Betrachtung und Kritik

Elefanten anhand ihrer taktilen Erfahrungen beschreiben.[21] Somit beschreiben Organisationstheorien immer den Aspekt von Organisationen, der für den jeweiligen Forscher eine besondere Faszination ausübt oder in der Sprache der Systemtheorie: „Die Logik der Beobachtung (und der aus der Beobachtung resultierenden Beschreibung) ist nicht die Logik des beobachteten Phänomens, sondern die Logik des beobachtenden Systems und seiner kognitiven Struktur."[22]

Aus den bislang dargestellten Überlegungen macht es meines Erachtens nach wenig Sinn zu versuchen eine konkrete neue Definition für organisationales Lernen zu entwickeln, die unter einem bekannten Label versucht die ohnehin bereits große Vielfalt weiter auszudehnen. Es erscheint mir vielmehr sinnvoll aus einer Metaperspektive einen vernachlässigten Aspekt in den bisherigen Ansätzen in den Mittelpunkt der Betrachtung zu rücken, der (wie oben bereits angesprochen) die Voraussetzung für organisationale Lernprozesse darstellt. Die Frage lautet somit nicht: Was *ist* organisationales Lernen? Vielmehr lautet sie: Welches Element ist in allen bisherigen Ansätzen vernachlässigt?

Die Antwort auf diese Frage ist bei der Betrachtung der dargestellten Theorien im ersten Teil der Arbeit recht einfach: Sie alle beschreiben eine Veränderung. Aber die Beschreibung der (möglichst zielgerichteten) Veränderung von Organisationen steht auch im Mittelpunkt der Überlegungen zu *organisationalem Wandel* und dem praxisbezogenen Feld der *Organisationsentwicklung*. Was unterscheidet also die Überlegungen zu OL von denen zu OE und

---

[21] Dieser Vergleich findet sich beispielsweise in Kieser (1993, S.1)
[22] Willke (2000, S.158)

organisationalem Wandel?

3.2.2.2. OL und organisationaler Wandel

Der Unterschied in den beiden Konzepten liegt in der individuellen Konstruktion der Vorgänge, die zwischen den beiden Beobachtungszeitpunkten liegt. Wenn „Lernen" als die Beschreibung eines nicht direkt beobachtbaren Prozesses verstanden wird, der eine Verhaltensänderung bewirkt, so handelt es sich bei „Lernen" um eine beobachterspezifische Konstruktion. Die folgenden Überlegungen habe ich teilweise in mathematischer Notation niedergeschrieben, da sie meines Erachtens nach den Vorteil bieten komplexe Sachverhalte in einfacher Schreibweise auszudrücken.

Lernen L einer Organisation O ist eine individuumsspezifische Konstruktion K eines Beobachters B.

$$L_O = K_B$$

Sie resultiert aus der wahrgenommenen Veränderung eines Zustands einer spezifischen Organisation $Z(O)$ im Zeitraum $t-n$ bis t. Somit ist Lernen einer Organisation:

$$L_O = K_B(Z(O)_{t-n}; Z(O)_t) = K_B(Z(O)_t - K_B(Z(O_{t-n}))$$

Die rechte Seite der Gleichung ist dabei eine Formulierung die den Wandel einer Organisation W_O als die Differenz zweier Zustände beschreibt. Somit gilt für diese Definition:

$$L_O = K_B(Z(O)_t; Z(O)_{t-n}) = K_B(Z(O)_t - K_B(Z(O_{t-n}))) = W_O$$

3. Zusammenfassende Betrachtung und Kritik

$$\Rightarrow L_O = W_O$$

Organisationales Lernen *ist* somit organisationaler Wandel!

Die Abgrenzung der beiden Begriffe liegt in der beobachterabhängige Konstruktion des nicht direkt beobachtbaren Prozesses, der zwischen den beiden Beobachtungszeitpunkten liegt. Werden von dem Beobachter dabei analog zur Individualpsychologie „kognitive" Vorgänge unterstellt, so kommt es zu einer Abgrenzung von organisationalem Lernen und organisationalem Wandel.

3.2.2.3. OL und Organisationsentwicklung

Die in den voran stehenden Kapiteln diskutierten Prozesse des organisationalen Lernens haben alle eine Veränderung des Verhaltens der Organisation gegenüber ihrer Umwelt als Endprodukt. Man kann folglich salopp behaupten, organisationales Lernen hat zur Folge, dass sich die Organisation entwickelt. An dieser Stelle drängt sich natürlich die Frage auf, wo die Abgrenzung zwischen *Organisationalem Lernen* und *Organisationsentwicklung* liegt? Ist OL eine Form von OE oder handelt es sich um zwei exakt voneinander abgrenzbare Theoriegebiete?

Zur Beantwortung dieser Frage muss als erstes geklärt werden, was unter *Organisationsentwicklung* verstanden wird und dabei zeigt sich, dass die Diskussion darüber, was die zum ersten Mal in den 1950er Jahren namentlich erwähnte *Organisationsentwicklung* eigentlich ist, ebenso wenig beantwortet werden kann, wie die Fragen was „Lernen" ist bzw. was „Organisationen" sind.

3.2. Reflexion über OL

Historisch betrachtet stützt sich Organisationsentwicklung auf Überlegungen, welche auf die Human-Relation-Bewegung zurückgehen und basiert hauptsächlich auf den Ergebnissen und Erfahrungen, die aus der Anwendung der gruppendynamischen Laboratoriumsmethode auf Industriebetriebe durch die Gruppe um Kurt Lewin, sowie auf der Survey-Feedback-Forschung.[23]

Das Theoriegebiet der Organisationsentwicklung erweist sich bei näherer Betrachtung als mindestens so heterogen wie das des oben dargestellten organisationalen Lernens. Allein Trebesch (1982) verwendete für seine Analyse 50 Definitionen für Organisationsentwicklung und die Zahl ist seit dem weiter gestiegen. Seine Analyse ergab 11 Merkmale der Organisationsentwicklung, die immer wieder genannt wurden und die er in einer Art Ranking auflistet:[24]

1. sozialer und kultureller Wandlungsprozess (Veränderungsstrategie) [Prozess]

2. Steigerung der Leistungsfähigkeit des Systems [Ziel]

3. Gesamtsystem-Bezug, betriebsumfassend [Gegenstandsbezug]

4. Integration von individueller Entwicklung und Bedürfnissen mit Zielen und Strukturen der Organisation [Ziel]

5. Aktive Mitwirkung der Betroffenen [Methode]

6. Bewusst gestaltet, methodisch, planmäßig, gesteuertes Vorgehen [Programm]

---

[23] vgl. Sievers (1977, S.10), sowie die Ausführungen von French und Bell (1977).
[24] vgl. Trebesch (1982, S.42) Die Kategorien, auf die sich die Aussagen beziehen, wurden in den eckigen Klammern ergänzt.

3. Zusammenfassende Betrachtung und Kritik

7. angewandte Sozialwissenschaft [Disziplinarische Einordnung]

8. Effektivitätssteigerung [Ziel]

9. Gemeinsame Lernprozesse [Methode]

10. Anpassung der Organisation an die Umwelt [Ziel]

11. Steigerung der Problemlösungsfähigkeit des Systems [Ziel]

Bei der Betrachtung dieser Definitionsmerkmale fällt auf, dass sowohl Ziele und Methoden als auch die disziplinarische Einordnung und Gegenstandsbezug in wildem Durcheinander verwendet werden. Jeder Autor vergibt seine eigene Definition, was einerseits zu Profilierung und Abgrenzung führt, andererseits jedoch dem Bestreben nach einer einheitlichen Definition und einem einheitlich definierten Forschungsgebiet entgegen steht.

Wenn eine Abgrenzung der Themen OE und OL anhand der von Trebesch (1982) herausgearbeiteten konstitutiven Merkmale der Organisationsentwicklung erfolgen soll, so kann festgestellt werden, dass in den Ausführungen über organisationales Lernen immer wieder einige der oben dargestellten Punkte auftauchen. Insbesondere sind dies die gemeinsamen Lernprozesse (als grundlegendes Merkmal in allen OL-Ansätzen vorhanden), der soziale und kulturelle Wandlungsprozess (insbesondere bei Argyris und Schön (1978)), Steigerung der Leistungsfähigkeit des Systems (als Effizienzkriterium in allen Ansätzen vorhanden) und Anpassung der Organisation an die Umwelt (als Anpassungslernen in allen Ansätzen vorhanden).

3.2. Reflexion über OL

Somit ergeben sich als potenzielle Abgrenzungsmerkmale die *Integration von individueller Entwicklung und Bedürfnissen mit Zielen und Struktur der Organisation*, das *bewusst gestaltete,methodische und planmäßige Vorgehen*, sowie das Verständnis von OE als *angewandte Sozialwissenschaft*.

Insgesamt kann bei der Betrachtung der OE-Konzepte festgestellt werden, dass die spezifische Organisation durch dedizierte interne bzw. externe Berater *zielgerichtet* entwickelt werden soll.[25] Dieser Punkt stellt ein weiteres Abgrenzungsmerkmale gegenüber den Konzepten des organisationalen Lernens dar. Diese sehen für die Veränderungen der Organisation keine von der Organisation bzw. den Verantwortlichen innerhalb der Organisation beauftragte Berater vor. Der Punkt der Zielgerichtetheit bietet ferner Anlass zur Kritik, denn Zielgerichtetheit setzt immer voraus, dass sowohl ein Ist-Zustand eindeutig bestimmbar ist, als auch ein gewünschter Soll-Zustand, dessen Erreichung zudem objektiv kontrollierbar ist. Dies erscheint jedoch bei näherer Betrachtung eher als eine Verkörperung und Zelebrierung des Rationalitätsmythos, da es sich in der Realität als schwierig erweist eine genaue Definition dessen, was wohin entwickelt werden soll zu finden. Was soll entwickelt werden? Die Personen in der Organisation, die Strukturen oder das Verhalten einzelner Mitglieder?[26]

Ein weiteres Abgrenzungsmerkmal stellt die konkrete Nennung von Methoden zur Organisationsentwicklung dar. Die Entwicklung der Organisation erfolgt mit konkreten Maßnahmen bzw. Methoden,

---

[25] Für eine Gegenüberstellung des Pro und Contra von Externen bzw. internen Beratern s. Lippit und Lippit (1977).
[26] Neuberger (1994, S.242ff) zeigt diese Problematik anhand der Vielfältigkeit der in der OE-Literatur verwendeten Organisationsmetaphern auf.

3. Zusammenfassende Betrachtung und Kritik

wie beispielsweise *Data-Survey-Feedback*, *Konfrontationstreffen* und *Intergruppen-Arbeit*.[27] Die Konzepte des organisationalen Lernens verzichten meistens auf die Nennung konkreter Methoden.

3.3. Lernen in Organisationen als Basis

Organisationen (O) werden in den Überlegungen zum organisationalen Lernen meist als aus individuellen Handlungen (H) der Mitglieder (I) bestehende Zusammenhänge verstanden. Eine Veränderung auf der Ebene der Organisation muss in dieser Hinsicht auf einer Veränderung der Handlungen der Mitglieder (H_I) der Organisation als notwendige, wenn auch nicht hinreichende Bedingung beruhen. In der im vorigen Abschnitt eingeführten mathematischen Notation sieht diese Argumentation folgendermaßen aus:

$$L_O = K_B(Z(O)_{t-n}; Z(O)_t) = K_B(Z(O)_t - K_B(Z(O_{t-n})))$$

Wobei angenommen wird:

$$O = \sum_{I=1}^{n}(H_I)$$

---

[27] An dieser Stelle kann leider nicht auf die entsprechenden Methoden eingegangen werden, es wird diesbezüglich auf die einschlägige OE-Literatur verwiesen, sowie zusammenfassend auf Neuberger (1994, S.246-252).

3.3. Lernen in Organisationen als Basis

Die Beschreibung des organisationalen Lernens kann in dieser Darstellung somit folgendermaßen ausgedrückt werden.

$$L_O = K_B(Z(\sum_{I=1}^{n}(H_I))_t - K_B(Z(\sum_{I=1}^{n}(H_I)_{t-n})))$$

Aus dieser Darstellung werden weitere Probleme der Konzeptionen des „organisationalen Lernens" deutlich. Nach der hier dargestellten mathematischen Schreibweise wird davon ausgegangen, dass es zu einer Änderung des „Verhaltens" der Organisation kommt, sobald mindestens ein Mitglied sein Verhalten ändert. Bei dieser Definition von Organisation wäre individuelle Veränderung gleich bedeutend mit organisationaler Veränderung. Wenn Organisationen differenzierter betrachtet werden sollen, so muss geklärt werden welche Individuen bzw. Gruppen innerhalb von Organisationen sich verändern müssen, damit ein Beobachter feststellen kann, dass die Organisation sich verändert hat.

Sind es bei den oben dargestellten Theorien des organisationalen „Lernens" alle n Mitglieder, reicht es, wenn ein Mitglied sein Handeln verändert bzw. wie groß muss die Gruppe der Mitglieder sein, die ihr Handeln verändert? Die Antwort auf diese Frage würde jedoch nichts weiter darstellen als eine weitere subjektive Festlegung und die Suche nach ihr könnte ganze Bücher füllen. Sie wäre dabei hochgradig komplex, da sie nicht nur quantitative Fragen berücksichtigen muss, sondern auch qualitative (wie beispielsweise Überlegungen aus dem Bereich von Macht und Herrschaft). Aus diesem Grund wird in dem folgenden Teil der Arbeit auf die Beantwortung dieser Frage verzichtet.

3. Zusammenfassende Betrachtung und Kritik

Damit soll nicht ausgedrückt werden, dass die Diskussion um „Lernen *von* Organisationen" grundsätzlich sinnlos ist. Sie dient meines Erachtens nach vorzüglich dazu die Mitglieder konkreter Organisationen zur Reflexion über die innerhalb der Organisation[28] ablaufenden Prozesse (sozialer und technischer Natur) anzuhalten, sie (die Individuen und die Prozesse) weiter zu entwickeln und durch Innovationen wettbewerbsfähig zu machen bzw. zu erhalten.

Dazu ist notwendig, dass die Mitglieder der Organisation bereit sind sich zu verändern. Diese grundlegende Forderung, die in allen Modellen und Theorien des organisationalen „Lernens" enthalten ist, wird im folgenden Teil der Arbeit in den Mittelpunkt gerückt. Dabei wird folglich nicht mehr von „Lernen *von* Organisationen", sondern vielmehr von „Lernen *in* Organisationen" die Rede sein.

Zusammenfassende Betrachtung der bisherigen Ergebnisse
Die Frage, welche am Anfang dieses Kapitels gestellt wurde lautete: *Was für Überlegungen wurden bisher zum Thema organisationales Lernen angestellt und welche Fragen wurden noch nicht gestellt bzw. sind bisher noch unbeantwortet?* Zu ihrer Klärung wurde ein kurzer Überblick über die populärsten Ansätze des organisationalen Lernens dargestellt und die einzelnen Theorien kurz diskutiert. In einem darauf folgenden Schritt wurde das einzelne Organisationsmitglied als Agent des organisationalen Lernens identifiziert und ein Blick auf die Konzepte des Lernens auf der Ebene des Individuums geworfen.

Es hat sich gezeigt, dass das Theoriegebiet insgesamt durch ein

---

[28]Wie auch immer die subjektive Abgrenzung sein mag.

3.3. Lernen in Organisationen als Basis

großes heterogenes Meinungsbild bezüglich der Vorstellungen über die Prozesse des organisationalen Lernens gekennzeichnet ist. Die einzelnen Ansätze liefern alle wichtige Erkenntnisse, jedoch ist es bisher nicht, auch nicht in den populären eklektischen Ansätzen von Kim (1993a) bzw. Senge (1990), zu einer gelungenen Integration der bislang identifizierten Faktoren, Prozesse und Methoden gekommen. Auch eine Metatheorie des organisationalen Lernens sucht man bislang vergebens.

Die Frage, welche bislang in keinem Ansatz aufgeworfen wurde, ist die nach den Auslösern der individuellen Lernprozesse, die als Grundlage für organisationalen Lernprozesse betrachtet werden. Alle Ansätze thematisieren zwar die Auslöser der Lernprozesse auf Ebene der Organisation, doch gehen sie unreflektiert davon aus, dass die Organisationsmitglieder, die sie als Agenten der Lernprozesse sehen, von sich aus lernen, bzw. nicht nichtlernen können. Meines Erachtens erfordert dies jedoch eine nähere Betrachtung unter der Fragestellung

„Wie werden Lernprozesse bei Individuen angeregt und wie kann man sie (die Lernprozesse) fördern?"

Diese Frage erscheint in zweierlei Hinsicht relevant. Zum einen ergibt sich aus ihr die Frage nach der Integrierbarkeit der Ergebnisse der Lernforschung auf Individuumsebene in die bislang existierenden Theorien des organisationalen Lernens, zum anderen die praxisrelevante Frage nach der Gestaltung organisationaler Umgebungen, die fördernd auf individuelle Lernprozesse einwirken.

Ein Blick in die Ansätze der Pädagogik bzw. der Andragogik liefert eine Erklärung. Es ist immer wieder ein Begriff, der in verschiedensten Überlegungen zu den Auslösern von Lernprozessen

3. Zusammenfassende Betrachtung und Kritik

genannt wird.[29] Er lautet *Interesse*. Aber was kann unter Interesse verstanden werden und wie beeinflusst das Interesse die individuellen Lernprozesse?

Der Klärung dieser Frage sind die nachfolgenden Kapitel gewidmet.

Ein Überblick über den in diesem Teil der Arbeit dargestellten bisherigen Stand der OL-Forschung ist in Tabelle 3.1 auf Seite 127 tabellarisch zusammengefasst.

---

[29] Eine Nennung der einzelnen Werke erscheint an dieser Stelle unangebracht, sie erfolgt in den nachstehenden Kapiteln.

3.3. Lernen in Organisationen als Basis

Überblick über die zentralen Aussagen der Theorien des organisationalen Lernens

	Ansatz	Begründer / Vertreter	Lernverständnis	Organisationskonzept	Agenten	Lernebenen	Blockaden
Generische Ansätze	Zyklus des Wahlverhaltens	March/Olsen Levitt / March	Behavioristische und kognitivistische Elemente	Verhaltenswissenschaftlich (Organisation als soziales Gebilde)	Mitglieder	Exploitation Exploration	Rollenbeschränktes Erfahrungslernen Präorganisationales Erfahrungslernen Abergläubisches Erfahrungslernen Erfahrungslernen unter Mehrdeutigkeit
	Kybernetisch fundiertes Modell	Argyris u. Schön	Kognitivistisch	Organisation als kognitives System	Mitglieder	Single-loop Double-loop Deutero	Defensive Routinen
	Wissensbasierte Modelle	Duncan u. Weiss Pautzke Walsh u. Ungson	Kognitivistisch, Lernen als Veränderung von Wissensbasen	Organisation als zweckrationales System zielgerichteter Handlungen	Mitglieder, insbes. Dominante Koalition	Nutzung, Veränderung, Fortentwicklung der Wissensbasis	Informationspathologien
	Informationsorientierter Ansatz	Daft u. Huber	Kognitivistisch / Technisch: Akquisition bzw. Distribution und Interpretation von Informationen	Organisationen als interpretative Systeme	Mitglieder	Keine Differenzierung zwischen Lernebenen	Selbsterfüllende Prophezeiungen
	Systemisch-Kybernetischer Ansatz	Senge	kognitivistisches Lernen als Kombination von Disziplinen	Organisation als kybernetisches, kulturelles, soziales System	Mitglieder, insbes. Führungskräfte	Adaptives und generatives Lernen	Kognitive Muster der Mitglieder
Integrierte Ansätze	OADI-SMM	Kim	Kognitivistisch	Organisation als kulturelles System	Mitglieder	ODLL / IDLL	S. Zyklus des Wahlverhaltens und Situational Learning Fragmented Learning Opportunistic Learning
	Struktur-Modell	Klimecki et al.	Kognitivistisch	Organisation als Interpretationssystem	Organisation als Entität	Keine Angaben	

Tabelle 3.1.: Tabellarischer Überblick über den bisherigen Stand der OL-Forschung.

Teil II.

Individuelle Lernprozesse

4. Lernen auf der Ebene des Individuums

Nachdem in Abschnitt 2.2.3 gezeigt wurde, dass sich die Konzepte des organisationalen Lernens teilweise explizit, teilweise implizit auf die Organisationsmitglieder als Lernagenten beziehen, muss die Frage gestellt werden, wie der Lernprozess auf der Ebene des Individuums verstanden werden kann? Wie lernen Individuen als Akteure auf der organisationalen Bühne für die Entwicklung der Organisation? Des weiteren stellt sich bei der Betrachtung der Konzepte die Frage nach dem Zusammenhang von organisationalen und individuumsbezogenen Lerntheorien[1]

Eine Antwort hierauf gibt Shrivastava (1983):

„Although research interest in the organizational learning phenomenon is relatively new, research on individual learning has a long and distinguished history and has *formed the basis* for research on organizational learning."

---

[1] Für das Kapitel habe ich absichtlich nicht die Überschrift „Theorien des individuellen Lernens" gewählt, da in einem Abschnitt auf Theorien des Gruppenlernens eingegangen werden wird.

4. Lernen auf der Ebene des Individuums

[Shrivastava (1983, S.8), Hervorhebung durch S.G.]

Theorien des individuellen Lernens können also als Heuristik für Theorien des organisationalen Lernens angenommen werden. Aber welche individualpsychologische Lerntheorie liegt welcher Theorie des organisationalen Lernens zugrunde? Der folgende Abschnitt wird sich, nach allgemeinen Überlegungen zum Thema Lernen, mit dieser Frage auseinander setzen.

4.1. Allgemeine Anmerkungen zum Thema Lernen

Bevor auf die konkret identifizierbaren Theorien des individuellen Lernens eingegangen wird, sollen an dieser Stelle noch einige Vorbemerkungen zum Thema *Lernen* auf Individuumsebene „an sich" gemacht werden, die für das Verständnis des komplexen Themas wichtig erscheinen.

Darüber, wie individuelle Lernprozesse ablaufen können und wie Lernen im Organismus vor sich gehen kann, geben die Forschungsrichtungen *Lernbiologie* bzw. *Lernpsychologie* Aufschluss. Dabei beschreibt die *Lernpsychologie* nach Vester (1982),

„[...] die Bedingungen, unter denen es zu [...] 'Verhaltensänderungen' kommt. Sie untersucht die Faktoren, durch welche die Erinnerung gesteuert wird, analysiert den Verlauf des Vergessens und stellt fest, wie sich verschiedene Lernprozesse wechselseitig beeinflussen."

4.1. Allgemeine Anmerkungen zum Thema Lernen

[vgl. Vester (1982, S.97)]

Die *Lernbiologie* hingegen befasst sich mit den dem Lernen zugrunde liegenden neurophysiologischen Mechanismen[2] und steht somit der Neurobiologie sehr nahe.[3]

Beobachtungsproblematik

Bei *Lernen* handelt es sich um ein äußerst vielschichtiges und vielseitiges Phänomen, das in der psychologischen Literatur meist durch *Veränderung von Verhaltensweisen* beschrieben wird.[4] Lernen ist darüberhinaus aber auch der Erwerb von neuem Wissen, welches im Gedächtnis wieder auffindbar wird, wobei Wissen im Sinne des konstruktivistischen Ansatzes von Kandel und Hawkins (1992) verstanden werden kann, als eine

„[...] subjektive, selbst-referenzielle, erfahrungsgeleitete Konstruktion des Gehirns"
[Kandel und Hawkins (1992, S.66)]

Lernen wird als Prozess beschrieben, welcher die Eigenheit hat, dass man ihn nicht wahrnehmen kann, sondern dass er erschlossen werden muss.[5] Beobachtet werden kann zwar, dass sich eine Änderung im Verhalten eingestellt hat, der eigentliche Prozess entzieht sich jedoch der Beobachtung.

Ferner kann festgestellt werden, dass Lernen oft in die Nähe des Begriffs *Veränderung* gebracht und als Anpassungsleistung eines

---
[2] vgl. beispielsweise Goldmannn-Rakic (1992) und Fischbach (1992)
[3] vgl. Kandel und Hawkins (1992, S.66)
[4] vgl. Schanz (1979, S.71)
[5] vgl. Hofstätter (1973, S.195)

4. Lernen auf der Ebene des Individuums

Organismus an veränderte Umweltbedingungen verstanden wird. Diese Aspekte zeigen sich besonders deutlich in den Ausführungen von Foppa (1972):[6]

> „Letzten Endes geht es [beim Lernen(Anmerkung S. G.)] jedoch immer um die Frage, auf welche Art und Weise sich der Organismus [...] seiner Umwelt anpasst. Der Anpassungsprozess selbst entzieht sich freilich genauso jeder unmittelbaren Beobachtung wie das 'Gedächtnis'. Wir betrachten deshalb nicht den Lernverlauf, sondern Leistungen irgendwelcher Art und deren Veränderungen. Wenn jemand in einer bestimmten Situation wiederholt etwas tut bzw. unterlässt, was er bisher unter entsprechenden Umständen nicht getan oder unterlassen hatte, oder wenn seine Leistungen rascher und sicherer ausgeführt werden als früher, sprechen wir von einem Lernprozess."

[Foppa (1972, S.13)]

Lernen, Wahrnehmung und Speicherung

Lernen ist immer abhängig von Beobachtung bzw. Wahrnehmung. Was nicht wahrgenommen werden kann, kann nicht in das Gedächtnis gelangen[7] und somit auch keine beobachtbare Veränderung von Verhalten bewirken. So beschreibt Estes (1979) Lernen als:

---

[6] Die Aussagen von Foppa (1972) sind meines Erachtens nach zu definitiv formuliert. Die Rede von „*immer*" und „*letzten Endes...*" erscheinen als der Weisheit letzter Schluss, den es in der Wissenschaft nicht geben kann. Ferner kann zu dem Zitat angemerkt werden, dass es nicht eindeutig auf Lernen schließen lässt, sondern auch auf veränderte Motivation.

[7] Zur Funktionsweise des Gedächtnisses bzw. Speicherung von Wissen s. Klix (1994, S.213ff).

4.1. Allgemeine Anmerkungen zum Thema Lernen

„[...] jede systematische Veränderung im Reaktionsverhalten eines Organismus, die als Folge vorangegangener *Erfahrung* nachgewiesen werden kann."
[Estes (1979, S.101), Hervorhebung durch S.G.]

Erfahrung wiederum kann definiert werden als ein (meist wiederholtes) Wahrnehmen, Erleben bzw. Empfinden.[8] In der Definition von Klix (1979) wird *Lernen* verstanden als:

„[...] jede umgebungsbezogene Verhaltensänderung, die als Folge einer individuellen Informationsverarbeitung eintritt."
[Klix (1979, S.348)]

Dabei setzt *Informationsverarbeitung* natürlich *Rezeption* voraus. Ein wichtiger Aspekt, der in diesen zwei Definitionen deutlich wird, ist, dass Lernen wegen seiner Abhängigkeit von *Wahrnehmung* bzw. *Informationsverarbeitung* ein *selektiver Vorgang* ist, welcher von den Zuständen des betrachteten Systems abhängt.[9] Lernen muss sogar ein selektiver Vorgang sein, da es ansonsten bei der Menge an einströmenden Reizen zu einer Informationsüberflutung und Paralyse kommen würde. Aus der Fülle von Informationen werden nur diejenigen herausgefiltert, die der Organismus für sein Verhalten als wichtig empfindet.[10]

---

[8] vgl. Dorsch (1994, S.208)
[9] Zur mikrobiologischen Beschreibung der Selektions- und Lernprozesse im Nervensystem von Organismen s. Maturana und Varela (1987), Goldmann-Rakic (1992) bzw. Fischbach (1992).
[10] vgl. Teigeler (1972, S.56)

4. Lernen auf der Ebene des Individuums

Die Rolle der Motivation

Der oben beschriebene selektive Prozess der Informationsrezeption ist in dem Grad seiner Intensität von mehreren Faktoren abhängig. Eine dabei nicht unwesentliche Rolle spielt die so genannte *Lernmotivation*. Diese weckt die Aufmerksamkeit und beschleunigt bzw. begünstigt die Informationsaufnahme, Verarbeitung und Speicherung. Durch auf den Organismus einströmende Informationen werden dabei Assoziationen unterschiedlicher Wertigkeit ausgelöst. Während *positive Assoziationen* mit einer besseren Aufnahme und Verarbeitung von Informationen einhergehen, führen *negative Assoziationen* zu Denkblockaden bzw. Lernhemmungen.[11]

Diese kurze Beschreibung ist natürlich etwas mechanistisch und soll an dieser Stelle nicht weiter diskutiert werden.Eine ausführliche Auseinandersetzung mit dem Zusammenhang von Motivation, Interesse und Lernen, dem eine zentrale Bedeutung für das Erkenntnisinteresse dieser Arbeit zugeschrieben wird, erfolgt in Kapitel 10 ab Seite 271.

4.2. Behavioristische vs. Kognitive Lerntheorien

Die Erkenntnisse der Lernbiologie und Lernpsychologie beschreiben zwar die Vorgänge des Lernens auf der organismischen Mikroebene, sie gehen allerdings nicht auf die psychologische Konzeptionierung der Prozesse des Lernens auf der Individualebene ein. Wie dies geschieht, wird in den psychologischen *Lerntheorien* beschrie-

---
[11] vgl. Hagemüller (1985)

4.2. Behavioristische vs. Kognitive Lerntheorien

ben, welche nach Hüholdt (1993) in die Kategorien *Behavioristische Theorien*, *Kognitivistische Lerntheorie*, *Theorie des Identifikationslernens* und Theorien des Lernens durch *Informationsverarbeitung* unterteilt werden können.[12]

- Die *Stimulus-Response-Theorien* beruhen auf dem, wie der Name bereits bereits zeigt lässt, S-R-Paradigma, das von einer direkten Verknüpfung von Reiz und Reaktion ausgeht und die Vorgänge dazwischen unbeachtet lässt, bzw. sie als *Black Box* konzipiert. Theorien, die diesem Paradigma folgen, sind z.B. die behavioristische bzw. neobehavioristische Lerntheorie, welche auf die Arbeiten über den *Behaviorismus* u. a. von Thorndike (1911) und Watson (1919) zurückgehen.

- Im Gegensatz dazu stehen die *kognitiven Lerntheorien*, welche dem S-O-R- Paradigma (Stimulus-Organismus-Response) folgen und somit bei der Betrachtung den Vorgängen zwischen Reiz und Reaktion besondere Bedeutung beimessen. Diese basieren auf den Überlegungen der *kognitivistischen Psychologie*, insbesondere vonTolman (1932), Piaget (1975)[13] bzw. Miller, Galanter und Pribram (1960).

- Auf das *Identifikationslernen* bzw. *Lernen durch Nachahmung*, welches verbunden ist mit der sozial-kognitiven Lerntheorie von Bandura (1979), wird im Abschnitt 4.4.5.1 ab Seite 148,

---

[12] vgl. Hüholdt (1993, S.131ff). Lernen durch *Informationsverarbeitung* stellt eigentlich keine eigenständige Theorierichtung dar, da es auf kognitive Vorgänge gründet, welche in den kognitiven Lerntheorien berücksichtigt werden. Laut Dorsch (1994, S.389) werden informationstheoretische Ansätze zu den kognitivistischen Ansätzen gerechnet, weshalb im Folgenden nicht näher auf sie eingegangen werden wird.

[13] Bei diesem Werk handelt es sich um die deutsche Übersetzung.

4. Lernen auf der Ebene des Individuums

eingegangen werden, weshalb an dieser Stelle keine weitere Ausführung erfolgt.

4.3. Stimulus-Response-Theorie

Traditionell wird die Fähigkeit zu lernen als Merkmal von Individuen unterstellt und ein Lernprozess angenommen, wenn ein Individuum auf einen gleichen oder ähnlichen Stimulus mit einer signifikant anderen Reaktion antwortet, als dies bisher der Fall war.[14] Das Lernen erfolgt dabei nach zwei Prinzipien, nämlich dem *Kontiguitätsprinzip* bzw. dem *Verstärkungsprinzip*.

- Nach dem auf Guthrie (1935) zurückgehenden *Kontiguitätsprinzip* erfolgt Lernen nur durch Übung, also ausschließlich durch die Herstellung von Assoziationen oder Reiz-Reaktionsverbindungen durch räumliches oder zeitliches Zusammen-Vorkommen. Diese Art des Lernen wird auch als *Klassische Konditionierung* bezeichnet und wurde v.a. durch die Arbeiten von Pawlow (1926) bekannt.

- Lernen nach dem *Verstärkungsprinzip* stellt ein Lernen aufgrund der Konsequenzen bestimmter Verhaltensweisen dar. Dabei spricht man, aufgrund des instrumentellen Charakters auch von *Instrumenteller Konditionierung*, bei der im Gegensatz zur klassischen Konditionierung ein aktives Tätigwerden des Organismus Voraussetzung ist. Bekannt wurde dieser Ansatz hauptsächlich durch die Arbeiten von Thorndike (1911)

---
[14]vgl. Foppa (1972, S.65)

zu dem „*Trial and Error*"-Verfahren. Die wohl bekannteste Lerntheorie nach dem Verstärkungsprinzip ist die Theorie der *operanten Konditionierung* nach Skinner (1969), die das *Lernen durch Erfolg* bekannt wurde.

4.4. Kognitive Theorien

Die kognitiven Theorien des Lernens stellen den von den behavioristischen Theorien außer acht gelassenen Bereich zwischen Stimulus und Response in den Mittelpunkt ihres Interesses.

„Dabei wird der Organismus als ein selbständiges System gesehen, welches durch Wahrnehmung, Erkennen und Nachdenken (Kognition) zu Einsichten kommt."
[Staehle (1991, S.194)]

Da es den Rahmen dieser Arbeit sprengen würde einen kompletten Abriss über die Entstehung der kognitiven Theorien und ihrer Aussagen zu geben, soll in diesem Abschnitt nur auf diejenigen eingegangen werden, welche Einfluss nach Wahren (1996) in die Theorien des organisationalen Lernens gefunden haben. Es sind dies die *Theorie des vollständigen Denkaktes* von Dewey (1951), die Entwicklungspsychologie von Piaget (1974), das *zyklische Modell* von Kolb (1984), sowie das *Stufenmodell* von Bateson (1985). Auf die Theorien, welche sich mit kollektiven Lernvorgängen befassen, wird in einem eigenen Abschnitt im Anschluss eingegangen werden.

4. *Lernen auf der Ebene des Individuums*

4.4.1. Lernen als zyklische Denkschulung

Für *Dewey (1951)* vollzieht sich Lernen in einem *zyklischen Prozess der Denkschulung*, der in fünf Abschnitte gegliedert ist und folgendermaßen beschrieben wird:

„I. Man begegnet einer Schwierigkeit, II. sie wird lokalisiert und präzisiert, III. Ansatz einer möglichen Lösung, IV. logische Konsequenzen der Entwicklung des Ansatzes, V. weitere Beobachtung und experimentelles Vorgehen führen zur Annahme oder Ablehnung, das heißt der Denkprozess findet seinen Abschluss, indem man sich für oder wider der bedingt angenommenen Lösung entscheidet. "
[Dewey (1951, S.75)]

Nach einem vollständigen Durchlauf des Lernzyklus hat das Individuum gelernt, indem es eine Erfahrung gemacht hat.

„Eine solche Erfahrung bedeutet ein Ganzes, sie besitzt ihre besonderen, kennzeichnenden Eigenschaften und eine innere Eigenständigkeit."
[Dewey (1951, S.47), Hervorhebung durch S.G.]

Dewey (1951)[15] beschreibt die Vorgänge in diesen fünf Stufen noch genauer. Er stellt fest, dass der *Auslöser* des ganzen Prozesses eine *Beunruhigung* bzw. ein *Unbehagen* ist mit dem Wunsch einen

---

[15] vgl. Dewey (1951, S.75ff)

4.4. Kognitive Theorien

Weg aus der erkannten Schwierigkeit zu finden.[16] Danach wird im zweiten Schritt das Problem durch das Zusammenführen von Beobachtungen näher eingegrenzt und die Natur der Schwierigkeit aufgedeckt. Im dritten Schritt geht es um die Entwicklung möglicher Lösungen durch den *spekulativen Sprung* von dem gegebenen Ist- zum gewünschten Soll-Zustand. Daraufhin wird geprüft, ob die bisher zur Lösung entworfenen Ideen und deren Implikationen eine potenzielle Lösung des Problems beinhalten. Im letzten Schritt kommt es dann zu der Prüfung, ob und wie weit die gefundenen Lösungen dazu beitragen, das Problem zu bewältigen. Dies geschieht mittels hypothetischer Annahmen und führt zu Akzeptanz oder Verwurf der potenziellen Lösung.

Diese Art des Denkens, wie sie von Dewey (1951) als Grundlage des Lernens angenommen wird beruht auf der Vorstellung einer rationalen Problemlösung. Sie lässt sich problemlos in Software zur Steuerung eines Roboters integrieren. Das Menschenbild, welches hinter diesen Annahmen steht entspricht am ehesten dem des rational denkenden *Homo Ökonomikus*. Denken und Lernen sind hier rationale Vorgänge.

Diese Vorstellung eines zyklischen Lernprozesses, wie sie hier von Dewey (1951) getroffen wird, findet sich wieder in der Theorie des organisationalen Lernens von March und Olsen (1975), welche das Lernen von Organisationen in Form eines vollständigen Zyklus des Wahlverhaltens beschreiben.[17] Auch in diesem Modell ist es die Feststellung einer Diskrepanz zwischen einem tatsächlichen Ist- und

---

[16] Das Unbehagen als Auslöser für Aktivitäten nimmt auch Berlyne (1960) im Rahmen seiner Theorie zur intrinsischen Motivation an, auf welche in Kapitel 6.2.2 ab Seite 191 näher eingegangen werden wird.

[17] vgl. Abschnitt 2.2.2.1 auf Seite 26.

4. Lernen auf der Ebene des Individuums

einem gewünschten Sollzustand, der den Zyklus induziert. Der vollständige Denkakt ist in Abbildung 4.1 auf Seite 142 dargestellt.

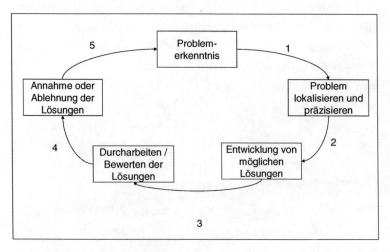

Abbildung 4.1.: Der vollständige Denkakt bei Dewey. Entwickelt aus Dewey, J. (1951), S.71-82

4.4.2. Piaget's Entwicklungspsychologie

Piaget (1974) betrachtet menschliche Organismen als offene, aktive, sich selbst regulierende Systeme. Aus kognitiver Sicht wird die Entwicklung des Individuums darin gesehen, dass sich mit fortschreitendem Lernprozess komplexere kognitive Strukturen entwickeln, welche ein diversifizierteres Verhaltensrepertoire ermöglichen. Die als altersabhängig angenommenen Strukturen bilden den Ausgangspunkt für jeweils unterschiedliche Lernmöglichkeiten. Piaget unter-

4.4. Kognitive Theorien

scheidet bei der kognitiven Entwicklung drei Stufen:[18]

1. *Die Stufe der senso-motorischen Operationen*: In dieser Stufe nimmt das Kind Daten der Umwelt auf und bildet erste Verhaltenspläne und Strukturen aus. Das kindliche Verhalten ist dabei von einer starken Umweltabhängigkeit geprägt.

2. *Die Stufe der konkreten Denkoperationen*: Hier bilden sich erste differenzierte Denkstrukturen aus, wobei sich die Abhängigkeit des Kindes von der Umwelt schrittweise verringert.

3. *Die Stufe der formalen Denkoperationen*: Auf dieser Stufe löst sich die Bindung an das aktuelle Geschehen der Umwelt. Es können Hypothesen gebildet und deren Konsequenzen für das Handeln abgeleitet werden. Ferner zeigt sich auf dieser Stufe eine Reversibilität des Denkens, welche das Denken an sich hinterfragen kann. Auf dieser Stufe ist die relative Unabhängigkeit von der Umwelt hergestellt und es kommt zur vollen Ausbildung der Identität, was dem Individuum das Setzen und Verfolgen eigener Ziele ermöglicht.

Piaget geht davon aus, dass jedes Individuum bestrebt ist Sinneseindrücke zu ordnen und ihnen Bedeutung zu verleihen, wobei die kognitiven Strukturen und die wahrgenommenen Sinneseindrücke metaphorisch gesprochen in ein Gleichgewicht gebracht werden. Wenn es dabei zu einer Divergenz von Sinneseindrücken und kognitiven Strukturen kommt, so sind Individuen bestrebt eine Anpassung der Strukturen zu erlangen. Diese Anpassung zur

---
[18] vgl. Inhelder (1972, S.54ff)

4. *Lernen auf der Ebene des Individuums*

Wiederherstellung des Gleichgewichts kann dabei auf zweierlei Arten geschehen. Zum einen durch *Assimilation*, also die Erfassung eines bestimmten Ereignisses durch ein generalisiertes Konzept , zum anderen durch *Akkommodation*, also durch die Anpassung eines bestimmten Plans an die konkrete Situation.

4.4.3. Lernen als Spirale

Die Darstellung des Lernens als spiralförmigen Prozess geht auf Kolb (1984) zurück, welcher dies in Anlehnung an die Arbeiten von Dewey (1975) bzw. Piaget (1974) entwickelte. Er bezeichnet seinen Ansatz als *experiential learning*,[19] also das Lernen aus Erfahrung, da Wissen durch experimentelles Lernen und die daraus resultierende Erfahrung entsteht. Ausgangspunkt für die Lernspirale stellt dabei eine konkrete Erfahrung dar, über welche das Individuum reflektiert und abstrakte Konzepte entwickelt und diese anschließend testet, was wiederum zu konkreten Erfahrungen führt, die den Vorgang des Lernens erneut anstoßen. Dieser äußere Kreis kann auf den Einfluss von Dewey (1975) zurückgeführt werden, welcher in Abbildung 4.1 auf Seite 142 dargestellt ist.

Der innere Kreis wiederum baut auf den Überlegungen von Piaget (1974) auf. Kolb (1984) beschreibt den Verlauf des Lernprozesses unter Berücksichtigung dieses Ansatzes folgendermaßen:

> „Experience grasped through apprehension and transformed through intention results in what will be called *divergent* knowledge. Experience grasped through com-

---
[19]vgl. Kolb (1984, S.20)

4.4. Kognitive Theorien

prehension and transformed through intention results in *assimilative* knowledge. When experience is grasped through comprehension nd transformed through extension, the result is *convergent* knowledge. And finally, when experience is grasped by apprehension and transformed by extension, *accommodative* knowledge is the result. These elementary forms of knowledge [...] become the building blocks for developmentally higher levels of learning."
[Kolb (1984, S.42f)]

Somit kommt das Individuum durch eine konkrete Erfahrung zu der Einsicht, dass es ein abweichendes Wissen besitzt (divergent knowledge),welches sich durch Reflexion in ein „sich angleichendes Wissen" (assimilative knowledge) wandelt, sich später auf bestimmte Inhalte konzentriert und zu „sich zu fokusierendem Wissen" (convergent knowledge) entwickelt, das schließlich durch Experimentieren in „angepasstes Wissen" (accomodative knowledge) überführt wird.

Im Prozess des Erfahrungslernen nach Kolb (1984) stehen sich jeweils zwei zueinander in in dialektischer Beziehung stehende Lernschritte gegenüber: Konkrete Erfahrungen und abstrakte Konzepte, sowie aktives Experimentieren und passives Reflektieren. Dargestellt ist der Prozess in Abbildung 4.2 auf Seite 146.

4. Lernen auf der Ebene des Individuums

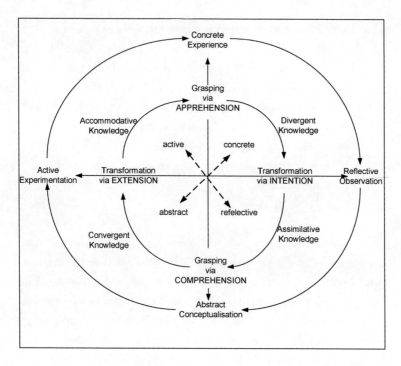

Abbildung 4.2.: Der Lernzyklus bei Kolb. Aus Kolb(1984, S.42)

4.4.4. Stufenmodell des Lernens

Bateson (1985) definiert Lernen als *Veränderung* und unterscheidet dabei zwei Stufen, nämlich das *Lernen der Stufe I*, welches zu *Veränderungen erster Ordnung* führt, sowie das *Lernen der Stufe II*, welches zu *Veränderungen zweiter Ordnung* führt. Die beiden Stufen unterscheiden sich in Bezug auf die Intensität des Lernens und seine Tiefe.

4.4. Kognitive Theorien

Lernen der Stufe I (Veränderung erster Ordnung) führt zu weitgehend außengesteuerten Anpassungsleistungen, es bewirkt adaptive Veränderung im Verhalten. Lernen der Stufe II hingegen bewirkt Veränderungen im Prozess des Lernens der Stufe I. Es handelt sich also quasi um ein *Lernen lernen*, welches Bateson (1985) aufgrund seiner übergeordneten Stellung auch als *Deutero-Lernen* bezeichnet.[20] Er entwickelt die beiden Lernstufen aus einer evolutionären Perspektive, indem er feststellt, dass das Lernen der ersten Stufe zu kostspielig in Bezug auf das Überleben von Organismen ist:

„[...] Versuch und Irrtum muss immer Irrtum einschließen, und Irrtum fordert immer biologische und / oder psychische Opfer. [...] erforderlich ist nicht nur jene Veränderung *erster Ordnung* [...], sondern es bedarf auch einer Veränderung *zweiter Ordnung*, die das erforderliche Ausmaß an Versuch und Irrtum für das Erreichen der Veränderung der ersten Ordnung reduziert. [...] Mit anderen Worten, wir (Organismen) *lernen zu lernen* oder, in dem mehr technischen Ausdruck, wir *deutero-lernen*"
[Bateson (1985, S.356f). Hervorhebungen durch S.G.]

Diese Vorstellung von Lernen in unterschiedlichen Ebenen hat Einzug gefunden in die sehr populäre, kybernetisch orientierte Vorstellung des Organisationalen Lernens, wie sie von Argyris und Schön (1978) vertreten wird. Die Autoren übertragen dabei die beiden Lernformen, welche Bateson (1985) für Organismen beschreibt, auf Organisationen als komplexe soziale Gebilde, wobei sie einen kyber-

---
[20] vgl. Bateson (1985, S. 356)

4. Lernen auf der Ebene des Individuums

netischen Lernprozess in Anlehnung an Ashby (1960) annehmen.[21]

4.4.5. Theorien des sozialen Lernens

Im Gegensatz zu den Theorien des individuellen Lernens befassen sich die Theorien des kollektiven Lernens mit Lernen auf der überindividuellen Ebene der Gruppe. In diesem Abschnitt wird kurz auf die die Theorie des Lernens am Modell von Bandura (1979), sowie die Theorie der kollektiven Lernprozesse von Miller (1986) eingegangen.

4.4.5.1. Lernen am Modell

Bandura (1979) befasst sich in seiner Theorie mit *sozial-kognitiven Lernprozessen* und thematisiert die wechselseitigen Aktionen und Interaktionen im Verhalten von Individuen und Umwelt. Insbesondere betrachtet Bandura dabei zwei Aspekte, nämlich das *Lernen am Modell* und die *Evolution neuer Verhaltensmuster*. Beim Lernen am Modell werden Verhaltensweisen und Erfahrungen angeeignet, welche nicht selbst gemacht, sondern bei anderen Individuen (Modellen) beobachtet werden. Die Entstehung neuer Verhaltensweisen beruht auf der Kombination mehrerer beobachteter Verhaltensmuster, die dann zu neuen Verhaltensweisen führt. Für Bandura gibt es drei Prozesse, die dem Individuum erlauben sich in seine Umwelt einzufügen und auf sie einzuwirken:[22]

---

[21] vgl. Abschnitt 2.2.2.2 ab Seite 30.
[22] vgl. Bandura (1979, S. 31ff). Die hier wiedergegebene Darstellung der sozialkognitiven Lerntheorie ist, wie dies auch bei den anderen Lerntheorien recht kurz gehalten und somit oberflächlich. Für eine tiefere Auseinandersetzung

4.4. Kognitive Theorien

- Es kann Verhalten anderer *beobachten* und diese *Modelle* nachahmen, also Nachbildungsleistungen erbringen.

- Es kann Beobachtungen, Erfahrungen und Ereignisse *symbolisieren* und sie, mit Hilfe von Symbolen in seinem Gedächtnis festhalten, über diese nachdenken, neue Ereignisse planen und somit kreativ schöpferisch tätig sein.

- Es kann durch selbst erzeugte Anreize und Konsequenzen sich selbst steuern und sein *eigenes Verhalten modifizieren*.

Diese Überlegungen sind wichtig für Lernprozesse in Organisationen, da die meisten Modelle Organisationen als soziale Gebilde betrachten, in denen Individuen miteinander agieren und gemeinsam lernen, wobei organisationales Lernen meist auf der aggregierten Makroebene betrachtet wird.

4.4.5.2. Kollektive Lernprozesse

Miller (1986) gewichtet das *kollektive Lernen* deutlich höher als das individuelle Lernen. Er bricht dabei mit den in der Psychologie und Soziologie dominierenden, auf das Individuum zentrierten Lern- und Entwicklungstheorien. Zwar kann eine soziale Gruppe seiner Meinung nach nur dann lernen, wenn das einzelne Individuum diese Fähigkeit besitzt[23] aber der Einzelne kann nur etwas grundlegend neues Lernen lernen, wenn seine Lernprozesse eine integrative Komponente besitzen und in einen kollektiven Argumen-

---

mit dem Thema individuelles Lernen sei auf die einschlägige Lern-Literatur, sowie auf die Originaltexte verwiesen.

[23] vgl. Miller (1986, S. 32)

4. Lernen auf der Ebene des Individuums

tationsprozess eingebunden sind. Er geht sogar soweit festzustellen, dass eine fehlende Einbindung des Individuums in soziale Beziehungen zu Blockaden im Lernprozess führt:

> „Einsamkeit und Pseudogemeinsamkeit blockieren Lernprozesse, die zu strukturell neuen kognitiven und sozialkognitiven Problemlösungen führen können."
> [Miller (1986, S. 9)]

Die *Einsamkeit* des Individuums wird in seinen Vorstellungen überwunden durch Kommunikation und *„kollektive Argumentation"*,[24] welche unabdingbar sind für eine Weiterentwicklung der bereits vorhandenen Wissensbasis. Diese kollektive Argumentation versetzt das Individuum ferner in die Lage ein *Lernen des Lernens* zu entwickeln. Hier wird eine wichtige Aussage in Bezug auf das Konzept des *Deutero-Lernens* von Bateson getroffen, welche von Argyris und Schön (1978) aufgenommen wurde. Ein Lernen des Lernens ist in reiner Isoliertheit des Individuums nicht gewährleistet. Voraussetzung ist die kollektive Argumentation bzw. Kommunikation.

Diese Betrachtungen von Miller haben Einfluss gefunden in einige Theorien des organisationalen Lernens, vor allem in diejenigen, die das Individuum als Agent im Lernprozess sehen und die organisationale, also überindividuelle Perspektive durch interpersonelle Kommunikation beschreiben, wie z.B. March und Olsen (1975).[25]

---

[24] Miller (1986, S. 22ff)
[25] s. hierzu die Ausführungen zu Agenten des Lernprozesses in Abschnitt 2.2.3 ab Seite 74 dieser Arbeit.

4.5. Potenzielle Auslöser für Lernprozesse in Organisationen

Die bisherigen Ausführungen dieses Kapitels geben einen Einblick in die Komplexität der Thematik des individuellen Lernens. Sie geben aber nicht Auskunft darüber, wie die individuellen Lernprozesse angeregt und unterstützt werden. Was sind Faktoren, die individuelle Lernprozesse in Organisationen auslösen?

Wird eigenständiges Lernen in Organisationen initiiert, weil die Führung der Organisation es geschafft hat die lernende Organisation als Leitbild zu etablieren und die Mitglieder diesem bereitwillig folgen? Werden die Mitarbeiter durch monetäre Anreize bzw. die ständige Angst vor Arbeitsplatzverlust positiv bzw. negativ extrinsisch dazu motiviert Lernprozesse anzustoßen oder geschieht dies quasi intrinsisch motiviert durch die interessierten Mitarbeiter? Eng damit verbunden ist die Frage ob es bestimmte charakteristische Merkmale des Lernagenten gibt? Wie kann der Lernagent als Initiator und treibende Kraft im Lernprozess beschrieben werden?

Untersuchungen bzw. theoretische Überlegungen zu typischen Eigenschaften von Lernagenten sucht man derzeit nahezu vergeblich. Einzig Friedman (2002) setzt sich mit dieser Frage auseinander und identifiziert vier Attribute, welche die Agenten beschreiben als

> „[...] complex individuals who may be driven by mutually opposed forces."
> [Friedman (2002, S.76)]

4. Lernen auf der Ebene des Individuums

Der "typische" Lernagent kann charakterisiert werden als

- proaktiv aber gleichzeitig reflektiv;
- er stellt hohe Anforderungen, ist sich aber limitierender Faktoren bewusst;
- ist kritisch, fühlt sich aber gleichzeitig der Organisation verpflichtet und
- ist unabhängig und kooperativ zugleich.

Dabei muss der Agent die von ihm als wichtig empfundenen Änderungen in der Organisation durchsetzen wollen und können. Er muss somit als eine Art interner Entrepreneur handeln, der "[...] von sich aus so denken und handeln sollte, als hinge von ihm allein das Geschick des Unternehmens ab."[26] Er muss die Eigenschaften eines *Intrapreneurs* aufweisen und ein intelligentes Arbeitstier darstellen, das alle Mängel der Organisation trickreich und unermüdlich bekämpft, dabei aber eigenartigerweise nicht die Konsequenz zieht ein eigenes Unternehmen zu gründen.[27]

Der "typische" Lernagent erweist sich somit in mehrfacher Hinsicht als interessant. Zum einen ist er interessiert an den Vorgängen innerhalb der Organisation, kann über diese Reflektieren und ist daran interessiert die von ihm subjektiv als suboptimal bewerteten Vorgänge zu verändern. Was geschieht jedoch, wenn kein Mitglied der Organisation diese Eigenschaften aufweist? Wie können Individuen in Organisationen dazu angeregt werden organisationale Lernprozesse auszulösen? Generell kann angenommen werden,

---

[26] Neuberger (2002, S.186)
[27] vgl. Neuberger (2002, S.215)

4.5. Potenzielle Auslöser für Lernprozesse in Organisationen

dass die Veränderung des Verhaltens entweder durch Faktoren, Vorkommnisse oder die Aussicht auf Belohnung aus der Umwelt des Individuums ausgelöst oder der Ursprung der Veränderung als in dem Individuum verankert angesehen werden kann. Die hier angesprochenen Phänomene der extrinsischen bzw. intrinsischen Motivation können meines Erachtens nach durch zwei Arten der Führung ausgelöst werden. Einerseits durch das Setzen von Anreizen im Sinne einer transaktional orientierten Führung. Dabei verdeutlicht die Führungskraft die gewünschten Leistungen und bietet Anreize oder droht mit Sanktionen, um die erstrebten Verhaltensweisen der Geführten zu erreichen, beispielsweise durch monetäre Anreize im Rahmen eines betrieblichen Vorschlagswesens[28]

Eine weitere Möglichkeit stellt die *transformationale* Führung dar. Bei dieser Variante geht es um die Transformation, also Veränderung der Mitarbeiter (oder besser Untergebenen) durch die charismatische (erhobene) Führungskraft, die ihre Mitarbeiter in ihren Bann zieht und diese somit, quasi aus sich selbst heraus die gewünschten Handlungen durchführen.[29] Die Fremdbestimmung ist zur scheinbaren Selbstbestimmung geworden. Somit erscheint es schwierig festzustellen, ob die betroffenen Individuen von sich aus intrinsisch motiviert agieren oder ob es sich nur um extrinsische Motivation in neuem Gewand handelt.

---

[28] Eine tiefere Diskussion der transaktionalen Führung kann im Rahmen dieser Arbeit nicht geführt werden. Hierzu sei verwiesen auf Steinmann und Schreyögg (2000, S. 595), Burns (1978, S.20), sowie Neuberger (2002, S.195ff).

[29] Auf der Metapher des Magiers, der die „normalen" Menschen in seinen Bann zieht, beruht auch der durch Willner (1984) populär gewordene Ausdruck des *Spellbinders*. Für eine weitere Auseinandersetzung mit transformierender Führung sei auf Neuberger (2002) verwiesen.

4. Lernen auf der Ebene des Individuums

Bereits jetzt zeichnen sich mehrere Themen ab, die mit der Auslösung von organisationalen Lernprozessen durch Individuen diskutiert werden müssen. Diese stehen, wie im Verlauf des Textes gezeigt werden wird, mit dem komplexen Phänomen *Interesse* in Verbindung. Aus diesem Grund ist der folgende Teil der Arbeit dem „Individuellen Interesse" gewidmet.

Teil III.

Individuelles Interesse: Annäherung an ein komplexes Phänomen

5. Interesse - Annäherung an einen vieldeutigen Begriff

Bestimmte Menschen interessieren sich für Dinge, welche andere vollkommen uninteressant finden, manche finden etwas wissenswert, was anderen nicht zu wissen wert ist. Für einige ist nicht alles Schöne gleich schön und manche Leute staunen über Erstaunliches nicht. Die einen befassen sich lieber mit abstrakten theoretischen Gedanken, wohingegen sich andere lieber mit konkretem Handwerk auseinander setzen. Einige Studierende lernen auf bestimmten wissenschaftlichen Gebieten einfacher und schneller als ihre Kommilitonen, wobei ein Beobachter feststellen würde, dass sie viel Zeit und Arbeit in ihre Lerntätigkeit investieren. Auf die Frage nach der Belastung jedoch geben sie an, dass es sie nicht belastet hat und sie es gerne getan haben. Gewerkschaften vertreten die Interessen der Arbeitnehmer und die Gemeinschaft der Arbeitgeber hat ein Interesse daran die Interessen der Arbeitgeber nicht in vollem Maße zu berücksichtigen.

All diese Ausführungen beinhalten eine zentrale Aussage. Individuen haben Interessen, sie finden manches interessanter als anderes, was für sie uninteressant ist. Was aber ist Interesse? Ein Zustand?

5. Interesse - Annäherung an einen vieldeutigen Begriff

Eine Eigenschaft der Person? Etwas andauerndes oder doch nur etwas kurzfristig und situationsspezifisches? Ein Gefühl? Diese Fragen werden im folgenden Teil der Arbeit diskutiert werden.

Da *Interesse* als der zentrale Begriff im Rahmen der hier vorliegenden Überlegungen betrachtet wird, erscheint es notwendig in einem ersten Schritt die Vieldeutigkeit des Interessenbegriffs aufzuzeigen, eine Begriffsklärung durchzuführen und eine Arbeitsdefinition für die weitere Auseinandersetzung mit dem Thema zu finden. Hierfür wird der Begriff aus verschiedenen Perspektiven beleuchtet. Zum einen aus einer allgemeine Perspektive als alltagssprachlicher Begriff, danach aus etymologischer, um seine Wurzeln aufzudecken, aus philosophischer und schließlich aus psychologischer Sicht. Dabei wird gezeigt werden, dass es sich bei dem Forschungsgebiet um ein ähnlich zerforschtes und heterogenes Gebilde handelt, wie dies bei organisationalem Lernen der Fall ist. Ziel der Betrachtung der bisher existierenden Ansätze zur Erklärung von Interesse ist es einen Überblick über die bestehenden Interessenkonzeptionen zu geben und eine Arbeitsdefinition für das weiter Vorgehen im Rahmen dieser Arbeit zu erstellen. Dabei wird zuerst auf individuelles Interesse, losgelöst von sozialen Überlegungen eingegangen. Die Erweiterung der Betrachtung auf Interesse in Organisationen erfolgt dann in Kapitel 11 ab Seite 283.

5.1. Interesse als alltagssprachlicher Begriff

van Dijk und Kintsch (1983) stellen fest,

> „Interest is no more than a common-sense term [...]"
> [van Dijk und Kintsch (1983, S.223)]

Und nicht nur das. Ein einleitender Blick auf Statistiken, welche die Häufigkeit der Verwendung bestimmter Begriffe feststellen, zeigt dass der Begriff *Interesse* als das meistgebrauchte Fremdwort der deutschen Sprache ausgewiesen wird. Es führt die Auflistung vor Begriffen wie Arbeit, Recht oder Partei an.[1]

Neben der Eigenschaft des am häufigsten verwendeten Fremdwortes der deutschen Sprache kann ferner festgestellt werden, dass es vermutlich auch eines der vieldeutigsten Substantive darstellt und nur selten in seiner Bedeutung hinterfragt wird. In der Alltagssprache und in verschiedenen wissenschaftlichen Disziplinen finden sich eine ganze Reihe unterschiedlicher Bedeutungen. Interessen werden dabei Menschen zugesprochen. Sie *interessieren* sich für bestimmte Dinge, wie z.B. Kunst oder Sport und sie verfolgen wirtschaftliche *Interessen*. Dabei kann die spezifische Ausprägung des Interesses sehr unterschiedlich sein. Es kann sich als das Beobachten eines Ereignisses aus sicherer Distanz darstellen, als eine Bereitschaft sich auf etwas einzulassen und als das zielgerichtete Suchen nach Informationen zu bestimmten Sachverhalten.

Bei dem Versuch einer ersten näheren Bestimmung des Begriffs findet man im Fremdwörterbuch folgenden Eintrag:

---
[1] vgl. Gerhardt (1977, S.36)

5. Interesse - Annäherung an einen vieldeutigen Begriff

In|te|res|se <*lat.-mlat.(-fr.)*> *das*; -s, -n: 1. (ohne Plural) geistige Anteilnahme, Aufmerksamkeit; Ggs. Desinteresse. 2. a) (meist Plural) Vorliebe, Neigung; b) Neigung zum Kauf. 3. a) (meist Plural) Bestrebung, Absicht; b) das, woran jmdm. sehr gelegen ist, was für jmdn. od. etw. wichtig od. nützlich ist; Vorteil, Nutzen. 4. (nur Plural; veraltet) Zinsen. [PC Bibliothek: Duden, Elektronisches Fremdwörterbuch auf CD-ROM (1997)]

Interesse, dessen etymologischer Ursprung in dem lateinischen Verb Inter-esse liegt, was soviel bedeutet wie dazwischen sein, ist objektbezogen, das Interesse richtet sich auf einen bestimmten Gegenstand, ein bestimmtes Lebewesen oder eine bestimmte Situation außerhalb der Person und bezeichnet gleichzeitig eine Präferenz der Person.

Es handelt sich, nach dieser Definition, wie oben bereits angedeutet um eine Eigenschaft von höher entwickelten Lebewesen. Ein Mensch zeigt geistige Anteilnahme an einem Geschehen, ein hoch entwickeltes Tier zeigt Aufmerksamkeit bezüglich eines neuen Gegenstandes in seiner vertrauten Umgebung.

Der vorliegende Text befasst sich nicht mit der ganzen Bedeutungsbreite des Interessenbegriffs, vielmehr soll eine Eingrenzung vorgenommen werden und aus der Vielfalt von Präferenzen auf Objekte diejenigen herausgegriffen werden, welche sich auf die Erschließung dieser Gegenstände richtet. Dabei soll besonders auf das Interesse an Veränderungen der Umwelt und daraus resultierende Veränderungen in Form von Anpassungsleistungen Bezug genommen werden.

5.2. Eine kurze etymologische Betrachtung

Die Ausführungen im obigen Abschnitt haben gezeigt, dass eine klare Bedeutung bzw. ein enger Bedeutungskern des Interessenbegriffs alltagssprachlich nicht auszumachen ist. Aus diesem Grund erscheint es meines Erachtens nach angebracht einen Blick auf die Bedeutungsgeschichtliche Entwicklung des Begriffs zu werfen. Dabei wird vor allen auf die Arbeiten von Gerhardt (1976), Lunk (1926) und Neuendorff (1973) zurückgegriffen. Bei der Betrachtung der Entwicklungsgeschichte des Begriffs werden die Wurzeln seiner Bedeutungsvielfalt freigelegt.

Die Bedeutung des lateinischen Begriffs als *dazwischen-sein in Raum und Zeit* wurde laut Lunk (1926)[2] nach und nach erweitert zu *Gegenwärtig-Sein, von Wichtigkeit sein* und *Anteil nehmen*. Die im Mittelalter verbreitete Bedeutung von Interesse als *Zinsen* für Wertverlust, welche sich im Angelsächsischen bis heute bewährt hat, geht laut Gerhardt (1976)[3] auf die Verwendung des Begriffs im römischen Recht zurück, wo "*id quod interest*" die Wertdifferenz bezeichnet hat, welche ein Kläger von einem Beklagten als Schadensersatz verlangen konnte. In den romanischen Sprachen, welche sich aus dem Lateinischen entwickelt haben, wurde dieser Begriff aufgenommen und mit einer weiteren Bedeutung verknüpft, nämlich "*das, was einer Person nützt*".[4] Im Französischen trat etwa um 1500 die Bedeutung einer *physischen Anteilnahme* hinzu. Ab diesem Zeitpunkt bezeichnet der Interessenbegriff eine *Beziehung zwischen einem Menschen und einem Gut*, dessen Vorhandensein

---
[2] vgl. Lunk (1926, S.8)
[3] vgl. Gerhardt (1976, S.479)
[4] vgl. Gerhardt (1976, S.480f)

5. Interesse - Annäherung an einen vieldeutigen Begriff

ein Interesse der Person bedingt.[5] Ab etwa 1700 ist „*interessant*" als Adjektiv des Begriffs Interesse nachweisbar. Es wird als Bezeichnung verwendet für alles, was in irgendeiner Weise die Aufmerksamkeit des Menschen fesselt und beansprucht. Dies war zu dieser Zeit hauptsächlich das „literarische, musikalische und gestalterische Kunstwerk".[6] Ab diesem Zeitpunkt erhält der Begriff *Interesse* den Bedeutungsumfang, der in der aktuellen Alltagssprache zu finden ist.

Gerhardt (1977) verweist auf die Klammer- oder Brückenfunktion des Interessenbegriffs, welche verbindend zwischen Getrenntes tritt. Interesse bezieht sich auf eine Verbindung zwischen Sache und Person und stellt eine Relation zum menschlichen Verhalten dar. Eine Zusammenfassung der Bedeutung des Interessenbegriffs findet sich bei Neuendorff (1973). Interesse drückt demnach eine Beziehung zwischen dem anteilnehmenden Ich und dem affektiv besetzten Gegenstand aus, wobei jedoch der Grund des Interesses nicht angegeben wird. *Interesse* erscheint somit als

> „[...] etwas mit sich selbst Begründendes, es ist gleichzeitig Grund und Folge der Vermittlung zwischen zwei sich zunächst wesentlich fremden Wesen: Dem Subjekt und seinen Gegenständen."
> [Neuendorff (1973, S.17)]

Interesse beschreibt folglich den Bezug Subjekt-Objekt und ist das, was in der Subjekt-Objekt-Spaltung dazwischen steht. Es ist somit laut Schmidinger (1983) niemand anderes als das Subjekt selbst

---

[5] vgl. Gerhardt (1976, S.483)
[6] Gerhardt (1976, S.483)

5.3. Philosophische Interessenkonzepte

und derjenige, welcher diese Spaltung mit Interesse überwindet, ist ebenfalls das Subjekt.

„Das bedeutet, dass sich mit dem Begriff *Interesse* sofort die Vorstellung einer Gemütskraft eines Subjekts, [...] die aktiv in die Subjekt-Objekt-Spaltung eingreift, verbindet."
[Schmidinger (1983, S.25), Hervorhebung durch S.G.]

Betrachtet man die von Gerhardt (1976) postulierte *Verhaltensrelevanz* von Interessen, die *affektive Besetzung* des Begriffs bei Neuendorff (1973) und die Auffassung von Interessen als *aktive und gestaltende Gemütskräfte* bei Schmidinger (1983), so erscheinen Interessen folglich nicht als statische Relationen zwischen Person und Objekt, sondern als dynamische. Sie werden als mit psychischen Aktivitäten des Subjekts verbunden konzipiert, welche die Relation zum Gegenstand in Bewegung halten.

Über die Beschaffenheit von Interessen und deren intrapersonale Prozesse sagen die bisher dargestellten Überlegungen jedoch nichts aus. Aus diesem Grund wird in den folgenden Abschnitten auf die Ergebnisse verschiedener wissenschaftlicher Fachgebiete eingegangen, welche sich mit dem Phänomen *Interesse* auseinander setzen.

5.3. Philosophische Interessenkonzepte

Wie im vorangegangenen Abschnitt deutlich gemacht werden konnte, erfährt der Interessenbegriff in der Alltagssprache eine sehr vielfältige Bedeutungszuschreibung. Um eine erste Eingrenzung vorzu-

5. Interesse - Annäherung an einen vieldeutigen Begriff

nehmen widmet sich der folgende Teil des Textes den *wissenschaftlichen Interessenskonzepten*.

Bei einer Betrachtung der Entwicklung des Interessenbegriffs in der Philosophie fällt auf, dass Interesse als Begriff seine erste systematische Verwendung im Rahmen der Gesellschafts- und Morallehren bzw. Staatstheorien erfährt. Besonders zu betonen sind hierbei die Werke von Rousseau und Helvetius, da sie über Moral- und Gesellschaftslehren hinaus Interesse als psychologisches Merkmal betrachten, wobei Helvetius die Bedeutung von Interesse für die Entwicklung geistiger Fähigkeiten begreift und Rousseau Interesse als eine psychologische Voraussetzung bei der Entwicklung des Kindes betrachtet.[7]

Ausführungen zu *Interesse* lassen sich bei den meisten Philosophen finden. Kant (1983)[8], identifiziert und beschreibt eine ganze Reihe von Interessen, auf welche im Rahmen dieser Arbeit jedoch nicht näher eingegangen werden soll, da sie der hier vorgegebenen Zielsetzung nicht dienlich sind. Er konzipiert Interesse dabei als im Subjekt lokalisiert. Für Hegel (1970) kommt nichts ohne Interesse zustande, jedoch kann der Begriff an sich nicht als ein zentraler Begriff seiner Überlegungen betrachtet werden.[9] Gegenüber Kant (1983) sieht Hegel (1970) jedoch die Interessen nicht nur im Subjekt lokalisiert, sondern in der Verbindung zwischen Subjekt und Objekt.

---

[7] An dieser Stelle wird auf die angesprochenen Konzeptionen nicht näher eingegangen werden. Für eine Vertiefung sei auf die Ausführungen in Rousseau (1979), Helvetius (1972)C. verwiesen.

[8] Bei den Jahresangaben der Literaturverweise im Rahmen dieses Abschnitts handelt es sich um die verfügbaren Druckversionen der genannten Werke; die Erstausgaben tragen natürlich bedeutend ältere Daten.

[9] vgl. die Ausführungen von Schmidinger (1983, S.182).

5.3. Philosophische Interessenkonzepte

Dieser kurze Ausflug in die Geschichte der Philosophie zeigt in Bezug auf den Interessenbegriff die zwei Eigenschaften auf, welche bereits im Abschnitt 5.1 angesprochen wurden, nämlich Interesse hat einen *Subjekt-Ursprung* und ist *Objekt-bezogen*, was sich auf den Bedeutungskern von *Inter-Esse* als Subjekt-Objekt-Relation zurückführen lässt. Dabei wird diese Relation unter verschiedenen Gesichtspunkten betrachtet. Zum einen werden die Objekte als Erkenntnisgegenstände betrachtet und die Relation fungiert als Erkenntnisverhältnis. In einer zweiten Sichtweise werden die Objekte als quasi Güter betrachtet, das Verhältnis zwischen Subjekt und Objekt wird somit zu einer Wert-Relation. Unterschiedliche Objekte werden vom Subjekt mit unterschiedlichen Präferenzen belegt, wobei es sich bei den Objekten vornehmlich um nicht-materielle Güter, wie z.B. ästhetische und ethische Werte handelt. Ein dritter Betrachtungsschwerpunkt, welcher sich aus dem zweitgenannten ableitet, ist das Subjekt-Objekt-Verhältnis in seiner sozialen Relation, welche sich aus dem Güter- bzw. Wertaspekt in der sozialen Konstellation ergibt und durch die Subjekt-Subjekt-Relation erst greifbar wird.[10]

---

[10] vgl. Prenzel (1988, S.19)

5. Interesse - Annäherung an einen vieldeutigen Begriff

5.4. Interessenbegriff und Interessenkonzeptionen in der Psychologie

Nachdem in den vorangegangenen Abschnitten die Bedeutungszuschreibung in Bezug auf den Interessenbegriff aus etymologischer und aus philosophischer Sicht dargestellt worden ist, soll in diesem Abschnitt der Fokus der Betrachtung auf die Aussagen verschiedener psychologischer Theorien und Forschungsrichtungen gelenkt werden. Generell kann dabei festgestellt werden, dass die ersten psychologisch orientierten Auseinandersetzungen mit Interesse bereits mit den Überlegungen während der Aufklärung entstanden sind. Zu nennen ist hierbei insbesondere das Werk von Rousseau (1979), welches sich mit der Entwicklung des Kindes "Emile" auseinander setzt.[11] Es ist zwar die Rede von „Interesse am Spiel"[12] bzw. „Interessanten Gegenständen",[13] doch können die darüber getroffenen Aussagen noch nicht als psychologisch bzw. pädagogisch im engeren Sinne angesehen werden.

Die eigentliche Thematisierung von Interesse muss laut Prenzel (1988) zeitlich wesentlich später angesetzt werden und zwar mit dem Erscheinen des Ansatzes von Herbart (1965a), welcher die Bedeutung von Interesse aus dem Zweck der Kindeserziehung ableitet und somit als der Begründer der pädagogisch-psychologischen Interessensforschung gesehen werden kann.[14] Im Folgenden soll auf ei-

---

[11] vgl. Abschnitt 5.3 ab Seite 163 dieser Arbeit.
[12] Rousseau (1979, S.445)
[13] Rousseau (1979, S.228)
[14] Für einen Zeitlichen Überblick über die Entwicklung der Interessensfor-

und derjenige, welcher diese Spaltung mit Interesse überwindet, ist ebenfalls das Subjekt.

> „Das bedeutet, dass sich mit dem Begriff *Interesse* sofort die Vorstellung einer Gemütskraft eines Subjekts, [...] die aktiv in die Subjekt-Objekt-Spaltung eingreift, verbindet."
> [Schmidinger (1983, S.25), Hervorhebung durch S.G.]

Betrachtet man die von Gerhardt (1976) postulierte *Verhaltensrelevanz* von Interessen, die *affektive Besetzung* des Begriffs bei Neuendorff (1973) und die Auffasung von Interessen als *aktive und gestaltende Gemütskräfte* bei Schmidinger (1983), so erscheinen Interessen folglich nicht als statische Relationen zwischen Person und Objekt, sondern als dynamische. Sie werden als mit psychischen Aktivitäten des Subjekts verbunden konzipiert, welche die Relation zum Gegenstand in Bewegung halten.

Über die Beschaffenheit von Interessen und deren intrapersonale Prozesse sagen die bisher dargestellten Überlegungen jedoch nichts aus. Aus diesem Grund wird in den folgenden Abschnitten auf die Ergebnisse verschiedener wissenschaftlicher Fachgebiete eingegangen, welche sich mit dem Phänomen *Interesse* auseinander setzen.

5.3. Philosophische Interessenkonzepte

Wie im vorangegangenen Abschnitt deutlich gemacht werden konnte, erfährt der Interessenbegriff in der Alltagssprache eine sehr vielfältige Bedeutungszuschreibung. Um eine erste Eingrenzung vorzu-

5.3. Philosophische Interessenkonzepte

Dieser kurze Ausflug in die Geschichte der Philosophie zeigt in Bezug auf den Interessenbegriff die zwei Eigenschaften auf, welche bereits im Abschnitt 5.1 angesprochen wurden, nämlich Interesse hat einen *Subjekt-Ursprung* und ist *Objekt-bezogen*, was sich auf den Bedeutungskern von *Inter-Esse* als Subjekt-Objekt-Relation zurückführen lässt. Dabei wird diese Relation unter verschiedenen Gesichtspunkten betrachtet. Zum einen werden die Objekte als Erkenntnisgegenstände betrachtet und die Relation fungiert als Erkenntnisverhältnis. In einer zweiten Sichtweise werden die Objekte als quasi Güter betrachtet, das Verhältnis zwischen Subjekt und Objekt wird somit zu einer Wert-Relation. Unterschiedliche Objekte werden vom Subjekt mit unterschiedlichen Präferenzen belegt, wobei es sich bei den Objekten vornehmlich um nicht-materielle Güter, wie z.B. ästhetische und ethische Werte handelt. Ein dritter Betrachtungsschwerpunkt, welcher sich aus dem zweitgenannten ableitet, ist das Subjekt-Objekt-Verhältnis in seiner sozialen Relation, welche sich aus dem Güter- bzw. Wertaspekt in der sozialen Konstellation ergibt und durch die Subjekt-Subjekt-Relation erst greifbar wird.[10]

---

[10] vgl. Prenzel (1988, S.19)

5.4. Interessenbegriff und Interessenkonzeptionen in der Psychologie

nige wenige Ausführungen zum Interessenbegriff eingegangen werden, welche zu einem besseren Verständnis im Rahmen dieser Arbeit beitragen. Es sind dies die Ansätze von Lunk (1927), Herbart (1965a), Dewey (1895), Kerschensteiner (1928) und Piaget (1974).[15] Die Fragen, welche bei der Beleuchtung der Theorien im Mittelpunkt des Erkenntnisinteresses stehen sollen, sind:

- *Was wird in der jeweiligen Theorie unter Interesse verstanden?*
- *Was kann aus den Ansätzen in Bezug auf die Wirkungsweise von Interessen abgeleitet werden?*

5.4.1. Die wertbezogene Konzeption von Lunk

Die wohl umfangreichste Auseinandersetzung mit dem Thema Interesse stellt die zweibändige Abhandlung von Lunk (1926) bzw. Lunk (1927) dar. Im ersten Band erfolgt eine sehr ausführliche Darstellung historischer Interessenkonzeptionen, der zweite Band enthält eine eigene Interessensdefinition des Autors, sowie eine pädagogisch ausgerichtete Untersuchung zu Interesse an Schulgegenständen. Interesse definiert Lunk (1927) als Beachtungs- oder Aufmerksamkeitsdisposition, konkret als „relativ andauernde Hingabe

---

schung ist im engen Rahmen der vorliegenden Arbeit kein Platz, da dies dem Erkenntnisinteresse nicht dienlich ist. Der interessierte Leser sei diesbezüglich auf die Ausführungen von Prenzel (1988, S.20ff) verwiesen.

[15] Der hier getroffenen Auswahl kann natürlich in Frage gestellt werden. Sie orientiert sich an der subjektiv empfundenen Popularität der Konzepte in der psychologischen Literatur. Ferner legen die genannten Autoren Schwerpunkte in ihre Betrachtungen, die gemeinsam eine relativ umfassende Sicht auf das Interessenphänomen ermöglichen.

5. Interesse - Annäherung an einen vieldeutigen Begriff

aus *Wertbewusstsein*."[16] Dabei identifiziert er drei Hauptmerkmale des naturhaften Interesses, welche er im Grundstreben nach Erhaltung und Förderung des Lebens begründet sieht:[17]

- Interesse entspringt aus einer Anlage, einem empfundenen Mangel oder Bedürfnis;

- Interessen stellen eine relativ dauerhafte Hingabe der Seele zum Gegenstand der Befriedigung dar;

- Interessen bedeuten Wohlgefallen am Gegenstand oder Wertschätzung durch Bedeutungserfassung.

Die Entwicklung des Interesses beim Individuum wird von Lunk (1927) in drei Schritten beschrieben.[18]

1. Periode des *Subjektivismus*; Reizaufmerksamkeits-Interessen vor Schuleintritt. Subjektivismus-Interesse ist gekennzeichnet durch Fantasie und Sinnestätigkeit zur augenblicklichen Lustbefriedigung. Hinter diesem Interesse steht die Freude am Erfahren, am Gegenstand selbst.

2. Periode der *typischen Sonderung*; Entstehung typischer Interessenrichtungen nach Wertgefühl und Empfinden in der Pubertät. In dieser Periode sind die Interessen des Individuums gekennzeichnet durch Verstandes- und Gedächtnistätigkeiten. Die Freude am Erkennen und am Beziehen, die Befriedigung geistiger Bedürfnisse, sowie praktischer Nutzen und Lust spielen eine große Rolle.

---
[16] Lunk (1927, S.20), Hervorhebung durch S.G.
[17] vgl. Lunk (1927, S.41)
[18] vgl. Lunk (1927, S.62ff)

5.4. Interessenbegriff und Interessenkonzeptionen in der Psychologie

3. Periode der *spezifischen Sonderung*; Detailverfestigung entsprechend der Persönlichkeit, wobei die kulturellen und normativen Interessen in dieser Periode auf Werterkenntnis beruhen. Die Interessen sind dabei gekennzeichnet durch kritische Vernunft und den Willen zum Handeln, sowie durch das Streben nach Wert und Geltung.

Die Entwicklung, die Lunk hier darstellt, kann folglich als ein Weg von rein lustbasierten Interessen hin zu wertbasierten beschrieben werden. Anzumerken ist an dieser Stelle, dass sich das hier beschriebene Interessenkonzepte von Lunk (1927) auf das *natürliche Interesse* bezieht, welches er als Voraussetzung für die Erziehung sieht. Darauf aufbauend muss Interesse als pädagogisches Ziel an Normen gebunden entwickelt werden. Da die Darstellung der Entwicklung für das Erkenntnisinteresse dieser Arbeit keine Relevanz besitzt, begnügt sich dieser Text mit den oben stehenden Ausführungen. Für die weitere Diskussion des Interessenbegriffs kann festgehalten werden, dass Interessen als Eigenschaft der Person konzipiert werden können, welche nicht statisch festgelegt sind, sondern einer Dynamik unterliegen und entwickelt werden können.

5.4.2. Die Interessenskonzeption von Herbart

Zentral an der Interessenskonzeption von Herbart (1965a) ist, dass das Interesse nicht über sein Objekt verfügt, sondern an ihm hängt und aus ihm hervorgeht. Dabei kommt dem Interesse quasi eine Sonderstellung zu. Es wird beschrieben als ein Zustand, welcher zwischen passiven Zuschauen und aktiven Zugreifen angesiedelt ist.

5. Interesse - Annäherung an einen vieldeutigen Begriff

Das betroffene Subjekt wird dabei als innerlich aktiv, äußerlich dagegen ruhig beschrieben, bis das Interesse in Begierde oder Wollen übergeht.[19] Herbart (1965a) beschreibt und systematisiert Interesse nach Gefühlszuständen, auf eine gegenstandsbezogene Klassifikation verzichtet er. Die Hauptkategorien, welche er dabei bildet, sind die *Interessen an der Erkenntnis* und das *Interesse an der Teilnahme*.[20]

Bezüglich der Frage nach der Wirkungsweise von Interessen lassen sich bei Herbart (1965a) nur vage Aussagen finden. So geht für ihn Interesse aus von ...

> „[...] interessanten Gegenständen und Beschäftigungen. Durch den Reichtum der selben entsteht das vielseitige Interesse. Ihn herbeizuschaffen und gehörig darzubringen, ist die Sache des Unterrichts [...]."
> [Herbart (1965a, S.49)]

Zentral in der Interessenskonzeption von Herbart sind, wie aus dem obigen Zitat zu ersehen ist, Überlegungen zur pädagogischen Relevanz und Bedeutung von Interessen.

Zusammenfassend kann für die Überlegungen von Herbart festgehalten werden, dass er Interesse als einen inneren Zustand beschreibt, welcher für einen externen Beobachter nicht unbedingt direkt erschließbar ist und der durch ein Objekt hervorgerufen wird.

---

[19] vgl. Herbart (1965a, S.55) bzw. Herbart (1965b, S.73)
[20] In Herbart (1965c) differenziert er das *Interesse der Erkenntnis* weiter in das empirische, das spekulative und das ästhetische Interesse und das *Interesse der Teilhabe* in das sympathische, das gesellschaftliche und das religiöse Interesse, woran sich der Einfluss Kants erkennen lässt.

5.4. Interessenbegriff und Interessenkonzeptionen in der Psychologie

In diesem Zustand ist das Individuum innerlich aktiv und äußerlich eher müßig. Erst beim Umschwenken von Interesse in Begierde ist eine äußere Aktivität beobachtbar. Herbart legt also implizit eine Skala zugrunde, mit den Abschnitten Gleichgültigkeit, Interesse und Begierde, welche sich für einen Beobachter durch Positionen auf dem Kontinuum inaktiv - aktiv darstellen.[21]

5.4.3. Die aktivitätsorientierte Konzeption von Dewey

Die oben dargestellten Überlegungen von Herbart werden von den amerikanischen Pragmatisten[22] aufgegriffen, welche dann jedoch eine eigenständige Position bezüglich der Interessen entwickeln. In dieser steht das *Interesse* an einem *Gegenstand* in einer bestimmten *Situation* im Vordergrund.[23] Dewey (1895) versteht Interesse als:

„accompaniment of the identification, through *action*, of the self with some object or idea, because of the necessity of that object for the maintenance of a self-initiated activity."
[Dewey (1895, S.15), Hervorhebungen durch S.G.]

Dewey's Interessenbegriff bezieht sich somit auf *Aktivitäten*, welche sich zwischen Person und Gegenstand vollziehen. Interessen sind in seiner Sicht nichts andauerndes und beständiges, sondern eher situationsbezogen, gegenstandsbezogen und dynamisch. Sie haben

---

[21] vgl. Herbart (1965b, S.73)
[22] vgl. Kolb (1984, S.12)
[23] vgl. beispielsweise James (1890), Dewey (1895)

5. Interesse - Annäherung an einen vieldeutigen Begriff

eine subjektive, *emotionale* und werthafte Bedeutung.[24] Eine wichtige Rolle spielen dabei Vergnügen und Freude, sowie Erregung und Anspannung, welche die interessensgesteuerte Aktivität begleiten und insbesondere bei Fortschritten und Gelingen auftreten.[25]

Dewey (1975) verknüpft somit die Objekt- und Subjektseite und macht dadurch die gleichmäßige Betrachtung von psychologischen Faktoren auf der Subjektseite und externalen Faktoren auf der Objektseite zur (pädagogischen) Notwendigkeit.

5.4.4. Konzeption des echten Interesses von Kerschensteiner

Kerschensteiner (1928) wählt für seine Beschreibung der Merkmale von Interesse den Begriff des *echten Interesses*, wobei er sich nicht auf eine Abgrenzung zwischen echt und falsch bezieht, sondern auf das *echte erzieherische Interesses*, als das Interesse, dessen Ausbildung die Erziehenden als wichtig erachten sollten.[26]

Das *echte Interesse* kennzeichnet Kerschensteiner durch vier Grundmerkmale:[27]

1. *Spontaneität*, also das innere Angetriebensein infolge einer Handlungstendenz, welche untrennbar mit dem Interesse verbunden ist.

2. *Objektivität*, also das objektspezifische, gegenstandsbezogene,

---
[24]vgl. Dewey (1975, S.16ff)
[25]vgl. Dewey (1975, S.12)
[26]vgl. Kerschensteiner (1928, S.269)
[27]vgl. Kerschensteiner (1928, S.271ff)

5.4. Interessenbegriff und Interessenkonzeptionen in der Psychologie

aufmerksame Gerichtetsein, infolge angeborener und erworbener Beachtungsdispositionen.

3. *Emotionalität*, also die gefühlsmäßige In-eins-Setzung des Bewusstseins mit den Akten, die der Verwirklichung des vom Werterlebnis gesetzten Zwecks dienen.

4. *Tenazität*, also die unbedingte Dauerhaftigkeit, solange durch die Betätigung des Interesses ein materielles, seelisches, körperliches oder geistiges Wachstum erlebt.

Es wird beschrieben, als ein Zustand, in welchem der Ablauf einer Tätigkeit, Beschäftigung oder Zweckverfolgung alle Kräfte des Individuums vollständig in Beschlag legt.

Kerschensteiner grenzt sich somit von Herbarts Position ab und systematisiert Interessen nicht nach Gefühlszuständen, sondern konzipiert sie als gegenstandsbezogen, mit Handlungstendenzen, *Gefühlen* und Aufmerksamkeit verbunden, wobei die Beschäftigung mit dem Gegenstand als eine dauerhafte beschrieben wird. Seiner Auffassung nach sind Interessen angeborene oder erworbene Beachtungsdispositionen.

5.4.5. Interesse bei Piaget

Piaget (1974) spricht im Kontext seiner Überlegungen zu neuen Erziehungsmethoden dem Interesse besondere Bedeutung zu. Für seine Interessenskonzeption ist die Verknüpfung von Intelligenz und Interesse kennzeichnend. Im Kontext seines Adaptions- bzw. Äquilibrationsmodells beschreibt er Interesse als affektives, dynamisches

5. Interesse - Annäherung an einen vieldeutigen Begriff

Komplement zur Intelligenz.

> „Jede Intelligenz ist Anpassung; jede Anpassung erfordert eine Assimilation der Dinge an den Verstand und ebenso den komplementären der Akkommodation. Mithin beruht jede Aktivität der Intelligenz auf einem *Interesse*."
> [Piaget (1974, S.131), Hervorhebungen durch S.G.]

Interesse ist für Piaget nichts anderes als der dynamische Aspekt der Assimilation. Sein Interessenverständnis enthält die Vorstellung der Gegenstandsbezogenheit,[28] der Veranlassung zur Aktivität, des emotionalen Gehalts und der engen Verknüpfung mit kognitiven Strukturen.[29] Mit der Integration von Interesse in Prozesse der Assimilation und Akkommodation ergibt sich eine Beschreibung der Wirkungsweise von Interessen. Dort wo die Anpassung kognitiver Strukturen an objektive Gegebenheiten notwendig wird, tritt Interesse auf. Es wird somit bestimmt durch die Relation zwischen kognitivem Schema des Individuums und dem Objekt. Es veranlasst das Individuum zu Aktivität bzw. Anpassungsbemühung.

5.5. Interesse: Eine erste Arbeitsdefinition

Bei Betrachtung der oben dargestellten Interessenkonzeptionen kann festgestellt werden, dass sie verschiedene Merkmale von Interessen in den Mittelpunkt ihrer Betrachtung stellen. Die einzelnen Ansät-

---

[28] vgl. Piaget (1974, S.131)
[29] vgl. Piaget (1981, S.5)

5.5. Interesse: Eine erste Arbeitsdefinition

ze lassen dabei jedoch offen, ob es sich bei den genannten Merkmalen um notwendige, hinreichende oder definierende Kennzeichen von Interessen oder um Folgen dieser handelt. Aus diesem Grund erweist sich die Vereinigung der dargestellten Aussagen in eine eklektische Theorie des Interesses als schwierige Fragestellung. Für die weitere Auseinandersetzung wird deshalb zuerst eine integrative Definition des Interesses als Arbeitsdefinition für das weitere Vorgehen vorgeschlagen. Hierfür werden im Folgenden werden die Grundaussagen der Ansätze zusammengetragen und aufgelistet.

Aus den oben beschriebenen Ansätzen können für das Verständnis von Interessen zusammenfassend folgende Aussagen gemacht werden:

1. *Eigenschaft der Person*: Interessen werden als Eigenschaften von Individuen konzipiert, die entweder als angeborene Anlage wie bei Lunk (1926) oder als anerziehbar, wie bei Kerschensteiner (1928) verstanden werden.[30]

2. *Gegenstandsbezogenheit*: Alle oben genannten Konzeptionen beschreiben Interessen als gegenstandsbezogen. Da dieses Merkmal nicht nur in den psychologisch orientierten Konzeptionen, sondern wie oben unter Abschnitt 5.1 dargestellt auch in alltagssprachlichem Verständnis vorhanden ist, kann Gegenstandsbezogenheit wohl als grundlegendes Merkmal von Interessen beschrieben werden.

3. *Verknüpfung mit Aktivität*: Dieses Merkmal wird ebenfalls von allen oben dargestellten Ansätzen angeführt, insbeson-

---
[30] vgl. hierzu auch die Aussagen von Renninger, Hidi und Krapp (1992, S.434).

5. Interesse - Annäherung an einen vieldeutigen Begriff

dere bei Dewey (1895). Auch wenn Herbart (1965b) Handeln als kein direktes Merkmal von Interesse betrachtet, so versteht er es als potenzielle Handlungsgrundlage.[31]

4. *Emotion / Gefühl*: Dieses Merkmal wird in allen dargestellten Ansätzen angesprochen. Bei Dewey (1975) besitzen Interessensgegenstände und auf sie gerichtete Aktivitäten eine emotionale Bedeutung, bei Piaget (1974) repräsentiert Interesse die affektive Seite von Adaption und laut Kerschensteiner (1928) sind Interessen mit Gefühlen verbunden. Dabei wird nicht nur die konkrete Auseinandersetzung mit dem Gegenstand als angenehm empfunden, sondern nach Prenzel, Krapp und Schiefele (1986, S.167)auch das Reden darüber.

5. *Kognitive Komponente*: Herbart (1965c) betont die Erkenntnisorientierung und berichtet von Vorstellungen, welche mit Interesse verknüpft sind, für Piaget (1974) steht Interesse in enger Verbindung mit kognitiver Entwicklung. Im aktuellen Handeln zeigt sich dies in einer differenzierten und vielfältig variierbaren Gegenstandsauffassung sowie in einem umfangreichen Repertoire an Handlungsmöglichkeiten. Durch die längerfristige Auseinandersetzung mit dem Objekt des Interesses manifestiert sich im Individuum eine Form von differenziertem und integriertem Wissen über selbiges.[32]

6. *Motivationale Komponente*: Diese hängt eng mit der Vorstellung von Interesse als Handlungsgrundlage zusammen, wie sie bei Herbart (1965b) zu finden ist. Kerschensteiner (1928)

---

[31] vgl. Herbart (1965b, S.73f)
[32] vgl. hierzu auch Prenzel et al. (1986, S.166).

5.5. Interesse: Eine erste Arbeitsdefinition

spricht von „innerem Angetriebensein",[33] Dewey (1975) sieht Interesse als Bedürfniserfüllung[34] und Prozesse in Interessensaktivitäten, die Aktivitäten auslösen.

7. *Wertgebundenheit*: Interesse hat etwas mit Werten oder Wertbewusstsein zu tun, wobei der Wert mit dem Interessengegenstand verknüpft ist, welcher für das Individuum von Wert ist bzw. der Umgang mit selbigem den Wertvorstellungen des Individuums entspricht, wie bei Lunk (1927) beschrieben. In der konkreten Auseinandersetzung mit dem Gegenstand kommt die Wertkomponente in der Selbstintentionalität des Handelns zum Ausdruck, die Auseinandersetzung ist für sich selbst genommen wertvoll, das Handeln benötigt keine darüber hinausgehende instrumentelle Zwecksetzung. Das Selbstkonzept der Person wird durch den Gegenstand des Interesses geprägt, sie gewinnt Identität über diesen Bezug.[35]

Bei der Betrachtung dieser Eigenschaften und Beschreibungen von Interesse fällt auf, dass sich diese auf zwei unterschiedliche Ausprägungen des Interessenbegriffs beziehen, die zwar logisch voneinander getrennt werden können deren getrennte Betrachtung aber wenig Sinn ergibt. Dabei wird Interesse auf der einen Seite betrachtet als relativ überdauerndes *persönlichkeitsspezifisches Merkmal* und auf der anderen als einmaliger, *situationsspezifischer motivationaler Zustand*[36].

---

[33] Kerschensteiner (1928, S.271)
[34] vgl. Dewey (1975, S.54)
[35] vgl. auch Prenzel et al. (1986, S.167)
[36] vgl. beispielsweise Hidi und Baird (1988) bzw. Hidi und Anderson (1992).

5. Interesse - Annäherung an einen vieldeutigen Begriff

- Interesse als *individuelles Persönlichkeitsmerkmal* wird als motivationale Disposition des Individuums interpretiert. Dabei ist auffällig, dass in empirischen Untersuchungen und theoretischen Modellen zur Erklärung und Vorhersage von Lernerfolg meistens fachbezogene Interessen als Prädiktoren verwendet werden.[37] Die Interessen werden dabei als langfristig im Individuum verankert konzipiert und als ausschlaggebend für erfolgreiches Lernen betrachtet. Aus diesen heraus werden die aktuellen interessensorientierten Handlungen des Individuums erklärt als aktuelle Realisierung eines Persönlichkeitsmerkmals.[38] In handlungstheoretischer Perspektive kann die interessensgesteuerte Handlung als ein Spezialfall der zielgerichteten Handlung interpretiert werden. Interessen stellen in dieser Perspektive persönlichkeitsspezifische Wertvorstellungen und Handlungsbereitschaften dar. Die Beeinflussung von Handlungen findet dabei bevorzugt in Situationen statt, in denen das Individuum relativ frei über seine Zeit verfügen kann.

- Die Fragestellung, welche sich hinter den Forschungen zu Thema Interesse als *situationsspezifischer motivationaler Zustand* verbirgt ist primär pädagogischer Natur und befasst sich mit der Gestaltung von Lernmaterialien, welche interessant wirken, also Interesse als situationsspezifischen motivationalen

---

[37] Da die meisten dieser Untersuchungen aus dem Schul-pädagogischen Bereich stammen wird als Lernerfolg meistens der schulische Erfolg eines Schülers in Noten operationalisiert, was natürlich, wie jede Bewertung ein Subjektives Konstrukt des bewertenden Beobachters darstellt und somit als durch sachfremde Faktoren verunreinigt bezeichnet werden kann.
[38] vgl. Krapp (1992, S.12)

5.5. Interesse: Eine erste Arbeitsdefinition

Zustand auslösen sollen.[39] Das situationsspezifische Interesse wird in dieser Sicht als unabhängig von dem Vorhandensein eines spezifischen Interesses als Persönlichkeitsmerkmal betrachtet. Alleine der Gegenstand oder die Person löst aufgrund der in ihr inhärenten Eigenschaften eine Zuwendung seitens des Individuums aus.[40]

Wie oben bereits erwähnt macht es wenig Sinn die zwei Interessensarten als getrennte Phänomene zu betrachten, weshalb Krapp (1992) die Varianten des Interessenskonzepts als Komponenten eines übergeordneten Interessenskonstrukts betrachtet. Die relationale Struktur des Modells verbindet dabei die beiden Aspekte: Auf der einen Seite die persönliche Disposition und auf der anderen Seite die Merkmale des Objekts.[41] Abbildung 5.1 auf Seite 180 stellt den Zusammenhang zwischen den beiden Komponenten dar.

Aus den bisher diskutierten Eigenschaften, welche die verschiedenen Autoren dem Phänomen *Interesse* zuschreiben, ergibt sich folgende erste integrierende Arbeitsdefinition, die den Betrachtungen im weiteren Verlauf dieser Arbeit zugrunde gelegt und dort weiter konkretisiert wird.

---

[39] Ein Beispiel hierfür stellt die Untersuchung von Hidi und Baird (1988) zur Gestaltung von Texten dar.

[40] Vergleichbar erscheint dies mit dem Phänomen der *spezifischen Neugier* bei Berlyne (1974), welche durch bestimmte kollative Reizeigenschaften ausgelöst wird. (S. auch Abschnitt 6.2.2 ab Seite 191 dieser Arbeit.) Krapp (1992, S.14) weist jedoch darauf hin, dass die Konzepte des *situationalen Interesses* bei Hidi und Anderson (1992) und der *spezifischen Neugier* bei Berlyne (1974) nicht vollkommen übereinstimmen, da nach Hidi und Anderson (1992) auch solche reizeigenschaften Interesse auslösen, welche nicht als kollativ im Sinne von Berlyne (1974) verstanden werden können (vgl. Hidi und Anderson (1992, S.221)).

[41] vgl. Krapp (1992, S.15)

5. Interesse - Annäherung an einen vieldeutigen Begriff

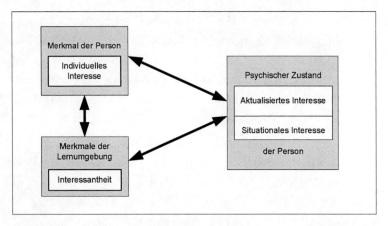

Abbildung 5.1.: Die relationale Struktur der Bedeutungsvarianten. Aus Krapp (1992,S.15)

> **Interessen** sind:
> Angeborene bzw. erlernte Eigenschaften von Personen, die als motivationale Disposition einen Bezug zu konkreten oder abstrakten Objekten in der Umwelt des Individuums begründen. Diese Objekte besitzen Reizeigenschaften, die mit der Wertstruktur des Individuums konform sind und lösen einen situationsspezifischen motivationalen Zustand aus, der die Auseinandersetzung mit dem Objekt zur Folge hat, kognitive Prozesse beeinflusst und mit positiven Gefühlen verbunden ist.

Bei den hier dargestellten Eigenschaften von Interesse sind vor dem weiteren Vorgehen und der angestrebten Entwicklung eines einfachen Interessensmodells noch zwei Fragen zu klären. Diese beziehen sich auf die Abgrenzung von Interesse zu zwei anderen sozialwissen-

5.5. Interesse: Eine erste Arbeitsdefinition

schaftlichen Forschungsfeldern. Dies ist zum einen das Gebiet der Motivation, zum anderen das der Emotion, denn wie sich bei der Beschreibung von Interessen gezeigt hat, kann ein Zusammenhang zwischen Interessenkonzeptionen und psychologischen Konzepten der *Motivation* vermutet werden. Nicht umsonst hat Izard (1977) der Thematik ein ganzes Kapitel gewidmet.[42]. Der Bezug zu Emotionen ergibt sich aus der Verbindung von Interesse und Gefühl, wie sie oben mehrfach angesprochen wurde. Die Fragen, die deshalb geklärt werden müssen lauten:

- Was ist der Unterschied zwischen Interesse und Motivation?
- Handelt es sich bei Interesse um eine Emotion?

Die folgenden Kapitel werden sich mit diesen Fragen auseinander setzen.

---

[42] vgl. Izard (1977, S.189-209)

6. Interesse und Motivation: Zwei Seiten einer Medaille?

Motivation stellt in der Psychologie als eine Art Sammelbezeichnung für vielerlei Prozesse bzw. Effekte dar, deren gemeinsamer Kern darin besteht, dass ein Individuum sein Verhalten um der erwarteten Folgen wegen auswählt und steuert (extrinsische Motivation) bzw. aus der Tätigkeit heraus ein positives Gefühl erhält (intrinsische Motivation). Die gezielte Auslösung von Motivationsprozessen wird dabei als kritischer Erfolgsfaktor für Unternehmen betrachtet.[1] Motivationsprozesse umfassen also eine Person-Situation- bzw. eine Person-Objekt-Interaktion, bzw. die Vorbereitung und Auslösung dieser. Die Frage nach der Motivation zielt somit darauf ab herausfinden, aus welchem Motiv ein Individuum eine Handlung ausführt bzw. deren Ausführung unterlässt. Dem Problemfeld der Motivation wird nach Heckhausen (1989) ferner die im Verhalten zu beobachtende Zielgerichtetheit, der Beginn und der Abschluss einer Verhaltenseinheit, sowie deren Wiederaufnah-

---

[1] vgl. Zobel (2001)

6. Interesse und Motivation: Zwei Seiten einer Medaille?

me nach Unterbrechung zugeordnet.[2]

Da eine Beziehung zwischen Interesse und Motivation zu bestehen scheint, wird sich der folgende Abschnitt mit der Abgrenzung der beiden Konzepte befassen bzw. untersuchen, in wieweit die Konzepte des Interesses und der Motivation Überschneidungen aufweisen. Dazu wird zuerst eine Betrachtung der beiden Motivationsarten *Intrinsische-* und *Extrinsische Motivation* vorgenommen, um eine Eingrenzung des breiten Theoriegebiets zu erreichen.

6.1. Extrinsische vs. Intrinsische Motivation

Heckhausen (1974) versteht unter *Motivation*

> „[...] alle aktuellen Faktoren und Prozesse, die unter gegebenen situativen Anregungsbedingungen zu Handlungen führen und diese bis zum Schluss in Gang halten.
> [Heckhausen (1974, S.143)]

Diese Faktoren können dabei von innen heraus oder von außen auf das Individuum einwirken. Motivation im erstgenannten Sinne wird dabei als *intrinsische Motivation* bezeichnet, wohingegen Motivation im zuletzt genannten Sinne als *extrinsische Motivation* bezeichnet wird.[3]

An dieser Stelle muss jedoch darauf hingewiesen werden, dass bis heute keine allgemein anerkannte Übereinstimmung darüber herrscht,

---
[2] vgl. Heckhausen (1989, S.10)
[3] vgl. Heckhausen (1989, S.455)

6.1. Extrinsische vs. Intrinsische Motivation

was den Unterschied zwischen intrinsisch und extrinsisch motiviertem Verhalten ausmacht.[4] Die von den jeweiligen Autoren getroffenen Unterscheidungen lassen sich in sechs Punkten beschreiben.[5]

1. *Triebe ohne Triebreduktion*: Extrinsisch motiviertes Verhalten dient der Befriedigung leiblicher Bedürfnisse, intrinsisch motiviertes hingegen der Befriedigung von Trieben ohne Triebreduktion, welche nicht aus homöostatischen Krisen des Organismus resultieren.

2. *Zweckfreiheit*: Intrinsisch motivierte Verhaltensweisen erfolgen ohne direkten Zweck, wie beispielsweise das explorative Verhalten bei White (1959)[6] bzw. Tätigkeiten, welche nur um ihrer selbst willen erfolgen. Im Gegensatz dazu stehen Tätigkeiten, welche einen Endzustand bzw. ein Ziel anstreben.[7]

3. *Optimalniveau von Aktivation oder Inkongruenz*: Ansätze, welche dieser Trennung folgen, sehen intrinsisch motivierte Handlungen unter dem Aspekt der Regulierung oder Beibehaltung eines optimalen Funktionsniveaus, wie es z.B. Berlyne (1967) anhand des physiologischen Erregungszustandes (engl.: arousal) annimmt.[8]

---

[4]Dyer und Parker (1975) haben dies eindrucksvoll anhand einer Erhebung unter Arbeitspsychologen aufgezeigt. Ein einheitliches Verständnis in Bezug auf die Kategorisierung von motivationalen Zuständen scheint nur in der neurophysiologischen Betrachtung des Motivationsphänomens zu bestehen. Diese Kategorisierung unterscheidet homöostatische und nichthomöostatische Motivation (s. beispielsweise Grossmann (1967, S.605ff) bzw. Becker-Carus (1981, S.145)).
[5]vgl. beispielsweise Heckhausen (1989, S.456ff)
[6]vgl. hierzu die Ausführungen über den Ansatz von White in Abschnitt 6.2.1 auf Seite 190.
[7]Diese Unterteilung findet sich beispielsweise bei McReynolds (1971).
[8]Auf den Ansatz von Berlyne wird in Abschnitt 6.2.2 auf Seite 191 näher

6. Interesse und Motivation: Zwei Seiten einer Medaille?

4. *Selbstbestimmung*: Ähnlich wie bei White geht es bei dieser Trennung, die auf die Arbeiten von deCharmes (1968) zurück geht, um die Beeinflussung der Umwelt, welche als die Selbstbestimmung einschränkend angenommen wird. Intrinsisch motivierte Handlungen werden als dieser Einschränkung entgegenwirkend angenommen und belohnen den Handelnden somit aus sich selbst heraus.

5. *Freudiges Aufgehen in einer Handlung*: Intrinsisch motivierte Tätigkeiten zeichnen sich in diesen Ansätzen dadurch aus, dass das handlungsbegleitende Erleben zum Kriterium, und zwar nicht im Sinne eines ichbezogenen Erlebens wie persönliche Verursachung, sondern eines handlungsbezogenen Erlebens. Zu nennen sind hierbei insbesondere die Arbeiten von Csikszentmihalyi, welcher Freude an einer Aktivität zum Charakteristikum intrinsischer Motivation macht. Auf die Ergebnisse der phänomendeskriptiven Analyse von Csikszentmihalyi wird in Abschnitt 6.2.4 auf Seite 202 eingegangen werden.

6. *Endogenität von Handlung und Handlungsziel*: In dieser Konzeption, beispielsweise bei Heckhausen (1977), kommt es darauf an, ob und in wieweit im Handeln des Subjekts zwischen dem Handeln an sich und dessen Ziel eine sachinhärente Beziehung besteht. Intrinsisch motivierte Handlungen zeichnen sich dadurch aus, dass Handlung und Zweck thematisch übereinstimmen.

---

eingegangen.

6.1. Extrinsische vs. Intrinsische Motivation

In Bezug auf die Anwendung der beiden Ausprägungen der Motivation zur Erklärung von Verhalten kann festgestellt werden, dass die traditionelle ökonomische Theorie eher extrinsische Motivation als verhaltensrelevant betrachtet, die Psychologie hingegen eher die intrinsische Motivation betont. Zwar bestreiten Ökonomen nicht, dass Individuen in ihrem Handeln teilweise durch „Gefühle" oder intrinsische Motivation geleitet werden, jedoch wird diesem Faktor wenig Bedeutung zugemessen. Geld gilt als der wichtigste Motivator, denn „alles hat seinen Preis". Eine weitere Begründung für die Neglektion der intrinsischen Motivation in der traditionellen Ökonomie liegt darin begründet, dass die Berücksichtigung individueller Präferenzen zu Tautologien führt und sich nur schwer empirisch testen lässt. Ein Beispiel hierfür liefert Frey (1997):

> „Wird die Zunahme des privaten Motorfahrzeugverkehrs damit zu „erklären" versucht, dass die Automobilisten heute „lieber Auto fahren", so liefert dies keine neuen Einsichten, sondern stellt nur eine Umformulierung dar."
> [Frey (1997, S.20)]

Da die individuellen Präferenzen nicht unabhängig vom Verhalten ermittelt werden können „beschränkt" sich die traditionelle Ökonomie darauf Verhaltensänderungen auf unabhängig beobachtbare Faktoren zurückzuführen.

An dieser Stelle muss auf eine Problematik der Beschreibung von Motivation hingewiesen werden. Für einen Beobachter lässt sich alles Verhalten auf extrinsische Motivation zurückführen. Wenn jemand beispielsweise einen spezifischen Studiengang belegt, so kann

6. Interesse und Motivation: Zwei Seiten einer Medaille?

einerseits intrinsische Motivation unterstellt werden („Die Auseinandersetzung mit den spezifischen Gebiet gibt ein gutes Gefühl") andererseits aber auch extrinsische Motivation („Ein Hochschulabschluss bringt gesellschaftliches Ansehen"). Des weiteren muss hier erwähnt werden, dass es sich bei Unterteilung in extrinsische und intrinsische Motivation um eine analytische Trennung handelt, die den Blick entweder auf intrapersonale oder extrapersonale Faktoren richtet.

Für die weitere Auseinandersetzung mit „Interesse" werden Erklärungsansätze aus der Kategorie der intrinsischen Motivation herangezogen, da diese eine größere Nähe zu den Konzepten des Interesses aufweisen.

6.2. Konzeptionen intrinsischer Motivation

Die einflussreichsten Motivationstheorien unterstellen, dass

> „[...] performance is directed to achieve some external state, either through reinforcement, habit, or the anticipation of a future goal. "
> [Csikszentmihalyi (1978, S.206)]

Diese Theorien suchen nach im Alltag vorliegenden external motivierenden Zuständen. Diese externalen Motivationen funktionieren quasi in einem geschlossenen System mit einer vorhersagbaren Wirkung von wenigen positiven oder negativen Reizen, welche zum Zweck der Handlungskontrolle als leichter manipulier- und kontrollierbar angenommen werden. Im Gegensatz dazu bezieht sich

6.2. Konzeptionen intrinsischer Motivation

intrinsische Motivation auf einen beträchtlichen Anteil des Verhaltens, das nicht in Begriffen antizipierter Ziele und Belohnungen gefasst werden kann. Die Ziele und Belohnungen der intrinsischen Motivation entstehen aus der direkten Involviertheit eines Subjekts in eine Aktivität. Da die Belohnungen direkt in der Aktivität wirken, gestaltet sich eine experimentelle Forschung auf diesem Gebiet schwieriger, als auf dem Feld der extrinsischen Motivation. Der menschliche Organismus wird dabei als offenes System konzipiert, in welchem die Belohnung in der Aktivität selbst wirkt.

Menschen finden Spaß an Aktivitäten, wie z.B. Singen, Tanzen, Sport treiben und dem Verfassen von wissenschaftlichen Texten. Dennoch gibt es keine umfassende Theorie der intrinsischen Motivation, sondern, wie dies auf vielen wissenschaftlichen Gebieten notwendigerweise der Fall ist, mehrere Theorien, welche sich mit verschiedenen Teilaspekten des Phänomens befassen. Ansätze zu diesem Themengebiet stammen aus verschiedenen psychologischen Forschungsrichtungen. Deci (1975) unterteilt die bis zu diesem Zeitpunkt bestehenden Konzeptionen in vier Kategorien. Sie entspringen aus dem psychoanalytischen Gedankengut, wie z.B. die Überlegungen von White (1959); der kognitiven Entwicklungstheorie, wie beispielsweise der Ansatz von Hunt (1971); aus einer behavioristischen Denkrichtung, wie z.B. Berlyne (1967) und schließlich aus der attributionstheoretischen Perspektive, wie die Überlegungen von Deci (1975). Ein weiterer Ansatz, welcher den genannten Forschungsrichtungen nur schwer zugeordnet werden kann aber doch an dieser Stelle erwähnenswert ist, ist der Ansatz von Csikszentmihalyi (1985). Dieser betrachtet intrinsische Motivation als eine besondere Form des Erlebens.

6. Interesse und Motivation: Zwei Seiten einer Medaille?

In dem folgenden Abschnitt werden die hier genannten Ansätze dargestellt und ihre Verbindung zu den Interessenkonzeptionen beleuchtet. Dabei erfolgt die Darstellung der Theorien in chronologischer Reihenfolge ihrer Entstehung.

6.2.1. Der psychoanalytische Ansatz von White

White (1959) gelangt zu der Ansicht, dass die bis zu diesem Zeitpunkt in der Psychologie vorherrschenden triebbasierten Erklärungsansätze über das Zustandekommen von Motivation nicht ausreichen können um *exploratives Verhalten, Manipulation der Umwelt* und *generelle Aktivität* zu erklären.[9] Oder in seinen Worten:

> „Something important is left out when we make drives the operating forces in animal and human behavior."
> [White (1959, S.297)]

Er bezieht sich auf die evolutorischen Aussagen von Woodworth (1958) und geht davon aus, dass die explorativen Verhaltensweisen bei höheren Lebewesen eine gemeinsame biologische Bedeutung haben, die einen Selektionsvorteil im Rahmen der Evolution bewirkt. Diese Verhaltensweisen sind Teil eines Prozesses, im Rahmen dessen das Individuum lernt effektiv mit seiner Umgebung zu interagieren.[10] White spricht an dieser Stelle von einer sogenannten *Kompetenz-Motivation*, wobei er Kompetenz in einem breiten biologischen Zusammenhang versteht, welcher sich von dem alltäglichen Verständnis unterscheidet, nämlich als...

---
[9] vgl. beispielsweise White (1959, S.328)
[10] vgl. White (1959, S.329)

6.2. Konzeptionen intrinsischer Motivation

„[...] an organism's capacity to interact efficiently with its environment"
[White (1959, S.297)]

Explorative Verhaltensweisen im Dienste der Kompetenzerweiterung werden somit als intrinsisch motiviert angesehen. Whites theoretische Begründung bezieht sich dabei insbesondere auf Ich-Psychologische Konzepte und Theorien und Befunde Piagets.[11] Das aus der erfolgreichen Interaktion mit der Umwelt resultierende Kompetenzgefühl vergleicht White mit der Verknüpfung von sexuellem Vergnügen mit dem Ziel der biologischen Reproduktion.[12]

Explorative Aktivitäten im Sinne von White (1959), vom explorativen Beobachten bis hin zum experimentellen Manipulieren, weisen durchaus Ähnlichkeiten zum Interessenphänomen auf, wobei sich die Erklärung dieser explorativen Aktivitäten auf einen Gefühlszustand des Individuums, nämlich das Gefühl der Wirksamkeit bezieht und durchaus längerfristig angelegt sein kann.

6.2.2. Der behavioristisch-neurophysiologische Ansatz von Berlyne

Nach der Datstellung eines psychoanalytisch orientierten Ansatzes wird in diesem Abschnitt ein Ansatz beleuchtet, der sich wohl am ehesten in die behavioristische „Ecke" der psychologischen Konzeptionen einordnen lässt. Es ist der intrinsische Motivationsansatz von Berlyne, welchen er zuerst 1967 formulierte und dann in weite-

---
[11] vgl. White (1959, S.305ff)
[12] vgl. White (1959, S.329)

6. Interesse und Motivation: Zwei Seiten einer Medaille?

ren Veröffentlichungen konkretisiert hat. Berlyne (1971) beschreibt *intrinsische Motivation* als...

> „[...] motivation that is aimed at certain internal consequences that constitute intrinsic *reinforcement* or rewards."
> [Berlyne (1971, S.188), Hervorhebung S. G.]

Aus dieser Aussage wird die Herkunft bzw. der Rahmen von Berlynes Konzeption ersichtlich: Für ihn geht es um ein grundlegendes, besseres Verständnis von Verstärkungsmechanismen, was die behavioristische Ausrichtung seiner Überlegungen deutlich werden lässt.

Berlyne (1967) kommt bei seinen Überlegungen zu Lernprozessen zu der Überzeugung, dass ein bloßer Zusammenhang zwischen Stimulus und Response beim Lernen noch nicht ausreichen kann um Dinge auf lange Sicht hin wieder aus dem Gedächtnis abrufen zu können. Ein Zusammenhang von Stimulus und Response stellt seines Erachtens nach zwar eine notwendige aber keine hinreichende Bedingung für Lernprozesse dar. Daher müssen noch andere Ereignisse mit diesen einhergehen, um Lernen zu garantieren. Diese bezeichnet er als verstärkend wirkende Vorgänge.[13] Er bezieht sich dabei insbesondere auf die Verhaltensweisen *Exploration* und *Neugier*,[14] deren Erklärung mit den bisher gängigen Bekräftigungsverständnis Schwierigkeiten bereitet. Diese intrinsisch motivierten Verhaltensweisen, welche als Verstärker dienen, benötigen in Ber-

---

[13] vgl. Berlyne (1967, S.3)
[14] Berlyne (1974, S.107-203) gliedert diese weiter auf in die *Orientierungsreaktion*, die *lokomotorische Exploration*, die *explorative Manipulation* und die *epistemische Neugier* auf welche hier aber nicht weiter eingegangen werden soll.

6.2. Konzeptionen intrinsischer Motivation

lynes Verständnis keine weitere Veranlassung außerhalb der Relation Stimulus-Organismus. Er erklärt dieses Explorations- und Neugierverhalten, indem er bestimmte Eigenschaften von Reizen zur neurophysiologischen Erregung in Beziehung setzt. Seine Aussagen können wie folgt zusammengefasst werden:[15]

So genannten *kollativen Reizeigenschaften* eines Objekts oder einer Situation[16] wird ein *neurophysiologisches Erregungspotenzial*[17] unterstellt. Dabei wird davon ausgegangen, dass Organismen aufgrund neurophysiologischer Gegebenheiten dazu tendieren ein optimales Erregungsniveau zu halten bzw. zu erreichen, bei dem sie sich wohl fühlen. Es wird davon ausgegangen, dass sowohl ein hohes, als auch ein niedriges Erregungspotenzial zu einer starken Erregung führen. Da Organismen eine hohe Erregung als unangenehm empfinden, werden sowohl sehr hohe, als auch sehr niedrige Erregungspotenziale als aversiv erlebt und eine Reduzierung der durch das Potenzial ausgelösten Erregung angestrebt, welche als bekräftigend erlebt wird. *Neugierde* und *Exploration* besitzen in dieser Vorstellung eine wichtige Funktion für die Regulierung des Erregungszustandes. Durch spezifische, gegenstandsbezogene Exploration kann das hohe Erregungsniveau, welches durch einen neuen Gegenstand oder eine neue Situation verursacht wurde gesenkt werden. Durch Sammlung von Informationen über den Gegenstand bzw. der Situation wird eine gewisse Vertrautheit hergestellt. Bei einem gerin-

---

[15] Da die hier dargestellten Aussagen sich auf die gesamte Theorie von Berlyne beziehen, wird im Rahmen dieses Abschnitts auf Verweise zu einzelnen Werken des Autors verzichtet. Die Aussagen finden sich teilweise fragmentarisch in Berlyne (1967), Berlyne (1971) und Berlyne (1974).

[16] Wie z.B. Neuheit, Überraschungsgehalt, Inkongruenz und Konflikt

[17] In den Originaltexten wird der englische Begriff "*arousal*" verwendet, welcher im hier vorliegenden Text mit "*Erregung*" übersetzt wird. Eine weitere sinnvolle Übersetzung wäre "*Aktivierung*".

6. Interesse und Motivation: Zwei Seiten einer Medaille?

gen Erregungspotenzial z.B. bei Langeweile, kann durch diversive Exploration nach Reizen mit einem höherem Erregungspotenzial gesucht werden, um die Erregungsintensität wieder auf einen angenehmen Level zu bringen.

Intrinsische Motivation im Sinne von Berlyne kann somit in vielerlei Hinsicht als ein *psychophysiologischer Erklärungsansatz* für das Zustandekommen von *Interesse* betrachtet werden. Das neugierige, bewusste Auseinander setzen mit einem unbekannten Gegenstand mit einer hohen kollativen Reizeigenschaft, mit dem Ziel das als zu hoch empfundene Erregungspotenzial durch gezielte Informationsaufnahme zu reduzieren, den Gegenstand quasi kennenzulernen, kommt in seinem Resultat den oben dargestellten Interessenkonzeptionen nahe. Gleiches gilt für das interessierte Suchen nach neuen Herausforderungen im Zustand der Langeweile.

6.2.3. Der attributionstheoretische Ansatz von Deci

Die zentralen Begriffe bei Deci sind Kompetenz und Selbstbestimmung, weshalb er seine Überlegungen zu intrinsischer Motivation als Kompetenz- bzw. Selbstbestimmungstheorie einordnet. Intrinsisch motivierte Verhaltensweisen sieht er als operational eindeutig bestimmbar[18] und definiert sie...

> „[...] as those [behaviors, Anm. S.G.] that are performed in the absence of any apparent external contingency."
> [Deci und Ryan (1980, S.42)]

---

[18]vgl. beispielsweise Deci (1980, S.31)

6.2. Konzeptionen intrinsischer Motivation

Sein Ansatz befasst sich dabei hauptsächlich unter einem empirischen Paradigma mit der Auswirkung von externalen Einflüssen in Form von Belohnungen auf den Lernprozess. Dabei kann festgestellt werden, dass Deci die Begriffe *intrinsische Motivation* und *Interesse* synonym verwendet. Seine Theorie erklärt nur die Veränderung einer bereits vorhandenen intrinsischen Motivation, gibt jedoch keine Antwort auf die Frage nach der generellen Entstehung.[19]

Die Hauptaussagen seiner Theorie können wie folgt zusammengefasst werden. Extrinsische Belohnung verringert die intrinsische Motivation in vielen Situationen. Wenn die Belohnungen an Leistung gekoppelt sind, tragen sie eher zur Verringerung der intrinsischen Motivation bei. Wenn eine Belohnung bereits vor dem entsprechenden Verhalten erwartet wird, so wird dies mit großer Wahrscheinlichkeit die intrinsische Motivation verringern.[20] Deci führt dies auf zwei Zusammenhänge zurück.

Erstens auf eine Veränderung in dem wahrgenommenen Ursprung des zugehörigen Prozesses und zweitens auf eine Veränderung im Gefühl des Kompetenz- und Selbstbestimmungsprozesses. Ferner führt er an, dass jede Belohnung für das betroffene Subjekt zweierlei Aspekte beinhaltet, einen Kontrollaspekt und einen Informationsaspekt. Die Auslösung des Prozesses wird davon bestimmt welcher dieser Aspekte als stärker wahrgenommen wird. Deci (1975) formuliert dies in seinen drei *Theoremen zur kognitiven Evaluationstheorie*:

---

[19] Zumindest in der Fassung von 1975.
[20] Dieser Effekt wird von anderen Autoren bestätigt. Lepper und Greene (1978) sprechen von einer Art *Overjustification*, also von *Überveranlassung* intrinsisch motivierter Aktivitäten durch externale Anreize.

6. Interesse und Motivation: Zwei Seiten einer Medaille?

1. „One process by which intrinsic motivation can be affected is a change in perceived locus of causality from internal to external. This will cause a decrease in intrinsic motivation, and will occur, under certain circumstances, when someone receives extrinsic rewards for engaging in intrinsically motivated activities."[21]

2. „The second process by which intrinsic motivation can be affected is a change in feelings of competence and self-determination. If a persons feelings of competence and self-determination are enhanced, his intrinsic motivation will increase. If his feelings of competence are and self-determination are diminished, his intrinsic motivation will decrease."[22]

3. „Every reward (including feedback) has two aspects, a controlling aspect and an informational aspect which provides the recipient with information about his competence and self-determination. The relative salient of the two aspects determines which process will be operative. If the controlling aspect is more salient, it will initiate the change in perceived locus of causality process. If the informational aspect is more salient, the change in feelings of competence and self-determination process will be initiated."[23]

Zu einem späteren Zeitpunkt der Entwicklung seiner intrinsischen Motivationstheorie spricht Deci (1980) von verschiedenen motivationalen Subsystemen als Mengen affektiver Erfahrungen und Einstellungen zu sich selbst, der Umwelt und anderen Personen, sowie

---
[21] Deci (1975, S.139)
[22] Deci (1975, S.141)
[23] Deci (1975, S.142)

6.2. Konzeptionen intrinsischer Motivation

von Programmen zur Interaktion mit der Umwelt und den Objekten bzw. Personen darin. Eines dieser motivationalen Subsysteme bezeichnet er als das *intrinsisch-motivationale Subsystem*, welches ...

> „[...] is based in the need for competence and self-determination. It involves behavioral decision making (self-determined behavior), managing motives effectively, an internal perceived locus of causality, feeling of self- determination, and a high degree of perceived competence or self-esteem."
> [Deci (1980, S.41)]

Womit festgehalten werden kann, dass *Kompetenz* und *Selbstbestimmung* als grundlegende Determinanten für intrinsische Motivation gesehen werden können. Die subjektive Empfindung dieser beiden Faktoren wirkt in der Theorie von Deci intrinsisch motivierend, eine Einschränkung dieser Parameter wirkt motivationshemmend auf das Subjekt.[24] Interessant für die Fragestellung dieses Abschnitts, also die Beleuchtung von Motivation in Abgrenzung zu Interesse ist die Frage nach der spezifischen Handlungsregulierung von intrinsischer Motivation im Sinne von Deci. Dazu finden sich bei Deci (1980) Aussagen zu einem Handlungsmodell, welches er in drei Ebenen beschreibt. Auf der obersten Ebene steht das *selbstbestimmte Verhalten unter Kontrolle des Willens*; in der darunterliegenden Ebene sieht er *automatisches Verhalten* angesiedelt, welches im Dienste der Selbstbestimmung steht und relativ leicht verändert werden kann; in der untersten Ebene sieht Deci Verhal-

---
[24]vgl. Deci (1980, S.209)

6. Interesse und Motivation: Zwei Seiten einer Medaille?

ten lokalisiert, welches *nicht unter der Kontrolle des Willens steht* und nur schwer modifizierbar ist. Bei intrinsisch motiviertem Verhalten, wenn also das entsprechende Subsystem aktiviert ist, wird das Handeln des Individuums selbstbestimmt.

„Emotions and motives will form in conscious awareness, and behavior will be chosen in expectation of satisfying the motives. When the intrinsic motivational subsystem is centrally operative, behavior will be automatic."[25]
[Deci (1980, S.210)]

Deci geht davon aus, dass bestimmte Umwelten, nämlich solche, welche das Individuum über seine Kompetenz und Selbstbestimmung informieren, indem sie auf seine Initiativen eingehen, die intrinsische Motivation unterstützen. Selbstbestimmung und Kompetenz werden somit als ausreichende Veranlassung für Aktivitäten gesehen. Der Ansatz kann folglich als *aktivitätsorientiert* bezeichnet werden, die Frage nach den Bedingungen für die vorliegende Motivation wird dabei aufgrund des Untersuchungsparadigmas der Veränderung von Motivation nicht diskutiert.

Der Ansatz von Deci kann somit eine Erklärung für die Verstärkung vorhandener Interessen darstellen, leider aber nicht für deren generelles Zustandekommen. Umwelten mit bestimmten Eigenschaften können in dieser Sicht unter Umständen als interessensbestärkend beschrieben werden, nicht aber als Interesse-auslösend.

---

[25] Auf das automatisierte Verhalten im Rahmen intrinsisch motivierten Verhaltens wird im Abschnitt 6.2.4 eingegangen werden, in welchem der Ansatz von Csikszentmihalyi (1985) betrachtet wird.

6.2. Konzeptionen intrinsischer Motivation

Exkurs: Die verborgenen Kosten der Belohnung

Verschiedene Sozialpsychologen[26] haben aufgezeigt, dass monetäre Belohnung intrinsische Motivation verdrängen kann. Dabei wurden die „Verborgenen Kosten der Belohnung" unter verschiedensten Bedingungen nachgewiesen. Die dabei wirkenden psychologischen Prozesse können beschrieben werden durch:

- *Eingeschränkte Selbstbestimmung*: Extrinsische Belohnung wird empfunden als Einschränkung des Handlungsspielraums und führt zu einem Abbau der intrinsischen Motivation zugunsten externer Kontrolle. Deci (1975) spricht von der Verlagerung des „Locus of Control".

- *Verminderte Selbsteinschätzung*: Die von außen kommende Intervention impliziert, dass die intrinsische Motivation nicht gewürdigt wird und somit eine Missachtung der Beweggründe. Dies führt zu der Annahme einer verminderten Schätzung durch den Geber und darüber zu einer verminderten Selbsteinschätzung.

- *Reduzierte Ausdrucksmöglichkeit*: Bei diesem Erklärungsansatz wird davon ausgegangen, dass Individuen ihre intrinsische Motivation ausleben wollen. Eine Intervention von außen wird als Einschränkung dieser Ausdrucksmöglichkeit erlebt und das Handeln auf extrinsische Motivation umgestellt.

- *Überveranlassung*: Dieser Erklärungsansatz geht davon aus, dass Individuen nur eine bestimmte Stärke von Motivation ertragen können und sich die beiden Motivationsarten additiv

---
[26] u.a. Deci (1975) und McGraw (1978).

6. Interesse und Motivation: Zwei Seiten einer Medaille?

verhalten. Wenn zu der intrinsischen Motivation zusätzlich noch extrinsische hinzukommt, so kommt es zu einer „Übermotivation", die durch eine Verringerung der intrinsischen Motivation kompensiert wird.

Die verborgenen Effekte der Belohnung lassen sich nicht nur auf monetäre Anreize beschränken, sondern können auch allgemeiner gefasst auf die Intervention durch Regeln und Vorschriften ausgeweitet werden.

Die oben genannten psychologischen Prozesse zeigen jedoch auch, dass der zentrale Punkt für die Bestimmung der Auswirkung von Interventionen die Interpretation des Individuums darstellt. Die von außen kommenden Interventionen verdrängen die die intrinsische Motivation nur unter der Voraussetzung, dass sie von dem betroffenen Individuum als kontollierend empfunden werden. Werden sie jedoch als unterstützend angesehen, so verstärken sie die intrinsische Motivation. Externe Belohnungen können somit nicht generell als einschränkend in bezug auf die intrinsische Motivation angenommen werden.

Die Stärke des Verdrängungs-Effekts hängt nach Frey (1997) von acht Bedingungen ab.[27]

1. *Persönliche Beziehung*: Je persönlicher die Beziehung zwischen Prinzipal und Agent ist, desto höher ist die intrinsische Motivation zur Zusammenarbeit. Extrinsische Motivati-

---

[27] vgl. Frey (1997, S.32-38). Die betroffenen Individuen werden in der Aufzählung gemäß der Agenturtheorie (vgl. beispielsweise Ross (1973)) als Prinzipal bzw. Agent bezeichnet. Der Agent führt dabei Arbeiten im Auftrag des Prinzipals aus.

6.2. Konzeptionen intrinsischer Motivation

on zerstört das Gleichgewicht und führt zu Verdrängungseffekt.

2. *Arten von Tätigkeiten*: Je mehr jemand von einer Tätigkeit begeistert ist, desto höher ist auch seine intrinsische Motivation sie gut zu erfüllen. Ein externer Eingriff verändert dann die intrinsische Motivation umso stärker.

3. *Mitbestimmung*: Je weitergehender die Mitbestimmungmöglichkeiten eines Agenten sind, desto stärker verdrängt eine externe Intervention die intrinsische Motivation.

4. *Einheitlichkeit*: Je einheitlicher die externe Intervention, desto stärker wird die intrinsische Motivation derjenigen Agenten verdrängt, die überdurchschnittlich motiviert sind.

5. *Art der Intervention*: Äußere Eingriffe mittels Belohnung verdrängen die intrinsische Motivation weniger als entsprechende Regulierungen.

6. *Abhängigkeit Belohnung - Leistung*: Je enger eine Belohnung mit der zu erbringenden Leistung verknüpft ist, desto eher wird die intrinsische Motivation verdrängt.

7. *Härte der Regulierung*: Bei harter Regulierung wird die intrinsische Motivation verdrängt, während sie bei weichen Regulierung unberührt bleibt oder sich sogar erhöht

8. *Vermittelte Botschaft*: Je stärker ein externer Eingriff des Prinzipals die intrinsische Motivation des Agenten würdigt, desto eher wird die intrinsische Motivation gestärkt.

6. Interesse und Motivation: Zwei Seiten einer Medaille?

6.2.4. Der phänomenologische Ansatz von Csikszentmihalyi

Die Theorie Csikszentmihalyis befasst sich mit Belohnungen und Anreizen, welche direkt mit gewissen Fähigkeiten verbunden sind und interpretiert diese als intrinsische Motivation. Seine Theorie des *Flow-Erlebnisses* ist beeinflusst von Überlegungen zu Erregungszuständen von Berlyne[28] und entspricht in ihren Aussagen dieser zu großen Teilen, wobei ihm der rein psycho-physiologische Ansatz zu eng gegriffen erscheint. Sein Interesse gilt vielmehr dem Organismus als Ganzem, mit seinen Zielen, seinen Intentionen, seinem Selbstbewusstsein und seiner Fähigkeit zur Selbstreflexion,[29] weshalb sein Ansatz als phänomenologisch bezeichnet werden kann.

Csikszentmihalyi entwickelte seinen Ansatz, indem er bestimmte Akteure aus verschiedenen Berufen interviewte, welche während bestimmter Phasen ihrer Tätigkeit wenig oder keine externe Belohnung für diese erhielten und somit von ihm als intrinsisch motiviert eingestuft wurden. Aus den Beschreibungen dieser Personen über ihr Empfinden innerhalb des entsprechenden Zustandes während ihrer Tätigkeit entnahm Csikszentmihalyi folgende Merkmale für einen Zustand, welchen er als *Flow* bezeichnet:[30]

- Das Individuum ist voll konzentriert und involviert,

- es geht in der Handlung auf (im Sinne eines Ich-Verlusts) ,

- es sieht ein direktes und widerspruchsfreies Handlungsziel,

---

[28] vgl. Abschnitt 6.2.2 auf Seite 191
[29] vgl. Csikszentmihalyi (1978, S.259)
[30] vgl. Csikszentmihalyi (1979, S.260f)

6.2. Konzeptionen intrinsischer Motivation

- es erhält unmittelbares Feedback über das Erreichen des Handlungsziels,

- das Zeitgefühl geht verloren,

- es empfindet sich als Herrscher über die Situation, wobei es jedoch trotz des Kontrollempfindens zu einer Art Ich-Verlust kommt.

Flow-erzeugende Aktivitäten können folglich beschrieben werden als derart beschaffen, dass sie dem Individuum helfen Ziele zu setzen, seine Aufmerksamkeit zu fokussieren, Feedback zu erhalten und ein Kontrollgefühl zu erleben.

Csikszentmihalyi (1985) beschreibt den Flow-Zustand anhand des Verhältnisses von Handlungsanforderung und Handlungsfähigkeit.[31] Schätzt eine Person die Handlungsanforderungen als so schwierig ein, dass sie ihre Fähigkeiten übersteigen, so wird die resultierende Spannung als Angst erlebt. Liegt das subjektiv empfundene Fähigkeitsniveau höher, aber noch nicht auf der Höhe der Anforderung, so wird die entsprechende Situation mit Sorge betrachtet. Übersteigen die Fähigkeiten andererseits die Handlungsanforderungen, so empfindet das Individuum Langeweile. Bei noch weiterem Absinken der Handlungsanforderung kann dieser Zustand auch in Angst übergehen. *Flow* stellt sich dann ein, wenn die Handlungsanforderungen der Situation und die subjektiv eingeschätzte Handlungsfähigkeit des Individuums im Gleichgewicht stehen. Der Zusammenhang von situativer Handlungsanforderung, subjektiver Handlungsfähigkeit und Gefühlszustand ist in Abbildung 6.1 auf Seite

---

[31] vgl. Csikszentmihalyi (1985, S.74ff)

6. Interesse und Motivation: Zwei Seiten einer Medaille?

204 dargestellt.

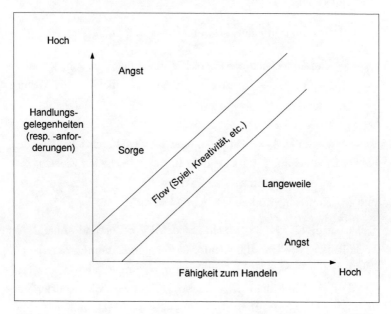

Abbildung 6.1.: Der Flow-Zustand in Abhängigkeit von wahrgenommenen situativen Handlungsanforderungen und subjetiver Handlungsfähigkeit. Aus Csikszentmihalyi(1985, S.75)

Zusammenfassend kann folgendes festgestellt werden: Flow bezieht sich auf angenehme Erlebnisse, welche bei dem Vollzug von Handlungen auftreten und selbst als motivierend betrachtet werden können. Eine extrinsische Bekräftigung muss in diesem Fall nicht gegeben sein, weshalb bei Flow-induzierten Handlungen von intrinsischer Motivation gesprochen werden kann. Unabhängig davon kann ein Flow-Erlebnis aber auch bei external motivierten Handlungs-

6.2. Konzeptionen intrinsischer Motivation

vollzügen auftreten. Wichtig ist hierbei, dass der Flow-Zustand auch von einer Person herbeigeführt werden kann, was in der subjektivistischen Konzeption begründet liegt. Zur Erlangung des Zustandes muss eine Person sich diejenigen Aufgaben heraussuchen, welche einen optimalen Fit von Anforderungen und Fähigkeiten bietet, um somit zum als freudig erlebten Flow-Zustand zu gelangen.

Den Aussagen von Csikszentmihalyi liegt somit ein hedonistisches Prinzip zugrunde, welches die wiederholte Beschäftigung mit bestimmten Objekten erklären kann, aber für die Erklärung von Interesse als Auseinandersetzung mit einem spezifischen Objekt nicht ganz schlüssig ist. Aufgrund der subjektspezifischen Konzeption ist es dem Individuum möglich sich den Flow-Zustand in vielen verschiedenen Tätigkeiten, in der Auseinandersetzung mit vielen verschiedenen Objekten zu beschaffen, die Konzentration auf ein spezifisches Objekt ist somit nicht eindeutig erklärbar, da mit dieser Argumentation die Frage „warum wird gerade diese Tätigkeit gewählt, wenn ein Flow-Zustand auch mit anderen Tätigkeiten erreicht werden kann?" nicht beantwortet werden kann.

6.2.5. Motivation und Emotion

Wie im vorangegangenen Abschnitt bereits mehrfach aufgezeigt wurde, spielen Gefühle oder Emotionen nicht nur bei dem Interessenphänomen sondern auch bei motivationalen Überlegungen eine Rolle. Aus diesem Grund wird nachfolgend, obwohl auf das komplexe Thema der Emotionen erst in einem späteren Kapitel genauer eingegangen werden wird, der Zusammenhang von Motivation und

6. Interesse und Motivation: Zwei Seiten einer Medaille?

Emotion erörtert und auf die integrierte Sichtweise der beiden Phänomene von Buck (1985) eingegangen. [32]

In dem Erklärungsansatz von Buck (1985) werden Emotion und Motivation als verschiedene Aspekte *eines* Prozesses betrachtet. Innerhalb dieses Prozesses stellen Emotionen einen Auslesemechanismus für Motivationspotenzial dar, welches in einem hierarchisch organisierten primären Motivations-/Emotionssystem als inherent angenommen wird. Dieses System bezeichnet Buck (1985) mit dem Akronym *Prime* für „Primary Motivational / Emotional Systems"[33], weshalb er seiner Theorie auch den Namen *Prime Theory* gibt. Die *Primes* charakterisiert er folgendermaßen:

> „(a) They evolve according to requirements for bodily adaption and homeostasis, (b) they involve active internal processes, (c) they generally require internal or external stimuli to become activated, (d) they are based on initiate mechanisms organized in the subcortical and paleocortical regions of the brain, and (e) they are special purpose systems that serve a specific function for the species."
> [Buck (1985, S.390f)]

Primes sind somit zweckspezifische Systeme, welche den grundlegenden Funktionen der körperlichen Anpassung und Homöostase dienen und basieren auf neurochemischen Substraten. Motivation

---

[32] Da Buck Emotionen als Mittel zum Zweck im Zusammenhang mit Motivationen betrachtet erscheint die Darstellung seines *Prime* Ansatzes an dieser Stelle vertretbar. Auf das komplexe Gebiet der Emotionen wird dann näher ab Kapitel 7 ab Seite 213 eingegangen.
[33] vgl. Buck (1985, S.390).

6.2. Konzeptionen intrinsischer Motivation

besteht aus dem Verhaltenspotenzial, welches in diesen Systemen gespeichert ist und beim Auftreten von bestimmten Reizen über Emotionen ausgelesen wird.

Buck (1985) identifiziert drei Arten von Emotionen, welche spezifische Verhaltensmuster aus den Primes auslesen.

1. *Emotion I* bewirkt die Auslese von Verhaltenspotenzialen, welche die Anpassung an veränderte Umwelten und die Wiederherstellung der körpereigenen Homöostase bewirken; sie hat das autonome, das endokrine und das Immunsystem als Ziel.

2. *Emotion II* bewirkt das Auslesen von Programmen für den Ausdruck von Gefühlen und hat sich bei Arten entwickelt, bei denen die Kommunikation über den Zustand der Motivations-/Emotionssysteme an Wichtigkeit gewonnen hat. Ziel dieses Auslesevorgangs ist das Ausdrucksverhalten mit der Funktion der sozialen Kommunikation.

3. *Emotion III* schließlich bewirkt die Auslese von für das Individuum selbst kognitiv erfassbaren emotionalen Zuständen und ist abhängig von den kognitiven Fähigkeiten des Individuums. Ziel des Auslesens ist in diesem Fall also eine Kognition mit der Funktion einer subjektiven Erfahrung und Selbstregulation.

Buck versteht also Emotionen als Auslesemechanismen für verschiedene Verhaltenspotenziale, welche ihrerseits durch Kognitionen ausgelöst werden. Umgekehrt formuliert kann somit festgehalten werden, dass gezeigtes Verhalten nicht nur durch Kognitionen,

6. Interesse und Motivation: Zwei Seiten einer Medaille?

sondern durch daraus resultierende Emotionen ausgelöst wurde. Emotionen können somit als eine Maßnahme zur Steigerung der Vielfältigkeit des Verhaltens betrachtet werden, da sie gegenüber instinkt- bzw. reflexartigem Verhalten eine Auswahlmöglichkeit bereitstellen.

Der in dem Modell von Buck (1985) angenommene Zusammenhang von Motivation und Emotion entspricht nicht den Vorstellungen von Motivation und Emotion bzw. Gefühl, welche in den oben dargestellten Ansätzen enthalten ist. Die Stellung der beiden Komponenten im Prozess der Handlungsauslösung ist eine andere. Bei Buck (1985) wirken Emotionen handlungsauslösend, also motivierend, wohingegen bei den oben genannten Ansätzen Handlungen zu angenehmen Gefühlen führen.

6.3. Zusammenfassung und Anmerkungen

Das voranstehende Kapitel diente der Annäherung an den vieldeutigen Begriff des Interesses. Dazu wurde der Begriff zuerst aus einer alltagssprachlichen und einer etymologischen Perspektiven betrachtet und anschließend verschiedene Interessenkonzeptionen aus der Philosophie und der Psychologie dargestellt. Dabei hat sich gezeigt, dass die Begriffe Interesse und Motivation einen Bezug zueinander aufweisen, weshalb im zweiten Abschnitt die Frage „*Interesse und Motivation: Zwei Seiten einer Medaille?*" als Leitfrage gewählt wurde. Die Antwort, darauf erscheint nach Betrachtung der dargestellten Konzeptionen zum Thema Motivation, insbesondere der intrinsischen Motivation, nicht eindeutig beantwortbar. Festgestellt

6.3. Zusammenfassung und Anmerkungen

werden kann jedoch, dass die beiden Konzeptionen zumindest teilweise Überschneidungen aufweisen und sich in ihren Aussagen ähnlich sind. Die Vorstellungen von Interesse, welche zu Beginn dieser Arbeit aufgezeigt wurden, zielen auf die Auseinandersetzung eines Subjekts mit einem konkreten bzw. abstrakten Objekt ab, welche ohne direkt feststellbare äußerliche Veranlassung stattfindet. Dieses Merkmal der fehlenden äußeren Veranlassung stellt ebenfalls ein konstituierendes Merkmal für intrinsisch motivierte Handlungen dar, wie sie in den oben dargestellten Ansätzen beschrieben wird. Der Versuch eine Gemeinsamkeit über die dargestellten Ansätze der intrinsischen Motivation herauszuarbeiten mündet in der Feststellung, dass sie alle etwas mit *Neuheit* oder *Neuartigkeit* und dem Verschaffen von Informationen über die als neuartig empfundenen Objekte bzw. Situationen zu tun haben, insbesondere diejenigen Konzepte, welche sich auf Exploration konzentrieren. Dies kann als eine Brücke zu den Interessenkonzeptionen gesehen werden. Die fehlende Thematisierung des Objekts in den physiologisch orientierten Ansätzen der intrinsischen Motivation steht dem Objektbezug der Interessenkonzeptionen nicht unbedingt entgegen, da diese zwar nicht das Objekt an sich thematisieren, wohl aber seine subjektive Interpretation und die damit verbundenen physiologischen Reaktionen, was als einen indirekten Objektbezug gewertet werden kann.

Festgehalten werden kann, dass es sich bei Interesse und Motivation um zwei Konzepte mit Überschneidungen und Schnittstellen handelt, welche nicht einwandfrei getrennt voneinander betrachtet werden können, sondern als interagierend und teilweise einander bedingend gesehen werden müssen. Die Fragen: „Was hat das In-

6. Interesse und Motivation: Zwei Seiten einer Medaille?

dividuum motiviert eine spezifische Handlung auszuführen?" liegt somit nahe an der Frage: "Was war das Interesse des Individuums bei Durchführung der Handlung?"

Die mögliche Unterscheidung zwischen beiden ergibt sich aus der Eigenschaft von Interesse als langfristig angelegter Eigenart von Personen. Diese wiederum wirkt jedoch in bestimmten Situationen motivierend. Oder in den Worten von Deci (1992):

> "Interest is a powerful motivator."
> [Deci (1992, S.43)]

In den folgenden Kapiteln dieser Arbeit wird davon ausgegangen, dass Interessen motivierend wirken in Bezug auf die Auseinandersetzung mit einem spezifischen Objekt, einer spezifischen Situation oder einer speziellen Person, die aufgrund ihrer Eigenschaften auf das Individuum interessant wirkten.

Wie aus den bisherigen Ausführungen über Interesse und Motivation ersichtlich war, geschieht die Auseinandersetzung mit diesen Themen unter dem Blickwinkel der positiven Zuwendung einer Person zu einem Objekt, einer Person, einem Thema oder einer Situation. Empirische Studien haben jedoch gezeigt, dass es bei Lernenden im Verlauf eines längerfristigen Lernprozesses zu einer Abnahme des thematischen Interesses kommt.[34] Die Frage, welche in den oben dargestellten Betrachtungen bisher ausgeklammert war, muss folglich lauten: Wenn man die Intensität von Interesse auf einer Skala messen will, wie lauten dann die beiden Endpunkte? Sind es Interesse und kein bzw. Desinteresse oder sieht man Ab-

---
[34]vgl. beispielsweise Baumert und Köller (1998).

6.3. Zusammenfassung und Anmerkungen

neigung gegenüber einem Objekt als den negativen Gegenpol zu Interesse? Daraus ergeben sich für die Forschung auf dem Interessengebiet natürlich neue Aufgaben, nämlich zu untersuchen, wie es zu Abneigungen kommt, welche dann den Lernprozess behindern und wie diesen vorgebeugt bzw. entgegengewirkt werden kann. Dies spielt insbesondere eine wichtige Rolle bei der Förderung des von Wirtschaft und Politik geforderten Konzepts des *lebenslangen Lernens*[35] in allen Bereichen, insbesondere in Organisationen.

Da sowohl Konzeptionen von Interesse als auch von Motivation Bezug nehmen auf Gefühlsempfindungen wird sich das folgende Kapitel intensiv mit Emotionen im Allgemeinen und Interesse im Besonderen auseinander setzen um eine Antwort auf die Frage zu finden, ob es sich bei Interesse um eine Emotion handelt.

---

[35] vgl. hierzu die Aussagen von Krapp (2000).

7. Interesse – eine Emotion?

Bei den Beschreibungen der verschiedenen psychologischen/ pädagogischen Interessenkonzeptionen im vorangegangenen Kapitel wurden immer wieder Emotionen bzw. Gefühle genannt, welche bei der Wirkungsweise von Interessen eine Rolle spielen, bzw. Interesse als ein emotionales Empfinden bestimmen. So z.B. die emotionale Bedeutung von Interessensgegenständen bei Dewey (1975), die positiven Gefühle in Bezug auf Interessen bei Kerschensteiner (1928) und bei Piaget (1974) als affektive Komponente der Adaption. Dabei wird jedoch die Frage, ob es sich bei Interesse um eine Emotion „an sich" handelt, nicht beantwortet.

In dem nun folgenden Kapitel soll deshalb der Frage nachgegangen werden, ob es sich bei Interesse um eine Emotion handelt. Dazu wird in einem ersten Schritt geklärt werden, was in einer psychologischen Perspektive unter Emotionen verstanden wird. Hierzu werden Aussagen der Emotionspsychologie herangezogen werden, um allgemeine Definitionsmerkmale zu identifizieren und dann in einem weiteren Schritt zu untersuchen, ob diese Merkmale auf den Interessenbegriff anwendbar sind. Dabei wird insbesondere auf den Begriff der Basisemotionen Bezug genommen um abzuklären, ob es gerechtfertigt ist bei Interesse von einer Basisemotion zu sprechen.

7. *Interesse - eine Emotion?*

7.1. Zum Stand der Emotionspsychologie

Die wissenschaftliche Klärung des Emotionsbegriffs ist mit gewissen Schwierigkeiten verbunden, welche sich nach Alston (1981) auf zwei Fragestellungen zurückführen lassen. Die erste lautet: „Was sind Emotionen?" Und die zweite lautet: „Wie lassen sie sich unterscheiden?"[1]. Diese Fragestellung weist auf die Untergliederung der Emotionsforschung in *allgemeine Emotionsforschung* und *spezielle Emotionsforschung* hin. In diesem Teil der Arbeit wird zuerst auf die allgemeine Emotionsforschung eingegangen werden, indem verschiedene Kategorisierungen von bereits bestehenden Ansätzen und Theorien vorgestellt werden, um aus diesen dann allgemeine Merkmale von Emotionen zu extrahieren. Darauf aufbauend wird Interesse als spezifische Emotion betrachtet werden, um in einem späteren Kapitel die Grundlagen für Überlegungen zu Interesse im Rahmen von organisationalen Lernprozessen beleuchten zu können.

Obwohl laut Scherer (1990) kaum ein Klassiker der Psychologie ohne Raum für Emotionen innerhalb seines Theoriegebäudes auskommt[2] und ein ganzer Teilbereich der Psychologie existiert, der sich mit Emotionen befasst, nämlich die Emotionspsychologie, kann festgestellt werden, dass keinerlei Konsens über die Definition bzw. Konzeptualisierung von Emotionen existiert und dass „Emotionen zu den meist umstrittenen Phänomenen in der Psychologie gehören."[3]

Dies zeigt sich auch an der Vielzahl der existierenden Definitionen

---

[1] vgl. Alston (1981, S.9)
[2] vgl. Scherer (1990, S.2)
[3] Euler und Mandl (1983, S.5)

7.1. Zum Stand der Emotionspsychologie

zu dem Begriff Emotion. Allein Kleinginna und Kleinginna (1981) stellten 100 zur Zeit der Erstellung ihres Artikels existierende Emotionsdefinitionen dar und klassifizierten diese in 11 Kategorien. Seit diesem Zeitpunkt ist die Anzahl der existierenden Definitionen zum Begriff Emotion weiter gestiegen.

Es kann festgestellt werden, dass die Terminologie in Arbeiten zum Thema Emotionspsychologie recht umfassend, dabei jedoch ungenau und mehrdeutig zu sein scheint. Meist werden dabei Begriffe aus der Alltagssprache übernommen[4] oder auf Begriffe der Philosophie, z.B. Affekt und Emotion, zurückgegriffen, welche von verschiedenen Autoren in unterschiedlicher Art und Weise verwendet werden. Einige Begriffe werden sogar teilweise als Synonyme und von anderen Autoren als klar voneinander abgegrenzte Begriffe verwendet.

Um die Leitfrage dieses Kapitels, *„Handelt es sich bei Interesse um eine Emotion?"* zu beantworten, und ein für das Gesamtziel dieser Arbeit sinnvolles Emotionsverständnis zu entwickeln, sollen in den folgenden Abschnitten die gängigsten Definitionen und Ansätze zu diesem Thema dargestellt und beleuchtet werden. Dazu wird in einem ersten Schritt auf Kategorisierungsansätze verschiedener Autoren eingegangen und erst in einem darauf folgenden Abschnitt einzelne ausgewählte Theorien dargestellt, welche dem Erkenntnisinteresse dieser Arbeit als zweckdienlich erscheinen.

---

[4] Traxel (1972, S.235f) zeigt dies auf eindrucksvolle Weise am Beispiel des Terminus *Gefühl*, welcher in der Umgangssprache mindestens in fünf unterschiedlichen Bedeutungen verwendet wird.

7. Interesse - eine Emotion?

7.1.1. Kategorisierungsansätze für Emotionstheorien

Wie oben bereits angedeutet, existieren Theorien zum Thema Emotionen, wie Sand am Meer. Scherer (1990, S.8)pricht von einem „Wildwuchs von Theorievorschlägen", womit die teilweise verwirrende Vielfalt der Ansätze sehr treffend beschrieben ist. Um etwas Struktur in diese Vielfalt zu bringen, soll in einem ersten Schritt nicht auf einzelne Theorien eingegangen werden, vielmehr sollen *Ordnungssysteme* dargestellt werden, welche durch Kategorisierung Ordnung in das Chaos der existierenden Theorien zu bringen versuchen.

Ziel dieser Darstellung ist es, anhand der Kategorisierungen Merkmale von Emotionen zu extrahieren.[5]

7.1.1.1. Kategorisierung nach wissenschaftlichem Erkenntnisinteresse

Euler und Mandl (1983) unterteilen die existierenden Theorien der Emotionsforschung nach den wissenschaftlichen Teilgebieten der Psychologie, welchen diese nahestehen bzw. nach dem zugrundeliegenden Forschungsinteresse oder Erkenntnisinteresse der entsprechenden Ansätze. Sie identifizieren sieben Kategorien.

---

[5] Die Auswahl der im folgenden Abschnitt dargestellten Kategorisierungen erhebt keinen Anspruch auf Vollständigkeit. Dargestellt sind die Unterteilungen, welche ich bei der Durchsicht der Literatur zum Thema „Emotionstheorien" gefunden habe. Ziel dieses Abschnitts ist also nicht die vollständige Darstellung aller derzeit verfügbaren Kategorisierungen von Emotionstheorien, sondern die Identifikation von beschreibenden Merkmalen von Emotionen.

7.1. Zum Stand der Emotionspsychologie

1. *Psychobiologische und soziobiologische Ansätze.* Die zentrale Frage dieser Ansätze bezieht sich auf den Selektionsvorteil, welchen Emotionen im Rahmen der Phylogenese gebracht haben.[6]

2. *Psychophysiologische Ansätze*, mit der Frage nach den körperintern ablaufenden physiologischen Prozessen beim Auftreten von Emotionen.[7]

3. *Psychoanalytische Ansätze*, die im Unterschied zu den psychophysiologischen Ansätzen das Interesse auf die unbewusst ablaufenden psychischen Prozesse richten, welche zwischen einem emotionsauslösenden Reiz und dem vom Individuum gezeigten Verhalten liegen.[8]

4. *Lerntheoretische Ansätze*, die emotionales Verhalten in Abhängigkeit von Ereignissen in der Umwelt analysieren.[9]

5. *Kognitionstheoretische Ansätze*, welche die Rolle der Kognitionen im Rahmen der Aktualgenese der Emotionen untersuchen.[10]

6. *Attributionstheoretische Ansätze*, die zur Ursachenklärung von Emotionen bestimmte Formen von Kognitionen heranziehen.[11]

7. *Entwicklungspsychologische Ansätze*, welche sich im Gegensatz zu den psycho- und soziobiologischen Ansätzen mit der

---

[6] vgl. Schneider (1983, S.37ff)
[7] vgl. Birbaumer (1983, S.45ff)
[8] vgl. Kutter (1983, S.52ff)
[9] vgl. Euler (1983, S.62ff)
[10] vgl. Mandl (1983, S.72ff)
[11] vgl. Meyer (1983, S.80ff)

7. Interesse - eine Emotion?

Ontogenese von Emotionen befassen.[12]

7.1.1.2. Kognitionsbezogene Kategorisierung

Mandl und Huber (1983), die sich in ihrem Aufsatz mit dem Verhältnis von Emotion und Kognition befassen, kategorisieren die Ansätze unter diesem Aspekt. Sie identifizieren dabei drei Kategorien von Ansätzen.

1. *Ansätze, welche Emotionen als Bedingungen für kognitive Orientierung betrachten*, also Ansätze, die Emotionen einen aktivierenden Einfluss zusprechen, z.b. über Erregung bzw. welche die selegierenden Eigenschaften von Emotionen als Filter im Wahrnehmungsprozess betonen.

2. *Ansätze, welche Emotionen als postkognitive Phänomene betrachten* und somit deren Einfluss auf kognitive Bewertungsprozesse in den Mittelpunkt stellen.

3. *Ansätze, welche Emotionen und Kognitionen als interagierende Orientierungssysteme sehen* und die Interaktion zwischen Emotionen und Kognitionen in den Fokus rücken.

7.1.1.3. Kategorisierung nach Wesens- und Prozessmodellen

Ulich (1989) schlägt nach einer Analyse der existierenden Modelle eine Einteilung vor, welche die Frage nach der Wesensbestimmung von Emotionen mit einer zugrundeliegenden Einteilung in die Prozessmodelle

---
[12]vgl. Kasten (1983, S.85ff)

7.1. Zum Stand der Emotionspsychologie

- Reiz-Reaktions-Modelle
- Regelkreis-Modelle
- Handlungs-Modelle

als zentrales Ordnungsmerkmal heranzieht. Er unterscheidet dabei die folgenden drei Theoriekategorien:

1. *Biologisch-physiologisch fundierte Denkmodelle*
2. *Kognitiv-handlungstheoretisch fundierte Denkmodelle*
3. *Entwicklungsorientierte Denkmodelle*

7.1.1.4. Kategorisierung nach zentralen Komponenten

Scherer (1990)ordnet die zum Zeitpunkt der Erstellung seiner Arbeit existierenden Emotionstheorien nach in ihnen enthaltenen Aussagen zu den von ihm identifizierten, am Emotionsprozess beteiligten Komponenten. Diese sind

- die kognitive Komponente
- die neurophysiologische Komponente
- die Ausdruckskomponente
- die motivationale Komponente
- die Gefühlskomponente

7. *Interesse - eine Emotion?*

Diese Komponenten sieht Scherer (1990)als Zustandsformen von fünf organismischen Subsystemen,[13] deren Zusammenwirken als konstitutives Beschreibungsmerkmal für Emotionen betrachtet wird. Die Zuordnung der einzelnen Theorien zu den Kategorien ist in Tabelle 7.1 dargestellt.[14]

7.1.2. Merkmale von Emotionen - eine erste Bestimmung

Aus den oben dargestellten Kategorien zur Ordnung der Emotionstheorien lassen sich folgende, grundlegende Merkmale von Emotionen extrahieren:

- Emotionen wird eine Rolle bei der Auseinandersetzung von Individuen mit ihrer Umwelt zugesprochen. Dabei haben sie bestimmten Arten in ihrer Phylogenese einen Selektionsvorteil verschafft, was aus den psycho- und soziobiologischen Ansätze der Emotionsforschung hervorgeht.

- Sie beruhen auf körperinternen physiologischen und psychologischen Prozessen, was in den psychophysiologischen und psychoanalytischen Ansätzen diskutiert wird.

- Sie werden als situationsabhängig und in Verbindung mit kognitiven Prozessen stehend beschrieben, was in den lerntheoretischen und kognitionstheoretischen Ansätzen diskutiert wird.

---

[13] vgl. Scherer (1990, S.3ff),
[14] Da einzelne Theorien sich nicht eindeutig nur einer der genannten Kategorien zuordnen lassen kommt es in der Tabelle zu Mehrfachnennungen.

7.1. Zum Stand der Emotionspsychologie

Kategorisierung existierender Emotionstheorien nach den zentralen Komponenten				
Kognitive Komponente	Neurophysiologische Komponente	Ausdruckskomponente	Motivationale Komponente	Gefühlskomponente
Arnold (1960b) Lazarus (1968) Weiner (1982) Bandura (1977) Roseman (1984) Smith und Ellworth (1985) Frijda (1986) Solomon (1976) Schachter (1975) Mandler (1984) Berlyne (1960) Simonov (1970) Leventhal (1984) Bower und Cohen (1982) Lang (1984) u.a	James (1884) Lange (1910) Duffy (1934) Lindsley (1951) Young (1961) Arnold (1960b) Cannon (1915) Hebb (1949) MacLean (1975) Panksepp (1982) Papez (1937) Primbam (1967) u.a.	Darwin (1872) Tomkins (1962 and 1963) Ekman (1972) Izard (1971) Lersch (1932) Klages (1950) u.a.	Scott (1969) Panksepp (1982) Plutchik (1980) McDougall (1928) Leeper (1948) Buck (1985) Frijda (1986) u.a.	Wundt (1874) Davitz (1969) Traxel und Heide (1961) Sartre (1948) Hillman (1960) Heller (1980) u.a.

Tabelle 7.1.: Kategorisierung der emotionstheoretischen Ansätze nach Scherer. Entwickelt aus Scherer (1990), S.8ff

7. Interesse - eine Emotion?

- Sie entwickeln sich im Laufe der Ontogenese und besitzen verschiedene Komponenten, was in den entwicklungspsychologischen Ansätzen bzw. dem Komponentenansatz diskutiert wird.

Diese allgemeine Betrachtung der Eigenschaften von Emotionen reicht natürlich nicht aus, um der Frage nachzugehen, ob Interesse eine Emotion darstellt. Deshalb werden nach dem Exkurs zu Interesse als Basisemotion im darauf folgenden Abschnitt einzelne Theorien zuerst allgemein und dann in ihrer Anwendung auf das Interessenphänomen dargestellt.

Exkurs: Interesse als Basisemotion

Nachdem der letzte Abschnitt sich mit der allgemeinen Emotionsforschung beschäftigt hat, wird in diesem Abschnitt die spezifische Emotionsforschung in Bezug auf das Interessenphänomen im Mittelpunkt der Betrachtung stehen. Nach Mayring (1992) lassen sich aus der Gesamtheit von Klassifizierungsversuchen der verschiedenen Emotionen drei grundlegenden Strategien der Ordnung erkennen:

1. Durch die Zusammenfassung spezifischer Emotionen zu Gruppen wird die Entwicklung von Klassifikationssystemen verfolgt.

2. Durch die Identifikation von Grundlegenden Dimensionen werden zwei- oder dreidimensionale Koordinatensysteme aufgespannt, in denen die Position einzelner spezifischer Emotio-

7.1. Zum Stand der Emotionspsychologie

nen festgelegt werden kann.[15]

3. Es werden spezifische angeborene bzw. genetisch angelegte Basisemotionen identifiziert, welche aus der phylo- bzw. ontogenetischen Entwicklung abgeleitet werden.

Die Frage nach der Existenz sogenannter Basisemotionen oder auch Primäremotionen hat eine lange philosophische Tradition, wobei, wie zu erwarten war, verschiedene Philosophen untrschiedlichhe Emotionen als Basisemotionen identifiziert haben.[16] Aus der Betrachtung der Debatte über die Existenz sogenannter Basisemotionen ist ersichtlich, dass die meisten Forscher heute von ihrer Existenz ausgehen, auch wenn das Konzept von einigen teilweise heftig kritisiert wird.[17] Basisemotionen werden dabei konzipiert als solche Emotionen, welche sich kulturunabhängig bei allen Kindern entwickeln und sich somit auch in verschiedenen sozialen Systemen nachweisen lassen.[18] Ortony und Turner (1990) identifizieren in ihrem Artikel, in welchem sie die Zuordnung verschiedener Emotionen zu der Gruppe der Basisemotionen bei 14 Autoren untersucht haben, eine große Varietät. Ihre Ergebnisse sind in Tabelle 7.2 dargestellt.

Aus dieser Aufstellung lassen sich mit Ortony und Turner (1990) zwei verschiedene Konzeptionen, welche hinter Basisemotionen stehen, identifizieren. Die eine Konzeption legt biologische Ursachen,

---

[15] Beispiele hierfür sind der zweidimensionale Ansatz von Schlossberg (1952), welcher die Ergebnisse von Woodworth (1938) in ein zweidimensionales Koordinatensystem einordnet und diese in Schlossberg (1954) durch die dritte Dimension der Intensität erweitert; bzw. der dreidimensionale Emtionsraum von Wundt mit den drei unabhängigen, bipolaren Achsen: Lust - Unlust, Spannung - Lösung und Erregung - Beruhigung (vgl. Ewert (1983, S.413f)).
[16] vgl. beispielsweise die Ausführungen von Zimmer (1981).
[17] z.B. von Vogel (1996) und Averill (1980)
[18] vgl. Vester (1991, S.32) bzw. Kruse (1995, S.139)

7. Interesse - eine Emotion?

Basisemotionen bei unterschiedlichen Autoren		
References	Fundamental Emotion	Basis for inclusion
Arnold (1960a)	Anger, aversion, courage, dejection, desire, despair, fear, hate, hope, love, sadness	Relation to action tendencies
Ekman et al. (1982)	anger, disgust, fear, joy sadness, surprise	Universal facial expression
Frijda (1986)	Desire, happiness, *interest*, surprise, wonder, sorrow	Forms of action readiness
Gray (1982)	rage and terror, anxiety, joy	Hardwired
Izard (1971)	Anger, contempt, disgust, distress, fear, guilt, *interest*, joy, shame, surprise	Hardwired
James (1884)	Fear, grieve, love, rage	Bodily envolvement
McDougall (1926)	Anger, disgust, elation, fear, subjection, tender-emotion, wonder	Relation to instincts
Mowrer (1960)	Pain, pleasure	Unlearned emotional states
Oatley und Johnson-Laird (1987)	Anger, disgust, anxiety, happiness, sadness	Do not require propositional content
Panksepp (1982)	Expectancy, fear, rage, panic	Hardwired
Plutchik (1980)	Acceptance, anger, anticipation, disgust, joy, fear, sadness, surprise	relation to adaptive biological process
Tomkins (1984)	Anger, *interest*, contempt, disgust, distress, fear, joy, shame, surprise	Density of neural firing
Watson (1930)	fear, love, rage	Hardwired
Weiner und Graham (1984)	Happiness, sadness	Attribution independent

Tabelle 7.2.: Basisemotionen geordnet nach Autoren. Verändert übernommen aus Ortony and Turner (1990, S.316) [Hervorhebungen durch S.G.]

7.1. Zum Stand der Emotionspsychologie

die andere hingegen psychologische Ursachen für die Existenz von Basisemotionen zugrunde. In der biologischen Begründung spielt das Argument der adaptiven Funktion von Emotionen eine tragende Rolle[19], wohingegen bei der psychologischen Begründung von einer begrenzten Anzahl von Emotionen ausgegangen wird, welche dann zu nicht-basalen Emotionen kombiniert werden.

Eine solche Darstellung in Bezug auf Basisemotionen in Abhängigkeit von Autoren findet sich bei Kemper (1987), welcher seine Aufstellung vor dem Hintergrund der Identifikation von Emotionskomplexen durchführt und der Frage nachgeht, wie viele Emotionen es gibt und welche davon als Basisemotionen gewertet werden können.[20]

Abgesehen von der Fragestellung, ob es überhaupt so etwas wie Basisemotionen gibt, stellt sich bei der Betrachtung der oben stehenden Auflistung die Frage: Wenn es Basisemotionen gibt, wievielerlei existieren? Sind es nur zwei, wie bei Weiner und Graham (1984) oder 11, wie Arnold (1960a) postuliert? Des weiteren drängt sich bei der Vielfalt der genannten Gemütszustände die Frage auf, ob alle genannten tatsächlich auch Gefühle darstellen und auf welcher wissenschaftlichen Grundlage und empirischen Fundierung die Aussagen der Autoren beruhen. Da es sich hier nur um einen Exkurs zum Thema Basisemotionen und Interesse handelt werden diese Fragen nicht diskutiert werden. Zu ihrer Klärung sein auf die in Tabelle 7.2 auf Seite 224 genannte Literatur verwiesen.

---

[19]Bekanntester Vertreter hierfür dürfte wohl die psychoevolutionäre Theorie von Plutchik (1980) sein.

[20]Kemper (1987, S.266ff) identifiziert aus einer soziologischen Perspektive heraus nur Angst/Furcht, Ärger/Wut/Zorn, Trauer und Freude als Basisemotionen. Alles andere sind für ihn Mischformen.

7. Interesse - eine Emotion?

Wenn man eine Rangliste der Nennungen aufstellt, so zeigt sich, dass Furcht (Fear) mit neun Nennungen in den 14 dargestellten Ansätzen eine eindeutige Spitzenposition einnimmt, gefolgt von Ärger (Anger) mit sieben Nennungen, Trauer, Wut, Überraschung und Ekel mit jeweils fünf, Wut mit vier und *Intersse* mit „nur" drei Nennungen. Am unteren Ende der Auflistung rangieren Scham, Verzweiflung u.s.w. . Der Konsens über Interesse als Basisemotion beruht somit nicht auf einer so breiten Basis wie die Annahme von Furcht und Ärger. Somit kann die Frage ob es sich bei Interesse um eine Basisemotion handelt nicht eindeutig beantwortet werden. Die Tatsache jedoch, dass Interesse bei mehreren Autoren als Basisemotion gesehen wird und somit zumindest von diesen als überkulturell und universal eingestuft wird, rechtfertigt die Annahme, dass auch in Organisationen das Phänomen des Interesses auftritt, was im Rahmen des weiteren Vorgehens untersucht werden wird.

7.2. Interesse aus der Sicht des Komponentenmodells

Scherer (1990) entwickelt ein Verständnis von Emotionen als komplexe Prozesse verschiedener beteiligter Reaktionskomponenten oder -modalitäten, welches mit den Definitionsvorschlägen anderer Forscher konvergiert.[21] Die generelle Existenz der Komponenten scheint dabei unbestritten, die Unterschiede in den verschiedenen in Tabelle 7.1 dargestellten Ansätzen begründen sich in seiner Argumenta-

---

[21] vgl. beispielsweise Buck (1985), Frijda (1986) und Lazarus, Coyne und Folkman (1984).

7.2. Interesse aus der Sicht des Komponentenmodells

tion durch den unterschiedlichen Fokus der einzelnen Forscher.

7.2.1. Das Komponentenmodell im Überblick

Das Zustandekommen und Ablaufen verschiedener Emotionen sieht Scherer (1990) dabei als Vorgang des Zusammenspiels von subkortikalen und kortikalen Verarbeitungsmechanismen externer oder interner Reizungen, neurophysiologischer Veränderungsmuster, Motivationstendenzen und Gefühlszuständen, sowie dem motorischer Ausdruck.[22]

Zur Erklärung des Zusammenwirkens der Komponenten bei der Entstehung bzw. dem Ablauf von Emotionen definiert Scherer fünf Emotionskomponenten als Zustandsformen von fünf organismischen Subsystemen, welche eine jeweils eigene Funktion für das Verhalten und die Adaption des Organismus besitzen. Die Komponenten, ihre Subsysteme, sowie deren Funktion sind in Tabelle 7.3 wiedergegeben.

Emotionsprozesse sind dieser Auffassung nach durch eine enge Koordination der Veränderungen aller einzelnen Subsysteme im Interesse einer Gesamtmobilisierung des Organismus gekennzeichnet und übernehmen folgende Aufgaben:[23]

- *Informationsverarbeitungs-Subsystem*: Oft als kognitive Komponente bezeichnet. Verantwortlich für die Reizbewertung (intern und extern). Zustand des Subsystems besteht aus Ergebnis der Wahrnehmung, Erinnerung, Vorhersage / Bewertung

---

[22] vgl. Scherer (1990, S.3),
[23] vgl. Scherer (1990, S.5ff),

7. Interesse - eine Emotion?

von Situationen, Beziehungen usw.

- *Versorgungs-Subsystem*: Dient der homöostatischen Regulation des Organismus und der Erzeugung der instrumentellen Handlungsenergie; besteht vorwiegend aus neuroendokrinem System und autonomen Nervensystem; Zustandserfassung durch hormonale und autonome Variablen.

- *Steuerungs-Subsystem*: Dient der Entscheidung über und Planung von instrumentellen Handlungen; die Substanz dieses Systems wird gebildet aus verschiedenen Strukturen des Zentralnervensystems.

- *Aktions-Subsystem*: Zugrundeliegend ist das Zentralnervensystem und quergestreifte Muskulatur; dient dem Ausdruck und damit der Kommunikation.

- *Monitor-Subsystem*: Kontrollsystem, welches den aktuellen Zustand aller anderen Systeme reflektiert und somit Aufmerksamkeit auf für den Organismus wesentliche Um- und Innenwelten lenkt.

An dieser Stelle erscheint es wichtig anzumerken, dass die Emotionskonzeption von Scherer (1990) den bisher existierenden, eher reduktionistischen Emotionskonzeptionen gegenübersteht. Die Vollständigkeit der genannten Komponenten ist kein konstitutives Merkmal für Emotionen. Beispielsweise können Emotionen empfunden werden, ohne dass die Ausdruckskomponente aktiv ist.

Im folgenden Abschnitt werden einzelne, für das Erkenntnisinteresse dieser Arbeit als relevant betrachtete Komponenten des Modells

7.2. Interesse aus der Sicht des Komponentenmodells

Scherer's Komponentenmodell		
Funktion	**Subsystem**	**Komponenten**
Reizbewertung	Informationsverarbeitungssystem	Kognitive Komponente
Systemregulation	Versorgungssystem	Neurophysiologische Komponente
Handlungsvorbereitung	Steuerungssystem	Motivationale Komponente
Kommunikation von Reaktion und Interaktion	Aktionssystem	Ausdruckskomponente
Reflexion und Kontrolle	Monitorsystem	Gefühlskomponente

Tabelle 7.3.: Komponenten, Subsysteme und Funktionen im Komponentenmodell von Scherer. Aus Scherer (1990), S.4

in Bezug auf das spezifische Interessenphänomen dargestellt. Es sind dies die neurophysiologische Komponente, welche eine wichtige Rolle für das Verständnis von subjektiven Emotionsvorgängen und Empfindungen spielt und zum Anderen die Ausdruckskomponente, welche für die soziale Dimension der Emotion Interesse zentrale Bedeutung erhält. Auf die Darstellung der motivationalen Komponente wird an dieser Stelle verzichtet, da das Thema des Zusammenhangs von Motivation und Interesse bereits im Abschnitt 6 diskutiert wurde.

7.2.2. Neurophysiologische Komponente

In Bezug auf die neurophysiologische Komponente im Emotionsprozess kann festgehalten werden, dass diese von verschiedenen Ansätzen unterschiedlich interpretiert wird. Es lassen sich aber generell zwei verschiedene Ansatzrichtungen unterscheiden, welche in den folgenden beiden Abschnitten dargestellt werden und die gra-

7. Interesse - eine Emotion?

fisch in Abbildung 7.1 gegenübergestellt sind.

7.2.2.1. Peripheralistische Ansätze

Die erste der beiden Ausrichtungen umfasst die sogenannten *Peripheralistischen Ansätze*. Theorien dieser Kategorie gehen insbesondere auf die Arbeiten von James (1884) und Lange (1910)[24] zurück welche oft auch zusammenfassend als die James-Lange-Theorie bezeichnet wird.[25]

Die Gruppe der peripheralistischen Ansätze umfasst solche Theorien, die sich eher auf periphere und autonome Prozesse konzentrieren. Sie betrachten die autonome Erregung als Determinante von Gefühlszuständen. Die grundlegende Aussage dieser Theorien ist, dass Perzeptionen Veränderungen der Viszera[26] und der Skeletmuskulatur auslösen, deren Verlauf sensorisch an die Hirnrinde zurückgemeldet wird.[27] Die damit gegebene bewusste Wahrnehmung der organischen Veränderung wird als Emotion gesehen. In diese Gruppe gehören u.A. die Ansätze von Schachter[28] und Mandler (1984), die im Gegensatz zu der James-Lange-Theorie eine unspezifische autonome Erregung annehmen, welche die entscheidende Rolle bei der Auslösung von kognitiven Attributionsprozessen spielt. Theorien dieser Kategorie können den auf die Gefühlskomponente gerich-

---

[24] Bei Lange (1910) handelt es sich um die deutsche Übersetzung der Erstveröffentlichung aus dem Jahre 1885.
[25] vgl. Scherer (1990, S.11).
[26] Im Inneren der Schädel-, Brust-, Bauch- u. Beckenhöhle gelegene Organe (Eingeweide).
[27] Aufgrund der Schwierigkeiten der Messung der Veränderungen der Viszera verlagern sich viele dieser Ansätze auf die Beobachtung der Gesichtsmuskulatur und somit auf das Ausdrucksverhalten.
[28] vgl. Schachter (1975), bzw. Schachter und Singer (1962).

7.2. Interesse aus der Sicht des Komponentenmodells

teten Ansätzen zugeordnet werden, da die Wechelwirkungen beider im Mittelpunkt stehen.[29]

Die sehr weite Fassung der Theorie von James und Lange macht es schwierig diese zu falsifizieren. Einen diesbezüglichen Versuch hat Cannon (1915) unternommen. Dabei stellte er, gestützt auf empirische Ergebnisse von klinischen Untersuchungen fest, dass es bei der Unterbrechung von afferenten Nervenbahnen[30] nicht zum Erlöschen emotionaler Empfindungen kam. Ferner fand er heraus, dass die viszeralen Aktivitäten zu langsam und zu undifferenziert ablaufen, um die spontane Entstehung von Emotionen zu erklären.[31] Generell können die Aussagen der peripheren Theorien in folgendem Dreischritt zusammengefasst werden: Erkennen einer Situation führt zu Veränderung peripherer physiologischer Prozesse, welche ein Gefühlserlebnis auslösen.[32]

Für eine differenzierte Auseinandersetzung mit den einzelnen Vertretern der peripheralistischen Kategorie sei auf die in Tabelle 7.1 aufgelistete Literatur verwiesen.

7.2.2.2. Zentralistische Ansätze

Die zweite Gruppe von Ansätzen,welche die Gegenposition zu den im vorigen Abschnitt beschrieben peripheralistischen Ansätzen darstellt, wird weitläufig als Gruppe der *zentralistischen Ansätze* bezeichnet. Der Ursprung dieser Ansätze wird im Allgemeinen in der Arbeit von Cannon (1915) und dessen Kritik an James (1884) und

---
[29]vgl. Tabelle 7.1 bzw. Scherer (1990, S.14ff),
[30]Nervenbahnen, die von Sinnesorganen zum Zentralnervensystem führen.
[31]vgl. Izard (1971, S.117)
[32]vgl. Ewert (1983, S.416)

7. Interesse - eine Emotion?

Lange (1910) gesehen, welche im vorangegangenen Absatz kurz dargestellt wurde.

Theorien, welche dieser Gruppe zugeordnet werden können, befassen sich vorwiegend mit zentralen kortikalen - also von der Hirnrinde ausgehenden[33]- und limbischen Substraten[34] und den emotionsrelevanten Erregungsbahnen. Sie betrachten die autonome Erregung und ihre kontinuierliche Variation als hinreichende Determinante der Emotionsdifferenzierung. Dabei wird der Thalamus[35], für den der Kortex als hemmende Instanz gesehen wird, als eine Art Speicher emotionaler Verhaltensmuster betrachtet. Dieser Speicher schreibt jedem Reiz, der durch ihn hindurchgeht, eine spezifische emotionale Qualität zu. Somit kommt es nach der Thalamus-Theorie von Cannon (1915) nur dann zu Emotionen, wenn die hemmende Wirkung des Kortex auf den Thalamus nachlässt. Dies ist beispielsweise bei neuen, unerwarteten Situationen der Fall. Im Regelfall, also in vertrauten Situationen liegt jedoch eine Dominanz des Kortex gegenüber dem Thalamus vor und starke emotionale Regungen werden unterdrückt.

Seit der Entstehung der Emotionstheorie von Cannon (1915) hat sich natürlich die Neurophysiologie aufgrund von weiteren Forschungsergebnissen auf verwandten Gebieten und mit Hilfe des

---

[33] Unter kortikalen Zentren versteht man wichtige Teile der Hirnrinde, in denen z. B. Hör- u. Sehzentrum liegen.

[34] Unter dem limbischen System versteht man das Randgebiet zwischen Großhirn u. Gehirnstamm, das die hormonale Steuerung u. das vegetative Nervensystem beeinflusst u. von dem gefühlsmäßige Reaktionen auf Umweltreize ausgehen.

[35] Der Thalamus stellt den Hauptteil des Zwischenhirns dar. Im Thalamus werden Informationen aus der Umwelt oder der Innenwelt des Körpers gesammelt, verschaltet und gefiltert, bevor ein Teil von ihnen zur Großhirnrinde (Kortex) und damit ins Bewusstsein gelangt.

7.2. Interesse aus der Sicht des Komponentenmodells

technischen Fortschritts weiterentwickelt, weshalb es zu Modifikationen ihrer Aussagen gekommen ist. Die Grundaussage, dass an emotionalen Prozessen (sowie deren Kontrolle) sowohl kortikale als auch subkortikale Strukturen des zentralen Nervensystems beteiligt sind, hat jedoch nach wie vor Gültigkeit.[36]

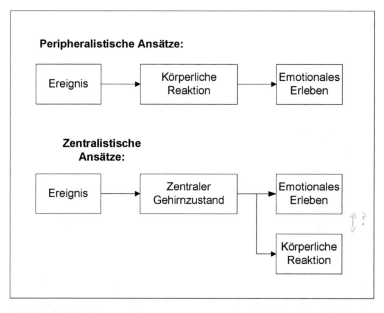

Abbildung 7.1.: Zustandekommen emotionalen Erlebens aus Sicht der zentralistischen und peripheralistischen Ansätze.

---

[36]vgl. Ewert (1983, S.418ff)

7. *Interesse - eine Emotion?*

7.2.2.3. Neurophysiologische Betrachtung von Interesse

Die Beschreibung der neurophysiologischen Vorgänge bei Auftreten von Interesse scheint bis heute relativ wenig erforscht. Dies mag daran liegen, dass *Interesse* ein verhältnismäßig schwierig einzugrenzendes Phänomen darstellt und nicht mit so prägnanten gesundheitlichen Auswirkungen wie beispielsweise Ärger[37] oder Stress[38] verbunden ist. Im Gegensatz dazu liegen neurophysiologische Untersuchungsergebnisse zu Phänomenen vor, welche in enger Verbindung zu Interesse stehen bzw. zu der Interessenreaktion gehörig betrachtet werden können.

Interesse bedeutet unter anderem die intensive Auseinandersetzung mit einem bestimmten konkreten bzw. abstrakten Gegenstand. Dies erfordert eine Konzentration der Aufmerksamkeit auf diesen unter weitgehender Ignorierung bzw. Filterung von Reizeinflüssen aus der nicht objektverbundenen Umwelt.[39] Den Zusammenhang von Interesse und selektiver Aufmerksamkeit stellt James (1890, S.165) in Bezug auf die Interessengeleitete Wahrnehmung von Individuen dar:

> „Each has selected, out of the same mass of presented objects, those which suited his private *interest*"
> [James (1890, S.165), Hervorhebung durch S.G.]

---

[37] vgl. hierzu den Exkurs in Bergknapp (2000, S.22-27)
[38] vgl. beispielsweise die Arbeit von Wolf (1965) zum Zusammenhang von Magenbeschwerden und Stress.
[39] Wundt (1874) hat hierfür den Begriff der *selektiven Aufmerksamkeit geprägt*.

7.2. Interesse aus der Sicht des Komponentenmodells

Und an anderer Stelle:

„We find it quite impossible to disperse our attention impartially over a number of impressions."
[James (1890, S.163)]

Somit sollten die neurophysiologische Vorgänge während des Auftretens des Interessenphänomens gekennzeichnet sein durch Selektionsvorgänge, welche Hernández-Peón, Scherer und Jouvett (1956) nachgewiesen haben.

Die optimale Auseinandersetzung mit dem Objekt erfordert dabei laut den Ergebnissen von Hokanson (1969) ein mittleres Aktivationsniveau, was auf den ersten Blick der in Abschnitt 6.2.2 dargestellten Theorie von der intrinsichen Motivation von Berlyne (1960), als ein dem Interesse als nahestehend identifizierten Ansatz widerspricht. Dieser Widerspruch löst sich jedoch bei genauerer Betrachtung auf, da intrinsische Motivation in einer neurophysiologischen Perspektive das Ziel hat Aktivitäten auszulösen, welche auf eine Reduktion des Erregungsgrades hin gerichtet sind. Das Erreichen eines mittleren Erregungsniveaus wird jedoch von Berlyne (1960) nicht als zwingendes Abbruchkriterium der motivationsinduzierten Aktivität gesehen.

Aus den oben genannten Arbeiten des zentralistischen Ansatzes in der Tradition von Cannon (1915) kann ferner geschlossen werden, dass bei dem interessegeleiteten Auseinandersetzen mit einem Gegenstand die Aktivität des Thalamus einen gewissen Grad nicht übersteigen dürfen. Ansonsten müsste der Kortex als Sitz der Sinneswahrnehmungen, deren Verbindungsstelle zum Bewegungsappa-

7. Interesse - eine Emotion?

rat und der intellektuellen Leistungen, als geschwächt angenommen werden. Für den Menschen würde dies bedeuten, dass die dort basierten entscheidenden Fähigkeiten wie Erkennen, Denken, Kombinieren und erinnern, geschwächt wären. Dies würde dem Interessenphänomen jedoch widersprechen.

Da der Schwerpunkt dieser Arbeit nicht auf dem neurophysiologischen Gebiet von Emotionen liegen kann und das Erkenntnisinteresse nicht primär ein subjektives, sondern die soziale Komponente von Emotionen sein soll, werden die bisher gemachten Aussagen zu der neurophysiologischen Komponente des Interessenphänomens als ausreichend betrachtet.[40] Die soziale Komponente der Emotion wird im folgenden Abschnitt beleuchtet, welcher sich mit dem Ausdruck von Emotionen und deren Wirkung auf interindividuelle Kommunikation befasst.

7.2.3. Ausdruckskomponente

In diesem Abschnitt wird auf die Ausdruckskomponente als Bestandteil der Kommunikation zwischen sozialen Individuen eingegangen. Die Relevanz für das Erkenntnisinteresse dieser Arbeit ist dabei evident, da Organisationen, worauf später noch eingegangen werden wird, als soziale Gebilde betrachtet werden können, in welchen Mitglieder im Rahmen ihrer Arbeitsverrichtung miteinander, durcheinander und gegeneinander kommunizieren.

Da nahezu alle modernen Ausdruckstheorien auf evolutionsbiologischen Überlegungen aufbauen, wird in einem ersten Schritt auf die

---

[40]Für eine weitere Vertiefung sei verwiesen auf Becker-Carus (1981), Izard (1977) und Schwartz (1980).

7.2. Interesse aus der Sicht des Komponentenmodells

Evolution des Ausdrucksverhaltens und dessen generelle Rolle bei der Kommunikation eingegangen. Im darauffolgenden Schritt steht dann die spezifische Ausdruckskomponente in Bezug auf Interesse im Mittelpunkt der Betrachtung.

7.2.3.1. Allgemeines zum Ausdrucksverhalten

Emotionsbegleitendes Ausrucksverhalten wird oft übersehen und ist in einigen Fällen schwer wahrnehmbar. Für die Beobachtung und Kategorisierung kommt erschwerend hinzu, dass idiosynkratische und soziokulturelle Faktoren beim Gefühlsausdruck eine wichtige Rolle spielen und kulturell unterschiedliche Regeln für den Ausdruck von Emotionen bestehen.[41] Dennoch existieren einige Merkmale des Ausdrucks spezifischer Emotionen kulturübergreifend.[42] Anhand dieser hat Izard (1977) emotionsspezifische Gesichtsausdrücke identifiziert, welche einen wesentlichen Bestandteil des sozialen Verhaltens bei höher entwickelten Primaten im Sinne eines Kommunikationssystem darstellen.

Die Auseinandersetzung mit den individuellen und sozialen Funktionen des Ausdrucks von Emotionen geht historisch betrachtet sehr weit zurück. Bereits Hippokrates beschäftigte sich im fünften Jahrhundert v. Chr. mit den expressiven Wirkungen von emotionaler Erregung, welche er auf Veränderungen in der Atmung und in dem Fluss der Körpersäfte zurückführte. Die Ausdruckserscheinungen stellen in dieser Sicht eine quasi automatische Folgen der

---

[41] vgl. hierzu beispielsweise die Ausführungen von Ekman (1972) und die Zusammenstellung der Probleme bei der Identifikation von Emotionen aus Gesichtsausdrücken bei Izard (1971, S.207-299) .

[42] vgl. den Exkurs über Basisemotionen auf Seite 222.

7. Interesse - eine Emotion?

internen Veränderung dar.[43] Aristoteles diskutierte ausführlich die Bedeutung des situativen Emotionsausdrucks für den strategischen Aspekt der Interaktion. Damit waren die beiden Ebenen der Auseinandersetzung mit dem Ausdruck von Emotionen, nämlich die intraindividuelle und die interindividuelle, bereits in der Antike vorgezeichnet.[44]

Bezüglich der interindividuellen Ebene spricht die Ethologie im Zusammenhang mit Ausdrucksverhalten von kommunikativen Signalen als sozialen Auslösern. Die wohl wichtigste Klasse dieser Auslöser stellen die Ausdrucksbewegungen dar. Soziale Auslöser können dadurch beschrieben werden, dass ihr Zeigen durch den Sender eine bestimmte Reaktion beim Empfänger auslöst. Eine Verhaltensweise wird zur Ausdrucksbewegung, wenn sie regelhaft einem spezifischen Erregungszustand zugeordnet werden kann, so dass ein anderer die entsprechende Motivation bzw. Handlungsintention des Senders erkennen kann.[45]

Dem Ausdrucksverhalten wird in evolutionärer Perspektive eine wichtige Rolle als Selektionsvorteil im Rahmen der Phylogenese einzelner Arten zugeschrieben.[46] In Bezug auf die konkreten Funktionen der Ausdrucksbewegungen können dabei nach Schneider und Dittrich (1990) drei verschiedene Aspekte differenziert werden.

1. *Ausdruck als Erregungsregulierung*: Die Energie von Emotio-

---

[43] vgl. Gardiner, Clark-Metcalf und Beebe-Center (1937, S.54)
[44] vgl. die Ausführungen von Scherer und Walbott (1990, S.347f)
[45] vgl. Schneider und Dittrich (1990, S.62f)
[46] Darwin (1872) stellte im Rahmen seiner Untersuchungen diesbezüglich fest, dass gegensätzliche Emotionen, wie z.B. Trauer und Freude auch diametral gegensätzliche Ausdrucksweisen bewirken, was sich für die vergleichende Erforschung des Ausdrucksverhaltens als fruchtbar erwiesen hat.

7.2. Interesse aus der Sicht des Komponentenmodells

nen und Affekten wird in Ausdrucksverhalten kanalisiert, wodurch es zu einer Regulierung des Erregungspotenzials kommt und der motivationale Zustand des Senders angezeigt wird.

2. *Verhaltenssteuerung der Artgenossen*: Dies kann im einfachsten Fall eine Stimmungsübertragung sein, jedoch auch das direkte Auslösen spezifischer Verhaltensformen.

3. *Symbolische Funktion*: Einige Verhaltensweisen haben symbolische Funktion und symbolisieren die Vorwegnahme späteren Verhaltens bzw. dienen dem Imponiergehabe.

Die zuerst genannte Funktion der Erregungsmodulation ist dabei durch zwei konträre Auffassungen geprägt. Die eine Sichtweise kann als *Katharsishypothese* bezeichnet werden und versteht Ausdrucksverhalten als Kanalisierung der Emotion in motorische Aktivität.[47] Die Gegenposition hierzu nehmen Ansätze ein, welche das Postulat der *propriozeptiven Rückmeldung* vertreten. Ihrer Auffassung nach bewirkt der motorische Ausdruck der Emotion über Selbstwahrnehmung eine Steigerung der Intensität der Emotion.[48]

Evolutionstheoretisch steht neben den oben genannten generellen Aspekten die Relevanz des emotionalen Ausdrucks für die Etablierung sozialer Kommunikation und somit für die Entstehung sozialer Organisationsformen im Mittelpunkt des Interesses. Dem emotionalen Ausdruck wird diesbezüglich eine wichtige Funktion zugeschrieben, denn...[49]

---

[47] vgl.z.B. Dollard, Doob, Miller, Mower und Spears (1939) und Lorenz (1963)
[48] Vertreter dieser Auffassung sind beispielsweise Tomkins (1984) und Laird (1974).
[49] vgl. Scherer und Walbott (1990, S.351f)

7. Interesse - eine Emotion?

- ... es ist wichtig für die Wahl der eigenen Verhaltensstrategie den emotionalen und motivationalen Zustand des Kommunikationspartners zu kennen und seine emotionale Reaktionen einschätzen zu können.

- ... von einer vermuteten Emotion kann meistens nicht auf eine Verhaltensitention geschlossen werden; es kommt also auf die jeweilige Form des Emotionsausdrucks an.

- ... es fungiert als eine Anzeige zum Aufbau, Abbruch oder Veränderung einer Beziehung.[50]

Diese Beschreibung der Funktionen des emotionalen Ausdrucksverhaltens ist wie gesagt stark evolutionstheoretisch inspiriert und kann somit für das Erkenntnisinteresse dieser Arbeit nur als Beitrag zum Grundverständnis von Emotionen gesehen werden. Die Implikationen des Ausdrucksverhaltens für das Interessenphänomen werden im folgenden Abschnitt diskutiert.

7.2.3.2. Ausdrucksverhalten und Interesse

Die Frage, wie denn nun der konkrete Gesichtsausdruck der Interessenemotion aussieht beantwortet Izard (1977) unter dem Hinweis, dass es im Vergleich zu anderen Emotionsausdrücken schwierig ist den typischen Gesichtsausdruck bei Interesse eindeutig zu beschreiben, da Interesse eine nicht so prägnante Emotion darstellt wie z.B. Freude und Wut:

---

[50] Frijda (1986) spricht in diesem Zusammenhang von Ausdrucksverhalten als *relational behavior*.

7.2. Interesse aus der Sicht des Komponentenmodells

„The innate expression probably involves a slight rising (or lowering) of the eyebrows and a slight widening (or narrowing) of the eyelid opening as though to increase the field of vision (or sharpen the focus of the eyes.) Some of the facial activity in interest consists of increased muscle tone, without readily observable movement. In general the interested person takes on the countenance of a person who is tracking, looking, listening, and maintaining a high degree of attention and alertness."
[Izard (1977, S.215)]

Dabei zeigt die Person Anzeichen von Aufmerksamkeit, Neugierde und Faszination.[51] Eine grafische Darstellung des Gesichtsausdrucks der Interessenemotion ist in Abbildung 7.2 wiedergegeben.

In Bezug auf die Funktion der Ausdrucksformen kann festgestellt werden, dass obwohl es einige funktionale Spezialisierungen einiger Ausdrucksformen zu geben scheint, diese meistens als multifunktional konstatiert werden. Zur Integration dieser Multifunktionalität kann dem Vorschlag von Scherer und Walbott (1990) folgend auf das Modell der kommunikativen Zeichen von Bühler (1982) zurückgegriffen werden.[52] Demnach ist ein Sprachzeichen...

„*Symbol* kraft seiner Zuordnung zu Gegenständen und Sachverhalten, *Symptom* (Anzeichen, Indizium) kraft seiner Abhängigkeit vom Sender, dessen Innerlichkeit es ausdrückt, und *Signal* kraft seines Appells an den

---
[51] vgl. Izard (1977, S.85)
[52] vgl. Bühler (1982, S.28)

7. Interesse - eine Emotion?

Abbildung 7.2.: Emotionsausdruck: Interesse. Aus Izard (1977, S.85)

Hörer, dessen äußeres oder inneres Verhalten es steuert wie andere Verkehrszeichen. "
[Bühler (1982, S.28), Hervorhebungen im Original]

Abbildung 7.3 überträgt dieses Modell der Sprachzeichen auf nonverbale Ausdruckszeichen, wie den mimischen Ausdruck im Allgemeinen und den emotionalen Gesichtsausdruck im Besonderen.

In der hier dargestellten Erweiterung des Organon-Modells wird die oben angesprochene dreifache Funktion des Zeichens in Beziehung gesetzt zu einer auf den Zeichenfunktionen der Semiotik beruhenden Funktionskategorisierung des nonverbalen Verhaltens. Das

7.2. Interesse aus der Sicht des Komponentenmodells

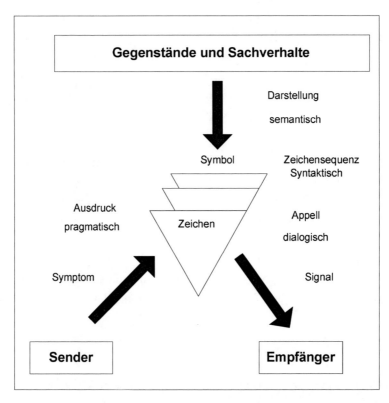

Abbildung 7.3.: Das Organon-Modell nach Bühler. Aus Bühler (1982, S.28)

7. Interesse - eine Emotion?

Modell postuliert, dass jede Folge von Ausdruckszeichen eine semantische Funktion ausübt, indem sie Gegenstände, Sachverhalte oder Ereignisse als Symbol darstellt, im Rahmen einer pragmatischen Funktion als Symptom wirkt und schließlich im Sinne einer dialogischen Appellfunktion als Signal einer Veränderung der Beziehung zum Empfänger dient oder ein bestimmtes Verhalten beim Empfänger bewirkt.[53] Aus diesen Aussagen heraus wird ersichtlich, dass das emotionale Ausdrucksverhalten weit mehr Funktionen beinhaltet als dies ursprünglich von Hippokrates angenommen wurde.

Was bedeutet dies nun für die hier im Fokus der Aufmerksamkeit stehende Interessenemotion? Unter den Annahmen des Organon-Modells von Bühler (1982) kann der Interessenausdruck, beispielsweise ein interessierter Gesichtsausdruck, in seiner semantischen Darstellungsfunktion das Symbol für einen bestimmten interesseauslösenden Gegenstand (oder Situation bzw. Ereignis) darstellen. In seiner pragmatischen Ausdrucksfunktion kann er das Symptom für einen spezifischen Zustand (z.B. wachsame, selektive Aufmerksamkeit) oder eine Verhaltensintension (z.B. bevorstehende Annäherung und intensive Untersuchung / Auseinandersetzung mit dem Objekt / Gegenstand / Situation) darstellen.

Die Betrachtung und Bestimmung der dialogischen Appellfunktion des Interessenausdrucks stellt sich im Vergleich zu anderen Emotionen[54] schwierig dar. Eine Veränderung der Beziehung zwischen Sender und Empfänger erscheint wenig evident. In der dialogischen

---

[53]vgl. hierzu auch die Aussagen in Scherer (1988) bzw. Scherer (1978).
[54]vgl. beispielsweise die Ausführungen zur Appellfunktion des Ärgerausdrucks bei Bergknapp (2000).

7.2. Interesse aus der Sicht des Komponentenmodells

Appellfunktion kann der Ausdruck von Interesse jedoch ein motivierendes Signal für einen Empfänger darstellen, sich ebenfalls mit dem Interessengegenstand (der Situation oder dem Ereignis) auseinander zu setzen. Diese Wahrnehmung des Emotionsausdrucks beruht nach Lipps (1907) auf dem sogenannten Nachahmungstrieb. Dabei wird davon ausgegangen, dass ein Beobachter unbewusst das gesehene Ausdrucksverhalten des Senders nachahmt, was in dem Beobachter ein ähnliches Gefühl auslöst.[55]

7.2.4. Die subjektive Komponente

Es gehört wohl zu den wenigen Annahmen über Emotionen, welche einen breiten Konsens unter den auf diesem Gebiet tätigen Forschern finden, dass Emotion als subjektive Komponente ein individuelles Gefühl bei der betroffenen Person auslöst. In dieser Sicht bezeichnet Gefühl einen konkret erlebten Zustand des Individuums.[56] Dennoch wird dieser Komponente in der Emotionsforschung relativ wenig Beachtung geschenkt. Der Grund dafür liegt wahrscheinlich darin, dass es sich bei der subjektiven Komponente der Emotion um eine forschungstechnisch nur sehr schwer zugäng-

---

[55] Dieser Bereich der Empathieforschung greift also auf die Aussagen der peripheren Ansätze zurück und geht somit von einer propriozeptiven Rückwirkung des Ausdrucks auf die Intensität der Emotion aus.

[56] Die Begriffe Emotion und Gefühl werden in den verschiedenen Abhandlungen der Emotionspsychologie bzw. -soziologie meist uneinheitlich und ohne genaue Abgrenzung verwendet. Dies gilt insbesondere für die angelsächsische Literatur, in welcher die Begriffe *feeling* und *emotion* in der Regel promiscue verwendet werden. Meist herrscht sogar Unklarheit darüber, was im einzelnen konkreten Fall eigentlich gemeint ist (vgl. Jaspers (1946, S.90)) In Bezug auf die subjektive Komponente der Emotion besteht hingegen der Konsens, dass Gefühl ein Begriff für die subjektive Erfahrung von emotionalen Vorgängen ist (vgl. Ewert (1983, S.399)).

7. Interesse - eine Emotion?

liche Seite der Emotion handelt. Aus diesem Grund wird hier nur kurz auf die Möglichkeiten zur Erforschung von subjektiven Erfahrungen eingegangen. Generell lassen sich dabei zwei dominante Ansätze unterscheiden. Dies ist zum einen der dimensionale Ansatz unter Zuhilfenahme von dimensionalen Bewertungsskalen und zum anderen der diskrete Ansatz unter Zuhilfenahme der differenziellen Emotionsskala.

Der *Dimensionale Ansatz* zur Beschreibung von Emotionen geht auf das erstmalig von Spencer (1890) beschriebene Kontinuum von Angenehm bis Unangenehm zurück und die Erweiterung durch Wundt (1905) auf die Dimensionen Angenehm-Unangenehm, Aufregung-Ruhe und Spannung-Entspannung. Um eine konkret vorgegebene Emotion in ihrer subjektiven Empfindung erfassen zu können werden mit Hilfe von standardisierten Fragebögen die emotionalen Eindrücke von Versuchspersonen gesammelt und die spezifische Emotion hinterher auf dem entsprechenden Koordinatensystem verortet.

Der *Diskrete Ansatz* zur Beschreibung von Emotionen geht davon aus, dass die Basisemotionen und bestimmte andere affektive Zustände qualitativ unterschiedlich ausgeprägt sind und vom Individuum identifiziert und einem Beobachter berichtet werden können.

In Bezug auf die hier im Fokus der Betrachtung stehende Interessenemotion ermittelte Izard (1977) folgende subjektiven Gefühlsempfindungen: Beim Auftreten von Interesse empfinden die meisten Individuen das Gefühl von beteiligt, gefesselt, fasziniert und neugierig sein. Sie beinhaltet die Empfindung des Erforschen wollens, sich durch das Einholen neuer Informationen ausdehnen zu wollen

7.2. Interesse aus der Sicht des Komponentenmodells

und neue Erfahrungen mit dem Objekt oder der Person zu machen, welches bzw. welche das Interesse ausgelöst hat. Das Subjekt fühlt sich dabei animiert und belebt. [57]

7.2.5. Anmerkungen zum Komponentenmodell

Welche spezifischen Schlussfolgerungen lassen sich aus den hier dargestellten Aussagen des Komponentenmodells in Bezug auf die spezifische Interessensfunktion ziehen? Zuerst einmal kann festgehalten werden, dass die meisten der Komponenten sich auf die Individualebene beziehen. Von den fünf in Tabelle 7.3 auf Seite 229 aufgelisteten Komponenten bezieht sich lediglich die Ausdruckskomponente auf die soziale Dimension von Emotionen. Alle anderen nähern sich aus verschiedenen Richtungen dem Emotionsphänomen auf individueller Eben.

Ungeklärt bleibt dabei, ob es unterschiedliche Intensitäten der Interessenemotion gibt und wie diese unterschieden werden können. Auch der Zusammenhang von Interesse und Lernprozessen, welcher für das Erkenntnisinteresse dieser Arbeit zentral ist, bleibt aus der Sicht des Komponentenmodells weitgehend unberücksichtigt.[58]

Die Aufteilung von komplexen Sachverhalten in verschiedene Komponenten ist als Methode in der Psychologie und der Philosophie weit verbreitet, aber auch nicht unumstritten. Einen diesbezüglich wichtigen theoriebezogenen Kritikpunkt am Komponentenmodell

---

[57] vgl. Izard (1977, S.216)
[58] Aus diesem Grund wird sich der Abschnitt 10 nicht mit dem Zusammenhang von Interesse, Lernen und Leistung im Komponentenmodell der Emotion befassen, sondern Interesse holistisch als Phänomen mit einer emotionalen Komponente betrachten.

7. Interesse - eine Emotion?

von Scherer (1990) bringt Mees (1991), indem er auf die Gefahr hinweist, dass die einzelnen Komponenten, welche sich auf einen Forschungsgegenstand beziehen, sich theoretisch verselbständigen und nach und nach nicht mehr integrierbar werden.[59] Auch dem Vorwurf der Begriffsinflation, Begriffsvermischung und mangelnder Begriffsexplikation von Vogel (1996) bzw. Herrmann (1982) muss beigepflichtet werden.

Die in dem Modell inhärente Annahme, dass keine der beschriebenen Komponenten eine notwendige oder hinreichende Bedingung für eine Emotion darstellt, bedeutet im Umkehrschluss, dass jedes dieser Elemente bzw. jede beliebige Kombination, konstitutiv für eine Emotion sein kann. Ansonsten wäre eine Emotion nicht zu definieren.[60]

Auch die expressiven Eigenschaften von Emotionen können mit Hilfe des Komponentenmodells nicht schlüssig erklärt werden, da Gefühle bewusst dargestellt oder unterdrückt werden können und der jeweilige Emotionsausdruck sozio-kulturell überformt ist. Nach Mees (1991) qualifiziert auch der beobachtete Gesichtsausdruck sich nicht als konstitutives Element von Emotionen, da hier eine Symptom-Ursache-Verwechslung vorliegt.[61]

Aus diesen Kritikpunkten heraus konstruiert und begründet Mees (1991) sein Strukturmodell der Emotionen, auf welches im folgenden Abschnitt eingegangen wird.

---

[59] vgl. Mees (1991, S.185)
[60] vgl. Mees (1991, S.185)
[61] Mees (1991, S.187) verwendet hier das eingängige Bild der Verwechslung von Anzug und dessen Träger.

7.3. Interesse aus der Sicht des Strukturmodells

Wie im letzten Absatz des vorigen Abschnitts bereits angesprochen entstand das *Strukturmodell der Emotionen* von Mees aus der Kritik an dem Komponentenmodell der Emotionen. Im Rahmen des nun folgenden Abschnitts wird zuerst auf das Modell im Allgemeinen eingegangen werden um darauf folgend Interesse als spezifische Emotion in der Sicht des Strukturmodells zu diskutieren. Das Ziel dabei ist festzustellen, ob Interesse als eine Emotion im Sinne von Mees (1991) bezeichnet werden kann und welchem Emotionstyp es zugeordnet werden kann.

7.3.1. Allgemeine Beschreibung des Strukturmodells

Das von Mees (1991) vorgestellte Strukturmodell der Emotionen beruht auf Überlegungen von Ortony, Clore und Collins (1988) und betrachtet Emotionen aus einer Bewertungsperspektive. Emotionen werden dabei als Bewertungsreaktionen konzipiert, wobei jede einzelne Bewertungsreaktion immer auf drei grundlegende Perspektiven beruht.[62] Diese drei Perspektiven resultieren aus dem was dem Forscher bei wissenschaftlichen Analysen als seine Umwelt begegnet und womit sich jeder Mensch auseinandersetzen muss, nämlich *Dinge, Personen* und *Ereignisse*.[63]

---

[62]vgl. Ortony et al. (1988, S.18)
[63]vgl. Graumann und Willig (1983, S.317) Dabei wird davon ausgegangen, dass ein geäußertes Gefühlswort eines Individuums eine Bewertung, entweder positiver oder negativer Art, in der Konstellation: Jemand (Bewertender) bewertet etwas/jemanden (eine von drei unterschidlichen intentionalen

7. Interesse - eine Emotion?

Aus diesen Perspektiven werden drei unterschiedliche Objektklassen von Emotionen gebildet:[64]

1. Ereignis-fundierte Emotionen: Ereignisse-> Auffassungen des Menschen über die Welt bzw. ihre Veränderung, samt ihren Implikationen

2. Emotionen, die auf Tun und Lassen von Urhebern beruhen: Frage nach dem Grund steht im Vordergrund: Warum tut ein Urheber etwas?

3. Objektfundierte Emotionen (Bezugsemotionen): Aufgrund von Eigenschaften/Fähigkeiten/Merkmalen der Objekte/Personen

Die Gesamtstruktur des Modells ist in Abbildung 7.4 auf Seite 252 wiedergegeben.

Ziel der Überlegungen von Ortony et al. (1988) war das Identifizieren von psycho-logischen Emotionstypen, welche als überindividuell betrachtet werden.[65] Zentral bei der Entwicklung des Modells ist die Annahme von Emotionstypen als Gruppe von Emotionen, denen konstitutive Merkmale gemeinsam sind und welche untereinander durch eine unterschiedliche Intensität der gewählten Begriffe abgrenzbar sind.[66] In Bezug auf die Intensität muss dabei angemerkt werden, dass Intensität von Gefühlen, wenn überhaupt

---

Objektklassen)in Bezug auf etwas (also nach bestimmten Bewertungskriterien).

[64] vgl. Mees (1991, S.43ff).

[65] Hier spiegeln sich ähnliche Überlegungen wieder, wie sie bereits in Bezug auf Basisemotionen diskutiert wurden, nämlich die universelle Nachweisbarkeit spezifischer Emotionen.

[66] vgl. Mees (1991, S.42)

7.3. Interesse aus der Sicht des Strukturmodells

dann ordinalskaliert werden kann, da es unmöglich ist aus einem subjektiven Gefühl heraus festzustellen, dass man sich über etwas 2,5 mal stärker ärgert als über etwas anderes.[67]

7.3.2. Interesse im Strukturmodell der Emotionen

Die Frage, welche sich bei der Betrachtung des Strukturmodells der Emotionen von Mees (1991) stellt, lautet: Kann Interesse in dieser Sicht als Emotion klassifiziert werden und wenn ja, wo ist sie innerhalb des Modells einzuordnen?

Interesse beruht, wie in Kapitel 5.5 bereits dargestellt, auf einer Subjekt-Objekt-Beziehung, wobei das Objekt des Interesses eine Wertschätzung durch das Subjekt erfährt. Bei Betrachtung der Kategorisierung, welche Mees (1991) vornimmt kann festgestellt werden, dass Interesse somit in den rechten Zweig der grafischen Darstellung des Modells auf Seite 252 eingeordnet werden kann.[68] Interesse kann somit dem Emotionstyp der Beziehungsemotionen zugerechnet werden, welcher die Beziehung zwischen Person und Objekt charakterisiert und entweder sozial oder nicht-sozial ausgeprägt sein. Dabei kann sich die Relation auf das ganze Objekt bzw. die ganze Person beziehen oder nur auf Teile davon.[69] Dabei weist Mees darauf hin, dass das Objekt des Interesses für das Individuum einen gewissen subjektiven *Wert* besitzen muss, es muss werthaltig sein. Hier zeigt sich die Nähe der Wertschätzungsemotion zu den in Kapitel 5 dargestellten Interessenkonzeptionen.

---

[67] vgl. Smelsund (1988, S.39)
[68] Der entsprechende Bereich ist in Abbildung 7.4 grafisch hervorgehoben.
[69] vgl. Mees (1991, S.145ff)

7. Interesse - eine Emotion?

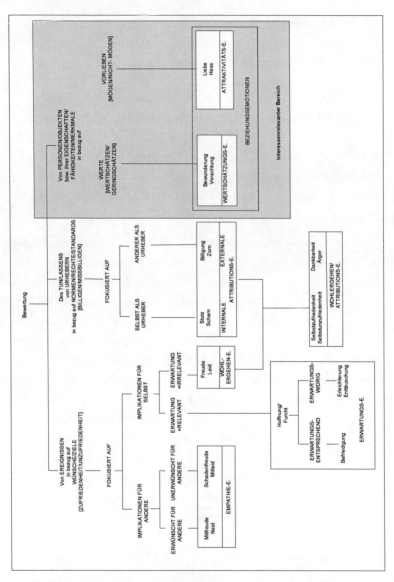

Abbildung 7.4.: Strukturmodell der Emotionen. Verändert übernommen aus Mees (1991,S.55)

7.4. Zusammenfassung

Die Frage, welche im Rahmen dieses Kapitels diskutiert wurde, bezog sich auf die Möglichkeit der Kategorisierung von Interesse als Emotion. Dazu wurden Ergebnisse aus dem Gebiet der Emotionsforschung betrachtet und festgestellt, dass Interesse in den zwei derzeit aktuellsten Modellen auf diesem Gebiet eingeordnet werden kann. Dazu wurden die Modelle von Scherer (1990)und Mees (1991) dargestellt und in Bezug auf Interesse als potenzielle spezifische Emotion betrachtet. Ferner konnte gezeigt werden, dass verschiedene Autoren Interesse als Basisemotion, also als eine bei allen Menschen unabhängig von dem jeweils spezifischen sozialen Umfeld beobachtbare Erscheinung, nachweisbar ist. All diese Ergebnisse sprechen dafür Interesse als Emotion zu charakterisieren. Dennoch ergibt sich ein Widerspruch, welcher in den in Kapitel 5 aufgezeigten Definitionsmerkmalen des Interessenphänomens gesehen werden kann. Interesse wird dort als eine Eigenschaft von Individuen beschrieben und in Verbindung mit Gefühlen gebracht. Wenn man jetzt Interesse ausschließlich als Emotion charakterisieren würde, so wäre dies ein Widerspruch. Interesse stellt somit, wie sich bereits im Verlauf dieser Arbeit abgezeichnet hat, ein mehrschichtiges Phänomen dar, weshalb im weiteren Verlauf der Argumentation *nicht* von der „Interessenemotion" die Rede sein wird, sondern nur von Interesse als integrierendem Begriff für ein vielschichtiges Phänomen, welches Emotion als ein Definitionsmerkmal enthält enthält. Die weiteren Merkmale werden im folgenden Kapitel zusammengefasst.

8. Interesse: Definition und ein einfaches Modell

Aus den bisher gewonnenen Erkenntnissen über das komplexe Phänomen *Interesse* wird im Rahmen dieses Kapitels eine Definition und ein einfaches konstruktivistisch geprägtes Modell des Interesses entwickelt, welches als Grundlage für die weiteren Überlegungen zu Interesse in organisationalen Lernprozessen herangezogen wird. Zu diesem Zweck werden die diesbezüglichen Überlegungen ergänzt und erweitert.

Ich möchte an dieser Stelle nochmals kurz die bisherigen Ergebnisse zusammenfassen.[1] *Interesse ist*

1. immer auf ein spezifisches Objekt bzw. Subjekt gerichtet;[2]

2. als Eigenschaft eine stabile persönliche Prädisposition der Person;[3]

3. als Emotion eng mit dem Erleben von positiven Gefühlen

---

[1] s. hierzu auch die Arbeitsdefinition für Interesse auf Seite 174
[2] Diese Aussage findet sich in allen in Kapitel 5 dargestellten Interessenkonzepten.
[3] vgl. die Ausführungen von Lunk (1926) und Kerschensteiner (1928).

8. Interesse: Definition und ein einfaches Modell

verbunden;[4]

4. hat eine motivierende Wirkung in Bezug auf die Auseinandersetzung mit dem spezifischen Objekt, der spezifischen Situation bzw. der spezifischen Person;[5]

5. als abhängig von den individuellen Werten des Subjekts zu sehen;[6]

6. besitzt eine kognitive Komponente, da durch Interesse neue kognitive Strukturen geschaffen werden können.[7]

8.1. Berücksichtigung der Umwelt

Die bislang dargestellten Definitionsmerkmale bestimmen Interesse relativ genau, lassen aber meines Erachtens nach zwei Aspekte, die für die Auseinandersetzung mit Interesse unumgänglich sind außer acht. Es handelt sich dabei um die fehlende Thematisierung der Umwelt, in der das interessierte Subjekt auf das interessante Objekt trifft, sowie eine Art ökopsychologische Komponente, welche die wechselseitige Verflechtung und Auseinandersetzung des Individuums mit seiner Umwelt in Bezug auf Interesse thematisiert. Diese beiden Lücken werden in diesem Abschnitt geschlossen.

---

[4] vgl. die diesbezüglichen Aussagen von Piaget (1974), Kerschensteiner (1928), Dewey (1975), sowie die Ausführungen in Kapitel 7 dieser Arbeit.
[5] vgl. die in Abschnitt 5.4 dargestellen Aussagen von Herbart (1965c), Kerschensteiner (1928) und Dewey (1975).
[6] vgl. die Aussagen von Lunk (1926)
[7] vgl. Piaget (1974, S.131)

8.1. Berücksichtigung der Umwelt

Konstruktion der Gegenstände

Die Sichtweise, wie sie in diesem Abschnitt eingeführt wird, beruht auf den Ergebnissen der Neurobiologie, insbesondere auf den Erkenntnissen von Maturana und Varela (1987), die in ihrem *Baum der Erkenntnis* die logische Trennung der Realen Welt und der individuellen, konstruierten Wirklichkeit auf der Ebene des Nervensystems aufgezeigt haben. Diese Erkenntnisse fanden Einfluss in die Systemtheorie, insbesondere in der Unterscheidung der vier Analyseebenen:[8]

1. Ebene: Die „reale" Welt, also alles, was unabhängig von den Vorstellungen des einzelnen Subjekts als existierend angenommen wird.

2. Ebene: Die Konstruktion der Realität (individuell oder sozial), also das was wir denken.

3. Ebene: Die systemtheoretische Rekonstruktion von Systemen der realen Welt oder individueller Konstruktionen.

4. Ebene: Die metatheoretische Reflexion

Die hier anstehenden Betrachtungen können als Überlegungen auf der dritten Ebene charakterisiert werden. Sie fragen danach wie die individuellen Konstruktionen der Gegenstände der realen Welt unter dem Einfluss von Interesse vor sich geht, also wie das einzelne Individuum *Erkenntnis* erlangt. Eine einfache Erklärung hierfür findet sich bei von Foerster und Pörksen (2001):

---
[8] vgl. Stengel (1997, S.65)

8. Interesse: Definition und ein einfaches Modell

„Erkennen bedeutet, dass innerhalb des Nervensystems Zusammenhänge zwischen verschiedenen Empfindungen hergestellt werden. Um ein Beispiel zu geben: Man sieht ein Etwas, es läuft herum, besitzt sechs Füsschen und hat auch noch Flügel. Und dieses Etwas brummt, erzeugt ein Geräusch. Es sticht und verursacht Schmerz. Wie lässt es sich benennen? Die Erkenntnis dessen, worum es sich handelt, ist das Ergebnis der Wechselwirkung dieser verschiedenen Empfindungen und Wahrnehmungen: Man korreliert den Schmerz eines Stiches, die Seh- und Brummerfahrung und sagt dann zu einem anderen Menschen: Mich hat gerade eine Wespe gestochen!"
[von Foerster und Pörksen (2001)]

Diese konstruktivistische Sichtweise erweist sich in erster Betrachtung als komplex, da die Umwelt als individuelle Konstruktion der jeweiligen Person aufgefasst wird. Somit stellt sich die Frage: Wie konstruieren Individuen die Gegenstände des Interesses, wie grenzen sie diese von anderen Objekten der Umwelt ab?

Eine Antwort darauf geben Schiefele, Prenzel et al. (1983), die feststellen, dass die Umwelt nicht als amorphes Etwas, sondern als strukturiertes System erfasst wird.

„Die von der Person als Einheit erfassten unterschiedlichen Umweltbereiche bezeichnen wir als Gegenstände."
[Schiefele et al. (1983, S.7f)]

8.1. Berücksichtigung der Umwelt

Etwas ausführlicher formuliert sind Gegenstände also aufgrund ihrer Unterscheidung von ihrer Umwelt (beispielsweise durch das Reflektieren von Lichtwellen eines anderen Spektrums als ihre Umgebung) durch das Individuum wahrgenommene und konstruierte Umweltausschnitte, die von den anderen Umweltausschnitten intrapsychisch abgegrenzt und als eingegrenzte und strukturierte Einheit in seinem Repräsentationssystem abbildet werden. Diese intrapsychischen Konstruktionen sind gleichzeitig Folge von und Auslöser eines situationsspezifischen motivationalen Zustands, dessen Intensität von den Interessen als motivationale Dispositionen des Individuums abhängt und der einen als angenehm empfundenen Gefühlszustand als Empfindung der Interessenemotion auslöst.

Einflussfaktoren der Umwelt

Die zweite oben genannte Frage bezieht sich auf Faktoren der Beschaffenheit der Umwelt, in welcher die spezifischen Interessenreaktionen ablaufen. Da jeder Faktor der jeweiligen Umwelt ebenfalls komplexe intrapsychische Konstruktionen hervorruft, erscheint es angebracht die spezifische Umwelt enger zu fassen. Sie wird deshalb im Folgenden als abstrakter Rahmen verstanden, der sich durch bestimmte Eigenschaften kategorisieren lässt, die das individuelle Interesse fördern bzw. hindern.

Aussagen zu diesen Faktoren finden sich beispielsweise bei Deci (1992):

> „Social contexts play a crucial role in the immediate experience of interest [...], in the development of enduring preferences (or dispositional interests) [...]. Con-

8. Interesse: Definition und ein einfaches Modell

> texts that are *autonomy-supportive*, that *provide optimal challenges and informational feedback*, and within which *one feels securely related to significant others* will promote the experience of interest [...]. Accordingly, to facilitate a person's interest, another person [...] must take account of the person's dispositions and the available affordances, so as to create an optimal person-activity match."
> [Deci (1992, S.61), Hervorhebungen durch S.G.]

Aus diesem Zitat wird die Interessenkonzeption von Deci deutlich, der Interesse als Auslöser von intrinsischer Motivation in der Perspektive des von ihm begründeten *Selbstbestimmungsansatzes* sieht.[9] Dennoch liefert das Zitat Aussagen über Faktoren der sozialen Umwelt, welche als förderlich für die Entwicklung von Interesse betrachtet werden können.

- Die soziale Umwelt soll die Bestrebungen des Individuums nach Autonomie unterstützen.

- Das Individuum soll Handlungsspielräume, Herausforderungen und Feedback über seine Handlungen erhalten.

- Die Beziehung zu signifikanten Personen in der Umgebung des Individuums soll gesichert sein.

Weitere Aussagen zu Umweltfaktoren, die auf die Entwicklung von Interessen wirken, finden sich bei Eder (1992), der sich in einer

---

[9] vgl. hierzu auch die Ausführungen in Abschnitt 6.2.3 ab Seite 194 dieser Arbeit. Zu der Thematisierung des person-activity match vgl. ferner Die Aussagen von Csikszentmihalyi in Abschnitt 6.2.4.

8.1. Berücksichtigung der Umwelt

empirischen Untersuchung mit der Interessenentwicklung in Organisationen als Umwelt des Individuums auseinander setzt.[10] Dabei wird die organisationale Umwelt des Individuums anhand von vier Dimensionen charakterisiert.[11]

1. *Sozial- und Leistungsdruck*: Beschreibt das Ausmaß an sozialer Restriktivität und Repressivität, dem sich das Individuum in und seitens der Organisation ausgesetzt sieht, in Verbindung mit Leistungstempo und Leistungsdruck. Forcierter Leistungsdruck führt dazu, dass das Individuum nicht die Erfahrung eines kontinuierlichen Kompetenzaufbaus machen kann, weil die Konsolidierung des bereits Gelernten durch ständig neue Anforderungen beeinträchtigt wird. Die sozialen Restriktionen, wie beispielsweise fehlende Mitsprachemöglichkeit, vermitteln die Erfahrung geringer Handlungswirksamkeit und fehlender Umweltkontrolle und sind damit für die Entwicklung von Interessen eher behindernd als förderlich und in der Regel mit negativen Affekten verbunden.

2. *Individuumszentriertheit*: Erfasst das Ausmaß, in dem Vorgesetzte versuchen ihre Untergebenen als eigenständige Personen wahrzunehmen, auf sie einzugehen und sie zu fördern. Handeln, das in einem positiven interpersonalen Kontext stattfindet, führt dabei zu intensiven Gegenstandsauseinandersetzungen und ist mit einer Erweiterung des Handlungsspiel-

---

[10] Die Aussagen beziehen sich auf die weiterführende Schule als ausbildende Organisation. Sie müssen somit kritisch betrachtet und ihre Übertragungsfähigkeit auf Organisationen generell geprüft werden. Jedoch kann meines Erachtens nach das *Klima* jeder Organisation anhand der von Eder (1992) genannten Faktoren charakterisiert werden.

[11] vgl. Eder (1992, S.172ff)

8. *Interesse: Definition und ein einfaches Modell*

raums der Mitglieder verbunden.

3. *Kohäsion*: Gruppen, in die das Individuum während seiner Arbeitstätigkeit eingebunden ist, können anhand ihrer emotionalen Einbettung des Individuums charakterisiert werden. Förderliche Einflüsse auf die Interessensentwicklung wären am ehesten über diesen emotionalen Kontext denkbar, sind aber wohl nur in Hinblick auf einzelne Interessensbereiche zu erwarten.

4. *Disziplin*: Erfasst das Ausmaß, in dem die Arbeitstätigkeit durch Leistungsbereitschaft und Zielstrebigkeit geprägt ist, und nicht durch Nebentätigkeiten, Störungen oder Auseinandersetzungen mit anderen Organisationsmitgliedern charakterisiert werden kann. Eine solche Grundhaltung dürfte vor allem intensive Gegenstandsauseinandersetzungen begünstigen und sich auf diesem Weg auf die Interessensentwicklung auswirken.

Wichtig ist an dieser Stelle nochmals zu betonen, dass die individuelle Konstruktion und Empfindung dieser Parameter durch das betroffene Individuum die entscheidende Rolle spielen.

8.2. Erweiterung des Objektbegriffs

An dieser Stelle wird eine Erweiterung der Fassung des Objektbegriffs für die Argumentation im Rahmen dieser Arbeit unumgänglich. Die Entwicklung und Pflege von Interesse kann, wie im vorigen Abschnitt beschrieben, von der wahrgenommenen und konstruierten Umwelt des Individuums gefördert oder behindert werden. Interesse bezieht sich dabei jedoch nicht immer auf *einen* Gegenstand. Die interessierte Auseinandersetzung kann sich auch auf einen größeren Zusammenhang von Objekten und Personen beziehen, die durch bestimmte Eigenschaften miteinander verbunden sind. So kann beispielsweise die interessierte Auseinandersetzung mit dem Thema "Schach" bedeuten, dass sich das interessierte Subjekt mit mehreren interessant erscheinenden Objekten, wie beispielsweise verschiedenen Schachbrettern, Büchern und Lehrfilmen beschäftigt, welche die Gemeinsamkeit aufweisen, dass sie sich mit Schach auseinander setzen. Die subjektiv empfundene Verbundenheit dieser Objekte kann am besten durch den Begriff der *Thematik* beschrieben werden. Interessen können sich somit auf mehrere Objekte mit unterschiedlichen Reizeigenschaften beziehen, die als gemeinsame Eigenschaft die Subsumierung unter eine spezifische Thematik aufweisen.

8.3. Definition und Modell des Interesses

Mit den hier gewonnenen Erkenntnissen kann die vorläufige Arbeitsdefinition aus Abschnitt 5.5 in eine Definition von *Interesse* überführt werden, welche für die weiterführenden Überlegungen zugrunde gelegt wird.

8. Interesse: Definition und ein einfaches Modell

> **Interesse** ist
> Eine angeborene oder erworbene motivationale Disposition, die einen konkreten Bezug zu Objekten mit bestimmten Reizeigenschaften oder Gruppen von Objekten, die sich unter einer gemeinsamen Thematik zusammenfassen lassen, begründet und deren Entwicklung von Faktoren der sozialen Umwelt des Individuums abhängig ist. Diese Objekte bzw. Themen müssen mit der Wertestruktur des Individuums korrespondieren. Die konkrete Auseinandersetzung ist dabei durch positive Gefühle als subjektive Empfindung der Interessenemotion gekennzeichnet.

Ein einfaches Modell, das die bisherigen Erkenntnisse vereinigt, ist in Abbildung 8.1 auf Seite 266 dargestellt.[12] Damit wird verdeutlicht, dass Aktionen, (in der bildhaften Darstellung beispielsweise die Exploration) Emotionen und Kognitionen nicht getrennt voneinander betrachtet werden sollten. Dies findet sich auch die zentrale These der so genannten „Affektlogik" von Ciompi (1994), die besagt, dass sowohl Emotionen als auch Kognitionen...

> „[...] erwachsen aus der Aktion, d.h. dem handelnderlebenden Umgang mit dem Begegnenden, und verbin-

---

[12] Die Gefahr bei der bildlichen Darstellung von sozialwissenschaftlichen Zusammenhängen ist, dass das Modell (wie alle im Rahmen dieser Arbeit dargestellten) als eine isomorphe Abbildung der Realität betrachtet wird, was nicht der Fall sein kann. Somit erscheint es hier als würde das Subjekt als eine triviale Maschine im Sinne von von Foerster (1971) gesehen werden. Dem muss widersprochen werden. Das Modell darf nicht als eine technische Zeichnung verstanden werden auf der die Bauteile und ihr exaktes Zusammenspiel einer Maschine dargestellt sind. Es dient lediglich der bildlichen Darstellung von möglichen Erklärungsansätzen für das Zusammenspiel von Interesse, Wahrnehmung und Handeln. Es soll somit nicht suggeriert werden, dass bei bekannten Interessen das Verhalten von Individuen vorherbestimmt werden kann.

8.3. Definition und Modell des Interesses

den sich über repetitive Prozesse im Laufe der Entwicklung immer fester zu integrierten affektiv-kognitiven Bezugssystemen oder Fühl- Denk- Verhaltensprogrammen verschiedenster Ordnung. Den Affekten kommt dabei zentrale selbstorganisatorische und integratorische Funktion zu."
[Ciompi (1994, S.118)]

8. Interesse: Definition und ein einfaches Modell

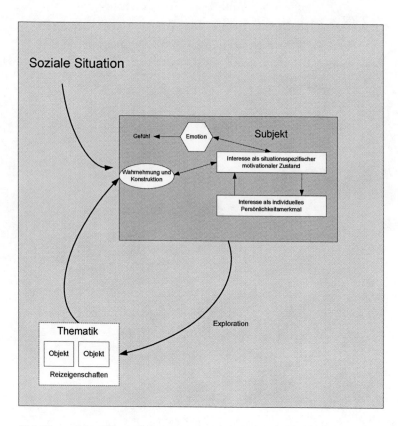

Abbildung 8.1.: Ein einfaches konstruktivistisches Modell des Interesses

9. Zusammenfassung

Der hier endende Teil der Arbeit trägt die Bezeichnung *Interesse: Annäherung an ein komplexes Phänomen*. Er diente der Klärung des Begriffs "Interesse", der Darstellung seiner Komplexität, sowie der Identifikation zentraler Merkmale und der Aufstellung eines einfachen Interessenmodells. Dazu wurde die Bedeutungsvielfalt des Begriffs durch eine etymologische Betrachtung aufgezeigt, sowie mit Hilfe von philosophischen und psychologischen Konzeptionen des Interesses eine vorläufige Arbeitsdefinition generiert. Dabei wurde die Frage nach der Abgrenzung des Interessenphänomens von psychologischen Konzeptionen der intrinsischen Motivation diskutiert und festgestellt, dass es keine eindeutige Abgrenzung gibt, und dass die beiden Konstrukte große Überschneidungen aufweisen. Ferner wurde diskutiert, ob es sich bei Interesse um eine Emotion handelt und festgestellt, dass diese Frage mit ja beantwortet werden kann, denn Interesse kann in der Sichtweise der derzeit populärsten Emotionsmodelle als eine solche identifiziert werden. Abschließend wurden die Erkenntnisse über die Definitionsmerkmale von Interesse durch Überlegungen zu einer weiteren Fassung des Objektbegriffs und einer Integration der Betrachtung der Umwelt ergänzt. Alle so gewonnenen Erkenntnisse wurden in eine Definition gefasst, sowie ein simples konstruktivistisch

9. Zusammenfassung

orientiertes Emotionsmodell entwickelt, dessen Aussagen sich wie folgt zusammenfassen lassen: Die Wahrnehmung und intrapsychische Konstruktion, sowohl von spezifischen Gegenständen, als auch der sozialen Situation wirken auf die gegenstandsbezogenen Handlungen des Individuums. Ob interessegeleitetes Verhalten gezeigt wird oder nicht, hängt nicht ausschließlich vom Individuum, seiner motivationalen Prädisposition oder den Reizeigenschaften der Objekte ab. Die soziale Umgebung, oder genauer die intrapsychische Konstruktion der sozialen Umgebung und der vorhandenen Handlungsspielräume spielen eine wichtige Rolle.

Um die zentrale Frage dieser Arbeit, nach der Rolle von Interesse in organisationalen Lernprozessen, weiter diskutieren zu können wird sich der nachfolgende Teil des Textes mit der Frage nach dem Zusammenhang von Interesse und Lernprozessen auf der Ebene des Individuums, sowie auf der Ebene der Organisation auseinander setzen.

Teil IV.

Interesse in organisationalen Lern-Prozessen

10. Interesse, Lernen und Leistung

Die Frage nach der Bedeutung von Interesse für Lernvorgänge ist ein altes Thema der Psychologie, insbesondere der pädagogisch orientierten Psychologie. Die ersten Überlegungen zu diesem Thema kamen zu Beginn des 19. Jahrhunderts mit den spekulativpsychologischen Arbeiten von Herbart auf.[1] Zu Beginn des 20ten Jahrhunderts etablierte sich dann eine eigenständige empirischpsychologische Forschung auf diesem Gebiet, deren Vertreter sich mit den Themen Lernen, Leistung und Interesse auseinander setzten.[2] Dieser frühen Interessenforschung gelang es jedoch nicht den vieldeutigen und teilweise widersprüchlichen Interessenbegriff durch wissenschaftliche Kategorien zu ersetzen. Aus diesem Grund wurden Begriffe wie Motivation und emotionale Komponente anstelle des ungenau besetzten Interessenbegriffs verwendet.

Der in den älteren Konzeptionen als Teilbereich des ganzheitlichen Lernphänomens betrachtete Komplex, welcher mit Interesse

---

[1] vgl. beispielsweise die Ausführungen in Herbart (1965a), sowie Abschnitt 5.4.2 dieser Arbeit.

[2] Zu nennen sind hier neben den in Kapitel 5.4 dargestellten Ansätzen beispielsweise die Arbeiten von Thorndike (1935) bzw. Nagy (1912).

10. Interesse, Lernen und Leistung

umschrieben werden kann, wurde in den darauffolgenden Konzeptionen Gegenstand eigener psychologischer Forschungen und führte zur Entwicklung von Theorien zu den Themen Aufmerksamkeit (Eysenck (1982)), Emotion (Izard (1977)), Neugier (Berlyne (1974)), intrinsische Motivation (Deci und Ryan (1980)) und Einstellung (Gardner (1975)).

Seit Mitte der 1980er Jahre ist ein deutlicher Aufschwung in der psychologischen Interessensforschung zu verzeichnen, da die bis dahin vorherrschenden Motivationstheorien aus pädagogischer Sicht einige Mängel aufwiesen. Diese befassten sich häufig nur mit leistungsthematischen Verhalten und betrachteten die Prozesse der Motivation zu einseitig als rational-reflexives Kalkül. Einen wichtigen Kritikpunkt stellte dabei die Tatsache dar, dass Inhalts- oder Gegenstandsspezifität von motiviertem Lernverhalten nicht ausreichend thematisiert wurden.[3] Die Ausführungen im folgendem Abschnitt beziehen sich auf die daraus entstandene aktuelle Interessensforschung.

10.1. Beschreibung des Einflusses von Interesse auf Lernen

Welche Auswirkung hat nun Interesse auf Lernprozesse bzw. auf deren Ergebnis? Lernen interessierte Individuen besser als andere und wenn ja, was sind Erklärungen hierfür? Antworten auf diese Fragen soll der folgende Abschnitt geben, in welchem auf Forschungsergebnisse aus dem Gebiet der Interessensforschung und verwandter

---
[3]vgl. Ulich (1979)

10.1. Beschreibung des Einflusses von Interesse auf Lernen

Forschungsrichtungen eingegangen wird.

10.1.1. Auswirkung von Interesse auf Lernergebnisse

Die psychologische Forschung hat in Bezug auf den Zusammenhang von Interesse und Lernen zahlreiche Fragen aufgeworfen, welche sich in den verschiedenen Forschungsansätzen wiederspiegeln. Einig sind sich die verschiedenen Forscher, welche auf diesem Gebiet tätig sind, darüber, dass Interessen den Prozess und den Erfolg des Lernens positiv beeinflussen, was sich in den Ergebnissen zahlreicher empirischer Untersuchungen widerspiegelt.

So haben beispielsweise Korrelationsstudien[4] zur Überprüfung des Zusammenhangs von Interesse und Schul- bzw. Studiumserfolg ergeben, dass individuelle Interessen neben kognitiven Fähigkeiten eine eigenständige prognostische Valenz besitzen.[5] Die beste durchschnittliche Schätzung der Interesse-Leistungs-Korrelation, über verschiedene Schularten, Jahrgangsstufen und Unterrichtsfächer hinweg liegt bei r=.30, wobei die Höhe der Korrelation in Abhängigkeit von verschiedenen Moderatorvariablen (Geschlecht, Klassenstufen etc.) variiert.[6] Interessant ist diesbezüglich der Zusammenhang von Alter und Interesse. Aus Studien zum Berufsinteresse (z.B. bei Gottfredson (1981)) ist bekannt, dass die individuellen

---

[4] Zu den Korrelationsuntersuchungen ist anzumerken, dass sie zwar generelle Hinweise auf einen positiven Zusammenhang von Interesse und Leistung geben, jedoch die Ergebnisse mit Vorsicht genossen werden müssen. Die Indikatoren für Interesse, welche für die empirischen Untersuchungen herangezogen wurden, beruhen nämlich laut Krapp (1992, S.23) meistens nicht auf theoretisch fundierten Überlegungen.

[5] z.B. die Meta-Analysen älterer Forschungen von Super (1960) und Schiefele, Krapp und Winteler (1992).

[6] vgl. Krapp (1992, S.22)

10. Interesse, Lernen und Leistung

Interessen während der Pubertät einer kritischen Prüfung unterzogen und teilweise radikal geändert werden werden. Dies stellt in gewisser Weise eine späte Bestätigung der Überlegungen von Lunk (1927) dar, welche in Kapitel 5.4.1 dieser Arbeit besprochen wurden.

Untersuchungen über den Zusammenhang von individuellem Interesse und Wissensstruktur, bei denen der interessensabhängige Zusammenhang von Leseverhalten und kognitiven Prozessen während des Lesens untersucht wurde, haben gezeigt, dass Textverstehen nicht allein von kognitiven Einflussfaktoren abhängig gemacht werden kann, sondern ebenfalls von inhaltlich-motivationalen Bedingungen.[7]

Die in diesem Abschnitt dargestellten Untersuchungsergebnisse geben eine positive Antwort auf die Frage, ob ein Zusammenhang zwischen Interesse und Lernerfolg besteht. Sie gehen jedoch nicht auf die Wirkung von Interessen auf den Lernprozess ein, um somit eine Erklärung für das Zustandekommen zu geben. Auf diese Thematik wird im folgenden Abschnitt eingegangen.

---

[7] Beispielsweise die Untersuchungen von Groeben und Vorderer (1988). Anzumerken ist hierzu, dass die Operationalisierung des Schwierigkeitsgrades von Texten und die Festlegung von Ergebniskategorien komplex und nicht unumstritten ist, worauf an dieser Stelle jedoch nicht weiter eingegangen werden und auf die genannte Literatur, sowie auf Schiefele (1988) verwiesen werden soll.

10.1. Beschreibung des Einflusses von Interesse auf Lernen

10.1.2. Erklärungsansätze für die positive Auswirkung

Wie oben dargestellt herrscht Einigkeit unter den Forschern auf diesem Gebiet, dass Interesse einen positiven Einfluss auf individuelle Lernleistungen hat. Die Frage nach den Ursachen hierfür werden in den genannten Untersuchungen jedoch nicht identifiziert. In seiner Analyse der Untersuchungsergebnisse auf diesem Gebiet arbeitet Krapp (1992) zwei Erklärungsebenen heraus.[8]

1. *Orientierungen und Strategien*: Hierunter fallen Ergebnisse der Forschungen zu den Bereichen motivationale Orientierung und Lernstrategien.

2. *Psychische Prozesse und Verhaltensweisen*: Hierunter werden Untersuchungen zu den Themengebieten Lerntechniken und kognitive Verarbeitungsprozesse, Aufmerksamkeit, Aktivierung, Flow-Erleben und emotionale Begleitprozesse herangezogen.

In den folgenden Abschnitten wird auf die einzelnen Erklärungsansätze eingegangen, da diese in Bezug auf Lernprozesse in Organisationen und die positive Gestaltung organisationaler Lernprozesse eine Rolle spielen.[9]

Motivationale Orientierung
Auf den Zusammenhang von Motivation und der interessierten

---
[8] vgl. Krapp (1992, S.21)
[9] Der Zusammenhang zwischen individuellem und organisationalem Lernen wird in Abschnitt 2.2.3 ab Seite 74 erörtert werden.

10. Interesse, Lernen und Leistung

Auseinandersetzung mit einem bestimmten Objekt bzw. einer spezifischen Thematik wurde bereits in Abschnitt 6 eingegangen, weshalb an dieser Stelle nur noch ein paar ergänzende Bemerkungen folgen.

Festgestellt werden kann bei der Betrachtung von Ansätzen zur intrinsischen Motivation bzw. verwandter Konzepte[10] dass sie immer davon ausgehen, dass eine Orientierung besteht, welche das Individuum dazu veranlasst sich mit einem Objekt, einem Thema oder einer Person um deren selbst willen auseinander zu setzen. Individuen, die nach dieser Orientierung lernen, suchen eigenständig Wege der Wissenserarbeitung und setzen sich intensiver mit dem Lernstoff auseinander, was zur Ausbildung von differenzierten und dauerhaften kognitiven Strukturen auf dem entsprechenden Gebiet führt.[11]

Lernstrategie
Untersuchungen zum Zusammenhang von Lernstrategie und Lernerfolg haben ergeben, dass die wirksame Verwendung einer angemessenen Lernstrategie, insbesondere bei anspruchsvollen Lernaufgaben die Qualität der Lernleistung beeinflusst.[12]

---

[10] zu nennen sind hier beispielsweise die Ansätze von Nicholls (1984), welcher zwischen *task orientation* und *ego orientation* unterscheidet bzw. von Dweck und Legett (1988), welche zwischen *learning goals* und *performance goals* unterscheiden und diesen unterschiedliche motivationale Orientierungen zusprechen. Individuen, welche sich am ersten Leistungsziel orientieren werden als intrinsisch motiviert angenommen, da die einzige Belohnung eine Steigerung der eigenen Kompetenz ist. Personen, welche das zweite Leistungsziel verfolgen, stehen eher dem Konzept der extrinsischen Motivation nahe, da sie auf Anerkennung von außen ausgerichtet sind.
[11] vgl. Krapp (1992, S.31)
[12] vgl. Nenninger (1990)

10.1. Beschreibung des Einflusses von Interesse auf Lernen

In der Literatur zu Lernstrategien wird unterschieden zwischen durch Übung erworbenen konkreten Lerntechniken und den übergeordneten Lernstrategien. Diese beinhalten eine Sequenz von Teilprozeduren als Bewältigungsprogramm für bestimmte Lernaufgaben.[13] Unterteilt werden können die Strategien einem Vorschlag von Marton und Säljö (1976) folgend in *Tiefenverarbeitungsstrategien* und *oberflächliche Verarbeitungsstrategien*. Im ersten Fall findet eine tiefergehende Auseinandersetzung mit dem Lerngegenstand statt, wobei er aus unterschiedlichen Perspektiven betrachtet, Beziehungen zu anderen Wissensgebieten hergestellt und Probleme identifiziert und gelöst werden. Bei den oberflächlichen Strategien wird der Gegenstand nur oberflächlich erfasst und Faktenwissen aufgebaut, was durch Auswendiglernen bewerkstelligt wird, wobei die tief gehende Auseinandersetzung weitgehend vermieden wird. Die Wahl der entsprechenden Verarbeitungsstrategien wird dabei unter anderem von den Interessen des Individuums abhängig gemacht.[14]

Lerntechniken und Verarbeitungsprozesse

Weinstein, Goetz und Alexander (1988) fanden bei ihren Untersuchungen heraus, dass bestimmte Lerntechniken die Aufnahme von Informationen erleichtern. Eine dieser Techniken stellt die so genannten *Elaborationen* dar, bei deren Anwendung das lernende Subjekt den Informationshintergrund erweitert, indem es auf bildhafte Vorstellungen zurückgreift, sich an persönliche Erfahrungen

---

[13] Diese Bewältigungsprogramme werden ähnlich konzipiert wie die *operativen Abbildsysteme* zur Handlungsregulation bei Hacker (1998), nur dass sie sich nicht auf beobachtbare Handlungen, sondern auf Lernvorgänge beziehen.

[14] vgl. beispielsweise die Ergebnisse von Pintrich und DeGroot (1990) über den Zusammenhang von verwendeten Lernstrategien und Interesse bei Schülern.

10. Interesse, Lernen und Leistung

erinnert, selbständig problembezogene Fragen stellt und für diese Lösungen erarbeitet. Ferner stellten sie fest, dass die Organisation des Lernstoffs, also das Aufteilen von umfangreichen Stoffmengen in leichter zu bewältigende Teileinheiten, Selektion usw. den Wissenserwerb erleichtern.[15]

In den Untersuchungen von Entwistle (1988) zeigte sich, dass eine enge Verbindung zwischen motivationaler Orientierung und den verwendeten Lernprozessen besteht. Nenninger (1990) kam ferner zu dem Ergebnis, dass interessierte Studierende mit einer höheren Wahrscheinlichkeit solche Lerntechniken einsetzen, welche zu einer tiefer gehenden Verarbeitung und Speicherung des Lernstoffs führten.

Aufmerksamkeit

Da die Kapazität des menschlichen Informationsverarbeitungssystems als beschränkt angenommen wird, stellt die selektive Aufmerksamkeit[16] eine potenzielle Erklärungsvariable für erfolgreiches Lernen dar, da die Intensität des Lernens vom Grad der Aufmerksamkeitszuwendung bestimmt wird.[17] Es kann nach den Ergebnissen der Untersuchungen von Nell (1988) davon ausgegangen werden, dass die interessensgesteuerten Formen des Lernens weniger anstrengend, schneller und effektiver ablaufen als andere.

Aktivierung

Die Überlegungen zu dem Zusammenhang von Lernerfolg und dem

---

[15] vgl. Krapp (1992, S.34)
[16] vgl. hierzu auch die Ausführungen in Abschnitt 7.2.2.3 auf Seite 234.
[17] vgl. beispielsweise die Ergebnisse von Garner und White (1989).

10.1. Beschreibung des Einflusses von Interesse auf Lernen

Grad der neurophysiologischen Erregung bzw. Aktivierung gehen auf die Grundlagenarbeit von Berlyne (1960) zurück, die bereits in Abschnitt 7.2.2, bzw. Abschnitt 7.2.2.3 besprochen wurden und welche seit ihrer Veröffentlichung eine Reihe von weiteren Forschungen auf diesem Gebiet nach sich gezogen haben. Eysenck (1982) kommt nach einer Betrachtung der neueren Ergebnisse der Aktivierungsforschung zu dem Ergebnis, dass zwei verschiedene, sich gegenseitig aufhebende bzw. ergänzende Aktivierungssysteme bestehen. Diese bezeichnet er in Anlehnung an Broadbent (1971) als *upper-* bzw. *lower-arousal-system*.[18] Letzt genanntes stellt dabei ein relativ autonom arbeitendes System dar, das den primären Grad der Erregung bestimmt. Wird dieser als unangenehm, also als zu niedrig bzw. zu hoch erlebt, so reagiert das upper-arousal-System und versucht die ungünstige Wirkung des primären Systems zu kompensieren, was durch eine bewusste Verstärkung der Aufmerksamkeitszuwendung geschehen kann. Bei Untersuchungen, die sich mit dem Niveau der Aktivierung beim Lesen von Texten befassen, konnte festgestellt werden, dass Hochmotivierte ein günstigeres Erregungsniveau erzielten.[19] Dies deutet darauf hin, dass interessengesteuerte Formen des Lernens mit einem günstigeren Aktivierungsniveau verbunden sind.

Emotionale Prozesse
Wie in Abschnitt 7 festgestellt wurde kann „Interesse" als Emotion charakterisiert werden. In den Untersuchungen zum Thema emotionale Auswirkung auf Lernprozesse wird Interesse nicht als Emotion

---

[18] vgl. Broadbent (1971, S.425ff)
[19] vgl. beispielsweise die Ergebnisse von Schiefele (1990).

10. Interesse, Lernen und Leistung

konzipiert, sondern vielmehr als ein komplexes Phänomen betrachtet, in dem Emotionen eine wichtige Rolle spielen. Die Verbindung zwischen den beiden Sichtweisen kann im Sinne des Modells von Scherer (1990) über die subjektive Komponente von Emotionen[20] gesehen werden. Emotionen lösen dabei ein jeweils spezifisches Gefühl aus, das im Falle von Interesse als positiv empfunden wird.

Die Alltagsvermutung, dass die Qualität der subjektiven Erlebnisse während der Lerntätigkeit eine wichtige Rolle spielt, wird durch die Ergebnisse empirischer Untersuchungen untermauert.[21] Insbesondere die Untersuchungsergebnisse von Isen, Daubmann und Gorgoglione (1987) deuten darauf hin, dass Individuen im Zustand positiver emotionaler Stimmung ungewöhnliche Aspekte in ihre Überlegungen mit einbeziehen und die Grenzen der Betrachtung des spezifischen Problems ausweiten. Die dabei gefundenen Lösungen sind oft origineller und in einem geringeren Grad an vorgegebene Denkschemata gebunden.

10.1.3. Zusammenfassung

Die Ausführungen in diesem Abschnitt haben gezeigt, dass ein positiver Zusammenhang zwischen Interesse als persönlichkeitsspezifischem Merkmal bzw. situationsbedingtem motivationalen Zustand und den Prozessen bzw. dem Output des Lernens auf Individualebene angenommen werden kann. Ferner wurden Gründe für diesen Zusammenhang aus Untersuchungen zu diesem Thema aufgezeigt. Die hier dargestellten Überlegungen zu den Auswirkungen von In-

---

[20] vgl. Abschnitt 7.2.4 ab Seite 245.
[21] s. z.B. die Ergebnisse von Matsumo und Sanders (1988).

10.1. Beschreibung des Einflusses von Interesse auf Lernen

teresse auf individuelle Lernprozesse beziehen sich zwar primär auf einen Lerntypus, welcher in Schulen, Hochschulen und schulähnlichen Bildungseinrichtungen praktiziert wird,[22] betreffen aber Lernprozesse im Allgemeinen und können somit meines Erachtens nach auf das Lernen von Individuen in Organisationen als Agenten des organisationalen Lernens übertragen werden. Es kann also davon ausgegangen werden, dass interessierte Mitglieder von Organisationen ohne Anregung von Außen sich mit Neuerungen auf ihrem Arbeitsgebiet auseinander setzen (motivationale Orientierung), sich bei der Lösung komplexer Aufgaben eher Tiefenverarbeitungsstrategien bedienen, intelligenter(e) Verarbeitungsprozesse nutzen, sich besser auf ihr Arbeitsgebiet konzentrieren und somit schneller spezifische Informationen verarbeiten können und sich auch bei komplexen Aufgaben besser fühlen (Subjektive Komponente der Interessenemotion) als nicht interessierte Mitarbeiter.

Aufgrund der Eigenschaft von Interesse als motivationaler Disposition kann festgestellt werden, dass Interesse als Auslöser für individuelle Lernprozesse gesehen werden kann. Somit ist eine Rolle von Interesse in orgnisationalen Lernprozessen geklärt. Individuelles Interesse fördert das Lernen *in* Organisationen als notwendige Bedingung für „Lernprozesse" der Organisation.

---

[22] Die Ergebnisse entstammen dem Forschungsfeld der Pädagogik, bzw. der Andragogik.

11. Interessengeleitetes Handeln in Organisationen

Im Rahmen dieses Abschnitts wird der Blick auf Interesse, der in den vergangenen Kapiteln psychologisch geprägt war und den Einfluss anderer Gruppenmitglieder nur peripher berücksichtigt hat, um eine soziale Perspektive erweitert. Im Mittelpunkt steht somit nicht mehr die motivationale Prädisposition eines einsamen Individuums und die „Interessantheit" von Objekten bzw. Personen in einer un-sozialen Betrachtung. Dabei wird Interesse in zweierlei Sichten betrachtet. Zum einen in der Integration der bisherigen Überlegungen in einen organisationalen Kontext, zum anderen in der Sicht von Interesse als kollektives Phänomen.

11. Interessengeleitetes Handeln in Organisationen

11.1. Der Begriff Interesse in einer soziologisch orientierten Perspektive

Im Zentrum dieser Überlegungen steht nicht das Individuum und seine motivationale Prädisposition. Vielmehr geht es um Interessen, die auf dem Spiel stehen, die verteidigt werden müssen, die unter den Bezeichnungen „wahre" bzw. „falsche" Interessen subsummiert werden. Dabei zeigt sich wiederum die Problematik der Mehrdeutigkeit der Sprache. Der Begriff „Interesse" ist nicht eindeutig, im Sinne einer 1:1 Zuordnung zu verstehen, sondern vielmehr im Sinne einer 1:n Zuordnung. Seine Verwendung in der Psychologie und Pädagogik unterscheidet sich von der in der Organisationsforschung.

Was zeigt die Diskussion über Interessen in Organisationen?

Die Aussage „Gewerkschaften übernehmen die Interessenvertretung der Arbeitnehmer" macht zwar deutlich, dass Interesse hier nicht im Sinne einer individuellen motivationalen Prädisposition verstanden werden kann. Aber was soll es in diesem Zusammenhang bedeuten?

Interessenvertretung suggeriert, dass es Interessen gibt, die allen Arbeitnehmern gemein sind und von einer Organisation wie einer Gewerkschaft gegenüber den Interessen der Arbeitgeber (die, so scheint es, ebenfalls eindeutig bestimmbar sind und sich von den Interessen der Arbeitnehmern unterscheiden) vertreten und durchgesetzt werden können.

Aus diesen Annahmen folgen einige Implikationen. Wenn gefragt

11.1. Der Begriff Interesse in einer soziologisch orientierten Perspektive

werden kann:„Wessen Interessen werden gegenüber wem vertreten?", so lässt dies auf mehr oder weniger homogene, voneinander abgrenzbare Gruppen schließen, die miteinander in einer Win-Lose-Situation agieren. Die Durchsetzung der „Interessen" der einen Gruppe bedeuten den Verzicht der anderen Gruppe auf die Durchsetzung der eigenen Interessen und somit einen Verlust im Nullsummenspiel.

Auf der Ebene der Individuen impliziert die Existenz einer gemeinsamen „Interessen"-vertretung, dass die Mitglieder der jeweiligen Gruppe gleiche oder ähnliche Interessen haben. Die Verwendung des Begriffs „Interesse" hat in diesem Zusammenhang eine Steigerung der Gruppenkohäsion durch Abgrenzung gegenüber einer anderen Gruppe zur Folge und wirkt identitätsstiftend für die Mitglieder.[1] Sie fördert dadurch die Abgrenzung zweier Gruppen innerhalb der Organisation: Im marxistischen Sinn in Arbeiter und Kapitaleigner oder in aktuelleren Worten ausgedrückt Arbeitnehmer und Arbeitgeber.

Die Einteilung in Interessensgruppen und die damit verbundene Abgrenzung impliziert ferner, dass es auf der Ebene der Gruppen, wie auch auf der Ebene der Individuen, eine eindeutige Unterscheidung zwischen den eigenen und den fremden Interessen gibt. Die Interessen der beiden Gruppen werden als disjunkt dargestellt.

---

[1] vgl. Hogg (1992)

11. Interessengeleitetes Handeln in Organisationen

11.2. Eigene und fremde Interessen

Die Antwort auf die Frage, *was* die Interessen der Mitglieder dieser Gruppen sind scheint dabei auf der Hand zu liegen. Es sind die Bedürfnisse, Belange und Wünsche der Mitglieder, die sich vereinen und vertreten lassen.[2] Diese sind den jeweiligen Subjekten der Gruppe *eigen* und klar abgrenzbar von den *fremden* Interessen der anderen Gruppe. Arbeitnehmerinteressen, sind (wie bei den Berichterstattungen der Medien über Tarifverhandlungen zu vernehmen) beispielsweise die Steigerung von Lohn und Gehalt. Die Interessen der Arbeitgeber hingegen sind die Erhaltung der Wettbewerbsfähigkeit. Doch bereits bei diesem Beispiel fällt auf, dass es eine eindeutige Trennung der Interessen der beiden Gruppen nicht gibt. Das für die Arbeitnehmer als „fremd" (da der anderen Gruppe zugerechnete) Interesse der Wettbewerbsfähigkeit korrespondiert mit dem „eigenen" Interesse der Arbeitsplatzsicherheit.

Ähnlich komplex stellt sich die Diskussion über Interessen in Organisationen auf der Ebene der (einzelnen) Individuen dar. Kann es eine klare (den jeweiligen Individuen bewusste) Abgrenzung zwischen den „eigenen" und den „fremden" Interessen geben? Zur Beantwortung dieser Frage muss zuerst der Blick auf die beiden Kategorien geworfen werden.

Die Frage, was unter eigenen Interessen verstanden werden kann beginnt mit der Betrachtung der Abgrenzung gegenüber den fremden Interessen. Eigene Interessen werden als Freiheit, fremde als

---

[2] Damit soll nicht angedeutet werden, dass es sich bei Interessen um exakt das selbe handelt, wie bei Bedürfnissen, Belangen und Wünschen. Es soll nur ausgedrückt werden, dass die Begriffe im allgemeinen Sprachgebrauch synonym verwendet werden.

11.2. Eigene und fremde Interessen

Zwang erlebt, der das Ausleben der eigenen Interessen verhindert. Sind somit die „eigenen" Interessen das was übrig bleibt, wenn man die subjektiv empfundenen Handlungszwänge beseitigt?

11.2.1. Fremde Interessen als Handlungszwang

Organisationen als soziale Handlungsgebilde, deren Existenz in der Verfolgung spezifischer Ziele begründet ist, können nur durch die Koordination der Interaktion der Mitglieder bestehen. Wenn jedes Mitglied ausschließlich seine individuellen Interessen (wie sie im vorangegangenen Teil der Arbeit beschrieben wurden) verfolgen würde, könnten keine Organisationen bestehen. Somit müssen die Freiheitsgrade der einzelnen Akteure eingeschränkt werden um kollektive Koordination sicherzustellen. Diese Einschränkung des Handlungsspielraums kann dabei konkret durch Personen (personalisierter Zwang) oder abstrakt durch die Technologie im Prozess der Produktion erfolgen (versachlichter Zwang).

Die Sichtweise auf fremde Interessen als durch konkrete Individuen bzw. Strukturen vermittelte Handlungszwänge öffnet den Blick für die Betrachtung von Machtverhältnissen in Organisationen. Wer ist machtvoll und kann die Handlungsspielräume anderer wie einschränken? Eine Antwort auf das *„wie"* liefern die so genannten Machtkonzeptionen. Macht wird dabei meistens subjektbezogen konzipiert, d.h. es gibt machtvolle Individuen, die das Verhalten von machtlosen Individuen in gewisser Weise durch ihr subjektbezogenes Handeln bestimmen können.[3] Eine differenziertere Analyse

---

[3] Beispielsweise die eindimensionalen Machtkonzeptionen von March (1955), Dahl (1957) und Weber (1947).

11. Interessengeleitetes Handeln in Organisationen

liefert Lukes (1976) durch seine dreidimensionale Betrachtung der Macht.

1. **Macht durch Entscheidung**: Eine mächtige Instanz (Person oder Gruppe) entscheidet gegen eine ohn-mächtige (im Sinne von ohne Macht).

   „[...] power involves a focus on behavior in the making of decisions on issues over wich there is an observable conflict of (subjective) interests [...]"
   [Lukes (1976, S.15)]

2. **Macht durch Ausblenden von Alternativen**: Eine mächtige Instanz verkleinert den Entscheidungsspielraum um bestimmte Alternativen gar nicht zur Abstimmung zu bringen.

   „[...] the way in which decisions are prevented from being taken on potential issues over which there is an observable conflict of (subjective) interests [...]"
   [Lukes (1976, S.20)]

3. **Macht durch unbewusst akzeptierte Strukturen**: Es gibt keine direkt identifizierbare Instanz mehr, die Entscheidungen durchsetzt oder den Entscheidungsraum einengt. Das Problem der Wahl zwischen mehreren Alternativen stellt sich gar nicht mehr, da die ohn-mächtige Instanz sich der potenziellen Entscheidungsmöglichkeiten nicht bewusst ist.

   „[...] thoroughgoing critique of the behavioral focus of the first two views as too individualistic and

11.2. Eigene und fremde Interessen

> allows for consideration of the many ways in which potential issues are kept out of politics, whether through the operation of social forces and institutional practices or through individuals' decisions."
> [Lukes (1976, S.24f)]

Die letzte Form der von Lukes (1976) dargestellten Machtausübung ist die ökonomischste Variante. Sie benötigt keine Individuen die tätig werden und Entscheidungen treffen bzw. nicht treffen und deren Einhaltung kontrollieren. Die ohn-mächtigen Individuen sind sich der Macht, die auf sie ausgeübt wird nicht bewusst, sie handeln „weil es sich so gehört".

An dieser Stelle zeichnet sich bereits ab, dass die „eigenen" Interessen nicht durch eine Beseitigung der subjektiv empfundenen Handlungszwänge definiert werden können, da neben den bewusst empfundenen Handlungszwängen, die konkreten Personen oder Gruppen zugeordnet werden können auch noch die unbewussten Handlungszwänge berücksichtigt werden müssen.

11.2.2. Eigene Interessen und verinnerlichter Handlungszwang

Zur Beantwortung der Frage nach den „eigenen" Intressen bietet es sich an einen Blick auf die marxistische Diskussion um Interessen zu werfen, bei der *objektive* Interessen eine wichtige Rolle spielen. In der Sicht von Marx sind die Interessen der Individuen selbst schon gesellschaftlich bedingt.[4] Marx bezeichnet in dieser

---

[4] vgl.Marx (1857, S.74)

11. Interessengeleitetes Handeln in Organisationen

Sicht *objektive* Interessen als sozial verallgemeinerbar oder gar universalisierbar, weil sie gemeinsamen Anliegen entsprechen, langfristiger Gewähr der Bedürfnisbefriedigung entsprechen und rational begründbar sind. Neuberger (1995) stellt diesen die *subjektiven* Interessen, als „individualisierte Anliegen, die in Konzentration auf das eigen Wohl angestrebt werden"[5] zur Seite. Dabei korrespondieren die objektiven Interessen mit den „*wahren*" und die subjektiven mit den "*falschen*" Interessen von Lukes (1976).[6]

Somit lassen sich die eigenen Interessen nicht nur (theoretisch) in wahre und falsche Interessen aufspalten. Einige der als eigen erlebten Interessen entsprechen durch die Sozialisation verinnerlichten fremden Interessen. Die aufwendige Fremdkontrolle der Individuen weicht dabei einer Selbstkontrolle.

11.3. Implikationen für Organisationale Lernprozesse

Welche Implikationen ergeben sich aus den hier dargestellten Überlegungen zu Interessen in Organisationen?

Die Frage nach den Interessen zielt (in diesem Zusammenhang) nicht auf die individuellen motivationalen Prädispositionen ab. Sie rückt vielmehr machttheoretische Bedingungen des individuellen Handelns in Organisationen in den Fokus der Betrachtung. Wer hat die offiziellen Machtmittel, um das Verhalten anderer Indi-

---

[5]Neuberger (1995, S.38)
[6]vgl. Lukes (1976, S.25)

viduen zu beeinflussen bzw. welche inoffiziellen, verdeckten und mikropolitischen Taktiken werden hierbei angewandt?[7] Zur Klärung dieser Frage wird in den folgenden Abschnitten die Auswirkung von organisationalen Handlungsbeschränkungen bzw. Nicht-Beschränkungen und Erweiterungen des Handlungsspielraums auf das individuelle Verhalten näher betrachtet.

11.4. Interesse und Handeln in Organisationen

Handeln in Organisationen zeichnet sich, wie oben bereits angedeutet durch Vorgaben in Bezug auf individuelle Handlungsspielräume aus. Dies geschieht um durch kollektive Koordination die Zielerreichung durch die Organisation sicherzustellen. Die Eigenschaft der Zielgerichtetheit wird in fast allen Definitionen von „Organisation" betont und in der Existenz dieser Ziele der Hauptgrund für die Bildung von Organisationen gesehen. Dabei wird argumentiert, dass Menschen bestimmte Ziele nicht alleine erreichen können und aus diesem Grund versuchen diese mit Hilfe von anderen zu verwirklichen.[8] Dies hat zur Folge, dass das Handeln der Organisationsmitglieder auf die Erreichung dieser Ziele ausgerichtet werden muss. Dabei ist zu beachten, dass die Organisationsmitglieder natürlich nicht ausschließlich die Ziele der Organisation verfolgen, sondern

---

[7]Eine adäquate Diskussion dieser Fragen kann hier im Rahmen nur eines Kapitels nicht geführt werden. Diesbezüglich sei auf die Texte zum Thema des (mikro-) politischen Agierens in Organisationen verwiesen, beispielsweise auf Neuberger (1995).

[8]vgl. Kieser und Kubicek (1983, S.2)

11. Interessengeleitetes Handeln in Organisationen

vielmehr ihr Handeln auch nach eigenen Zielen ausrichten, die von denen „der" Organisation unter Umständen abweichen.

Die hier getroffenen Aussagen suggerieren, dass es *die* klar definierten Ziele *der* Organisation gibt, was den Blick auf die im vorangegangenen Abschnitt diskutierte Frage nach den Interessen in Organisationen verbaut. Die Ziele der Organisation existieren natürlich nicht per se. Sie werden in einem Aushandlungsprozess zwischen den einzelnen Mitgliedern der Organisation bzw. Gruppen in Organisationen bestimmt. Erst wenn die Zielvorstellungen der Mitglieder nach diesem Aushandlungsprozess als die Ziele der Organisation deklariert werden, kann von Zielen *der* Organisation gesprochen werden. Dabei muss wiederum betont werden, dass nicht alle Mitglieder der Organisation die gleiche Chance haben, ihre Ziele in diesen Aushandlungsprozess einzubringen und diese durchzusetzen und dass diese Chance in Organisationen von der obersten Hierarchieebene nach unten abnimmt, worin wiederum ein Grund für die Bildung von Interessenvertretungen zu sehen ist. Interessenvertretungen stärken die Macht des einzelnen Organisationsmitglieds, da Organisationen auf ihre Mitglieder angewiesen sind und bereits der temporäre Wegfall einer Gruppe von Mitgliedern (beispielsweise bei Warnstreiks) die Zielerreichung der Organisation gefährdet.

11.4.1. Arbeitsteilung und Organisationsstruktur

Da Organisationen existieren, um Ziele zu erreichen und verschiedene Mitglieder an der Erreichung dieser Ziele arbeiten, muss das Handeln der Mitglieder auf die Ziele der Organisation ausgerichtet werden. Dazu wird festgelegt, welche Aufgaben die einzelnen

11.4. Interesse und Handeln in Organisationen

Mitglieder zu verrichten haben, damit die Ziele der Organisation erreicht werden können. Diese Arbeitsteilung hat den Vorteil, dass Stellen geschaffen werden, die unabhängig von dem jeweiligen Organisationsmitglied existieren können und dass die Ausbildung neuer Mitglieder auf festgelegte Aufgaben beschränkt werden kann.

Aus der Arbeitsteilung resultiert jedoch, dass die Zusammenarbeit der einzelnen Stellen koordiniert werden muss. Dies geschieht unter anderem durch die (formale) Organisationsstruktur, die als Gesamtheit aller formalen Regelungen zur Arbeitsteilung und Koordination bezeichnet werden kann. Sie umfasst beispielsweise die formale Hierarchie, Verfahrensrichtlinien und Standardprozeduren.

Für das einzelne Mitglied der Organisation hat dies zur Folge, dass sein Handeln in und für die Organisation zu einem großen Teil durch die Vorgaben seiner Stelle bestimmt ist. Die Stellenbeschreibung bestimmt somit zu einem großen Teil das Arbeitshandeln des Stelleninhabers. Für Organisationen interessiert also primär das zielgerichtete Arbeitshandeln der einzelnen Organisationsmitglieder, wobei die Ziele, auf die das Handeln gerichtete ist, die Ziele „der" Organisation sein sollen.

11.4.2. Aufgabenbezogene Handlungsregulation

Darüber, wie die psychische Handlungssteuerung in Bezug auf die Zielverfolgung verstanden werden kann, geben die Theorien der Handlungsregulation Aufschluss. Dabei scheint ein breiter Konsens zwischen Psychologen unterschiedlicher Arbeitsrichtungen zu bestehen, dass das Kernproblem bei der Analyse des Handelns darin

11. Interessengeleitetes Handeln in Organisationen

zu sehen ist, dass ein theoretisches Vakuum zwischen Erkenntnis und Handeln besteht, welches einer Füllung bedarf.[9] Den verschiedenen Autoren ist gemeinsam, dass sie davon ausgehen, dass ein Wissen des Individuums um die zu erledigenden Aufgaben besteht, dass eine Vorstellung von der erforderlichen oder wünschenswerten Arbeitsausführung existiert und selbst- bzw. fremdgegebene Ziele vorhanden sind, zu welchen das Individuum Vorannahmen zur Ausführung treffen kann.

Die meisten Autoren[10] beschreiben diesen Vorgang in Form eines kybernetischen Regelkreises.[11] Luria (1970) formuliert dies wie folgt:

> „Moderne psychologische Untersuchungen haben geklärt, dass jeder Verhaltensvorgang ein komplexes funktionelles System, aufgebaut auf Plan oder Programm der Verrichtungen darstellt, das zu einem definierten Ziel führt. Das System ist selbstregulierend: Das Gehirn beurteilt das Resultat jeder Verrichtung in Bezug auf den zugrundeliegenden Plan und beendet die Tätigkeit, sobald sie eine erfolgreiche Erfüllung des Programms erreicht."
> [Luria (1970, S. 66)]

Die Frage nach der Ausgestaltung des oben beschriebenen Vakuums wird jedoch von verschiedenen Autoren unterschiedlich beant-

---

[9] vgl. Miller, Galanter und Pribram (1973, S. 203)
[10] vgl. beispielsweise Miller et al. (1973), Leontjew (1979), Anochin (1967)
[11] Hacker (1998) bezeichnet die den betreffenden Ansätzen innewohnende kybernetische Struktur mit der Bezeichnung *Vorwegnahme-Rückkoppelungs-Kreis*.

11.4. Interesse und Handeln in Organisationen

wortet. Die folgenden Abschnitte stellen drei mögliche Arten der Beantwortung dieser Frage dar.[12]

11.4.2.1. Handlungssteuerung durch TOTE-Einheiten

Miller et al. (1960)[13] beschreiben die Handlungssteuerung durch ein einfaches Modell, welches das Zusammenwirken von Handlungsplänen als organisierende Sequenz von Bewegungsinstruktionen und Handlungen beschreibt und in Form eines einfachen Regelkreises dargestellt wird. Sie gehen dabei von der Annahme sogenannter **Test-Operate-Test-Exit** Regulationseinheiten aus, legen also eine kybernetische Hypothese in Bezug auf die grundlegenden Bausteine des Nervensystems zugrunde, welche an einen stark vereinfachten Homöostat im Sinne von Ashby (1956) erinnert. Das Zusammenwirken der drei Bausteine innerhalb des Regelkreises beschreiben die Autoren wie folgt.[14]

- **Test**: In einem ersten Schritt wird das Ziel einer Handlung bestimmt und in einem Test die möglicherweise bestehende Diskrepanz zwischen dem aktuell gegebenen und dem durch das Ziel definierten Endzustand ermittelt.

- **Operate**: In einem zweiten Schritt wird eine Aktivität durchgeführt, welche die festgestellte Lücke zwischen Ist-Zustand

---

[12] Ziel dieses Abschnitts kann nicht sein eine vollständige und kritische Abhandlung über die in ihm dargestellten Theorien zu geben, dies würde den Rahmen dieser Arbeit sprengen und ihrem Ziel nicht dienlich sein. Für die vollständige Beschreibung sei auf die jeweils genannte Literatur verwiesen.

[13] Bei der 1973 veröffentlichten Version handelt es sich um die deutschsprachige Übersetzung von Miller et al. (1960). Die folgenden Literaturverweise beziehen sich auf die deutsche Version.

[14] vgl. Miller et al. (1973, S.29ff)

11. Interessengeleitetes Handeln in Organisationen

und gewünschtem Zielzustand reduzieren soll.

- **Test**: Im dritten Schritt wird überprüft, ob die in Schritt 1 festgestellte Lücke geschlossen werden konnte. Ist dies nicht der Fall, so wird eine weitere Aktivität durchgeführt.

- **Exit**: Bei Feststellung der Übereinstimmung von Ist- und geplantem Soll-Zustand wird das Regelsystem verlassen.

Eine grafische Darstellung des Modells von Miller et al. (1973) ist in Abbildung 11.1 auf Seite 297 wiedergegeben.

11.4.2.2. Handlungsregulation durch VVR-Einheiten

Hacker (1998)[15] übernimmt den Ansatz von Miller et al. (1973) und entwickelt ein Drei-Ebenen-Modell der Handlungsregulation, in welchem er die grundlegenden Einheiten als Vergleichs-Veränderungs-Rückkopplungs Einheiten (VVR) bezeichnet. Dabei führt er eine heterarchische Sichtweise auf die Handlungsregulation ein, geht also von einer gegenseitigen Wirkung der Ebenen aufeinander aus. Zur Beschreibung des Vorgangs der Handlungsregulation[16] greift

---

[15] Die meisten Angaben in dieser Arbeit beziehen sich auf das z.Zt. aktuelle Werk des Autors, welches 1998 veröffentlicht wurde. Entwickelt wurden die Grundzüge des Ansatzes bereits in den 1970'er Jahren. Sie sind veröffentlicht in den Monographien Hacker (1973) bzw. Hacker (1986). Hacker bezieht sich bei seinen Ausführungen zwar speziell auf die psychische Regulation von *Arbeitstätigkeiten*, hat aber gleichzeitig den Anspruch einen Beitrag zu einer allgemeinen Psychologie des menschlichen Handelns einen Beitrag zu leisten.

[16] Hacker verwendet meistens den Begriff *Regulation*, ab und zu jedoch auch *Steuerung*. Dementsprechend werden die beiden Begriffe im Verlauf dieses Abschnitts synonym verwendet.

11.4. Interesse und Handeln in Organisationen

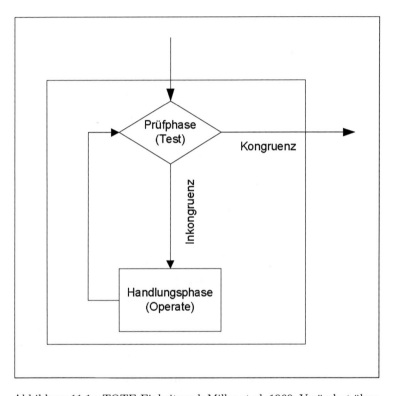

Abbildung 11.1.: TOTE-Einheit nach Miller et al. 1960. Verändert übernommen aus aus Miller et al. (1973,S.34)

11. Interessengeleitetes Handeln in Organisationen

Hacker (1998) auf die Beschreibung von Tomaszewski (1978) zurück:[17]

- Richten (Bilden eines Ziels als Vorwegnahme und Vornahme)
- Orientieren (über Aufgabe, Ausführungsmöglichkeiten und Handlungsbedingungen)
- Entwerfen der Aktionsprogramme im Sinne des Bildens eines Ergebnis- und Tätigkeitsmodells
- Entscheidung über Ausführungsweisen und Herbeiführen des Entschlusses (als Übergang zum Verwirklichen)
- Kontrollieren des Ausführens [als rückkoppeldes Vergleichen mit Ergebnis- und Tätigkeitsmodell, eine Sonderform des Orientierens.] Dieses Kontrollieren („monitoring" und „feedback") schließt auf neuer Ebene (weil unter Berücksichtigung der neuen Situation) mit Rückgriff auf das „innere Modell" oder „System operativer Abbilder" den Kreis der aspektweise ableitbaren psychischen Regulationsvorgänge.

Eine grafische Darstellung des Modells der Handlungsregulierung von Hacker (1998) ist in Abbildung 11.2 wiedergegeben, die Funktionsweise einer regulativen VVR-Einheit ist in Abbildung 11.3 auf Seite 303 dargestellt. Dabei muss angemerkt werden, dass es sich bei den im Modell beschriebenen Vorgängen der psychischen Regulation von Arbeitstätigkeiten nicht um real getrennte regulative Phasen handelt, sondern um so verbundene Vorgänge, dass ihre Behandlung nur in Form von Aspekten erfolgen kann. Handlungsvor-

---

[17] Hacker (1998, S. 174)

11.4. Interesse und Handeln in Organisationen

bereitung und -durchführung, sowie Antriebs- und Ausführungsregulation sind keine real getrennten und nacheinander ablaufenden Prozesse.

Das Grundverständnis des Begriffs *Handeln* ist bei Hacker (1973) stark geprägt durch die Ergebnisse der sowjetischen Psychologie, insbesondere durch die Arbeiten von Rubinstein und Leontjew[18]. Handeln wird dabei bewusst, zielgerichtet, gegenständlich und in gesellschaftliche Zusammenhänge eingebunden gesehen. Der zentrale Ausgangspunkt der Theorie von Hacker (1973) ist dabei weniger die einzelne Handlung, als die Frage, wie größere Einheiten des Handelns geplant bzw. reguliert werden, also nach welchen Prinzipien der Verlauf mehrerer Aktivitätseinheiten zustandekommt.

Im folgenden Abschnitt soll auf die Grundzüge der Theorie der Handlungsregulation von Hacker eingegangen werden. Aus der insgesamt über 500 Seiten fassenden Schrift sollen dabei nur die für die Beschreibung des rationalen Handelns grundlegenden Aspekte dargestellt werden.

11.4.2.3. Operative Abbildsysteme

Hacker (1998) geht bei der Entwicklung seines Modells davon aus, dass die handelnde Person für die konkrete Gestaltung von Handlungsvorbereitung und -ausführung Orientierung durch relativ stabile, mehr oder weniger bewusste psychische Abbildungen der einzelnen Komponenten der zu verrichtenden Tätigkeit erhält. Diese umfassen die zu erreichenden Ziele, sowie die Teilzielhierarchien, die

---

[18] vgl. beispielsweise Hacker (1973, S.56ff)

11. Interessengeleitetes Handeln in Organisationen

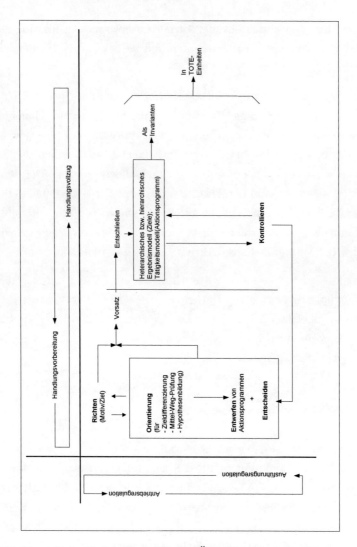

Abbildung 11.2.: Grob schematisierter Überblick über die Glieder und Zusammenhänge der psychischen Handlungsregulation. Verändert übernommen aus Hacker (1986, S.113), bzw. Hacker(1986,S.176)

11.4. Interesse und Handeln in Organisationen

zur Erreichung dieser als notwendig erachteten Aktionsprogramme, sowie die Ausführungsbedingungen, welche dabei beachtet werden müssen.

Diese psychischen Abbildungen bezeichnet Hacker (1998) als **O**perative **A**bbild **S**ysteme (OAS)[19] bzw. als handlungsleitende psychische **A**bbilder (HAB)[20]. Er beschreibt sie als

> „[...] multiple Gedächtnisrepräsentationen komplexer Systeme einschließlich der Prozesse, die es gestatten, Systemkomponenten und deren Interaktion zu verstehen und zu prädiktieren, wie sich Systeme auf Einwirkungen hin verhalten werden (Schuhmacher und Czerwinski (1992)). Sie ermöglichen damit die rechtzeitige, aktive Einflussnahme auf Systeme. OAS von komplexen Systemen werden anknüpfend an Vorwissen in den Tätigkeiten aufgebaut. Sie können gelegentlich den Charakter einer Analogie haben, wenn die Vorwissensstrukturen bei ihrem Aufbau überdehnt werden. Besonders stark sind OAS jedoch abhängig von der *Art der Tätigkeit* und deren Rückmeldungen, in der sie *aktiv erworben werden*. Daher entstehen vom gleichen System in in unterschiedlichen Tätigkeiten verschiedene OAS. [Hacker (1998, S.187), Hervorhebungen im Original]

Operative Abbildsysteme beeinflussen also die gesamte Handlungsregulation, also sowohl die Handlungsvorbereitung als auch die Handlungsdurchführung. Sie sind anforderungsunabhängig und be-

---
[19] vgl. Hacker (1998, S. 186ff)
[20] Hacker (1992, S.37)

11. Interessengeleitetes Handeln in Organisationen

wältigungsorientiert. Dabei sind sie gleichzeitig selektiv, denn sie bilden nur die entsprechend notwendigen technologischen Vorgänge ab, welche Bedeutung für die Tätigkeitsregulation besitzen. Sie tragen schematische Züge und sind aufwandsbezogen. Dabei sind sie antwort- und regulationsbezogen kodiert und ermöglichen eine Hypothesenbildung mit Hilfe von Vorwegnahmen und Erwartungen.

11.4.2.4. Hierarchisch- / heterarchisch sequentielle Regulation

Da das Handlungsmodell von Hacker (1998) sowohl verschachtelte, als auch verkettete Einheiten auf verschiedenen Ebenen beinhaltet, welche gegenseitig in Wirkung und Rückkopplung aufeinander Einfluss nehmen, wird es als hierarchich-heterarchisch sequentielles Modell der Handlungsregulation bezeichnet.[21] Die Regulation erfolgt also nicht nur von oben nach unten, ausgehend von einem Oberplan, sondern auch von untergeordneten Komponenten in Richtung auf den Oberplan.

Für einen Beobachter wird diese komplexe Struktur der geistigen Prozesse einer Handlung nicht deutlich. Beobachtbar ist lediglich eine Aufeinanderfolgen von Teilhandlungen, welche in einer mehr oder weniger sinnvollen Reihenfolge zu stehen scheinen.[22]

Die Vorteile der hierarchisch-heterachisch sequentiellen Struktur in

---

[21] Die Vorstellung von Handlungsregulation als ein hierarchisch-heterarchicher Prozess geht auf die Ausführungen von Volpert (1974) zurück. Vgl. hierzu auch Heller (1980, S.53), Hacker (1998, S.207).

[22] Zur praktischen Veranschaulichung des Prinzips der hierarchisch-heterarchisch sequentiellen Handlungsregulation sei auf das vielzitierte Autoschlüssel-Beispiel von Volpert (1974, S.24ff) verwiesen.

11.4. Interesse und Handeln in Organisationen

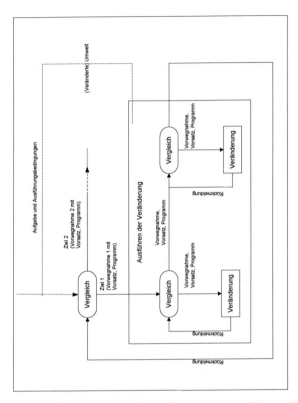

Abbildung 11.3.: Schematisierte Darstellung der hierarchischen Struktur einer regulativen Funktionseinheit (VVR-Einheit). Aus Hacker(1998, S.215)

11. Interessengeleitetes Handeln in Organisationen

Hacker's Modell beschreibt Oesterreich (1981)[23]:

- Bessere Berücksichtigung der begrenzten Planungskapazität durch Zerlegung der Gesamthandlung in immer kleinere Teile, denen dann jeweils die volle Aufmerksamkeit zugewendet werden kann;

- bessere Möglichkeit Planungsfehler oder unerwartete durchführungsbezogene Behinderungen aufzufangen, ohne den gesamten Plan ändern zu müssen.

11.4.2.5. Anmerkungen zu den dargestellten Ansätzen

Die in diesem Abschnitt dargestellten Ansätze der Erklärung des Zustandekommens zielgerichteter Handlungen weisen einige Gemeinsamkeiten auf. Sie folgen einem rationalistischen Paradigma. Handeln wird dabei als komplexer, bewusst regulierter Vorgang betrachtet, welcher immer zielgerichtet ist. Die Ansätze stehen somit in der Tradition der westlichen Gesellschaft, welche rationales Handeln zwar zum Ideal erhoben haben scheint, selbiges aber meist nicht in Frage stellt.[24] Die Popularität des Rationalitätsgedankens in der Gesellschaft wird von unterschiedlichen Autoren verschieden begründet. Dreyfus und Dreyfus (1987) führen dies u.a. auf den *gesellschaftlichen Wandel* zurück, welcher ihrer Meinung nach durch eine immer weiter fortschreitende Verbreitung der Bürokratie mit ihrer (mehr oder weniger rationalen) Funktionsweise, den *Einfluss der modernen Wissenschaft* und den Siegeszug des *digitalen Hoch-*

---

[23] vgl. Oesterreich (1981, S.15ff)
[24] vgl. Heller (1994, S.68)

11.4. Interesse und Handeln in Organisationen

geschwindigkeitsrechners gekennzeichnet ist.[25]

Der Ansatz von Hacker (1998) eignet sich das *aufgabenbezogene* Handeln von Individuen in Organisationen zu beschreiben. Ziele des Handelns werden durch die Stelle bestimmt und die Erreichung zielgerichtet verfolgt. Somit stellen die hier aufgezeigten Ansätze die intrapsychischen Vorgänge des optimalen Organisationsmitglieds dar. Nicht-Rationales hat in dieser Vorstellung keine Daseinsberechtigung. Es kann nicht ohne weiteres in die rationale Denkweise integriert werden. Dies gilt insbesondere für das Handel aus Intuition oder aus dem Gefühl heraus, welchem der Label der Irrationalität anlastet, und welches somit keine Erklärung durch die klassischen Ansätze der Handlungsregulation erfährt. Da interessegeleitetes Handeln jedoch durch eine emotionale Komponente gekennzeichnet ist und nicht als zielgerichtet im engen Sinn verstanden werden kann, ist es nur schwer möglich dieses mit Theorien des rationalen Arbeitshandelns zu beschreiben. Aus interessegeleiteten Handlungen können zwar konkrete Ziel entwickelt werden, deren Verfolgung dann mit dem Instrumentarium zur Erklärung des zielgerichteten Handelns beschrieben werden können, die interessengeleite Auseinandersetzung „an sich" ist jedoch nicht durch konkrete Ziele bestimmt.

---

[25] vgl. Dreyfus und Dreyfus (1987, S.259)

11. Interessengeleitetes Handeln in Organisationen

11.4.3. Nichtaufgabenbezogenes Handeln

Arbeitshandeln gemäß der Stellenbeschreibung kann als aufgabenbezogenes Handeln bezeichnet werden. Was aber ist mit Handlungen von Organisationsmitgliedern, die sich nicht direkt auf die beschriebenen Aufgaben der Stelle beziehen?

11.4.3.1. Illusion der vollständigen Planbarkeit

Die Vorstellung, dass Regeln und Aufgaben das Handeln von Individuen in Organisationen vollständig bestimmen und die Mitglieder die Ziele der Organisation zu ihren eigenen machen erweist sich als Illusion. Dies würde voraussetzen, dass die Stellen so geplant sind, dass sie die täglich verfügbare Arbeitskraft eines Organisationsmitglieds mehr oder weniger gleichmäßig auf den Arbeitstag verteilen, wobei sie die individuelle Arbeitsgeschweindigkeit berücksichtigen. Bereits aus den hier dargestellten Parametern ist zu erkennen, dass Arbeitsaufgaben nicht so geplant werden können, dass die Mitglieder der Organisation keine Möglichkeit mehr haben andere, also nicht-aufgabenbezogene Handlungen zu vollziehen. Auch von der Seite der Kontrolle her erweist sich dies als unmöglich, da in diesem Fall hinter jedem Mitglied der Organisation eine Kontrollinstanz stehen müsste, die jede Handlung überwacht und bei Abweichen vom aufgabebezogenen Verhalten disziplinierend eingreifen müsste. Folglich kann in der Praxis davon ausgegangen werden, dass neben dem aufgabebezogenen Handeln ein Handeln in Organisationen besteht, das als nicht-aufgabenbezogen charakterisiert werden kann. Ohne dieses Verhalten wäre eine Veränderung der Organisation im

11.4. Interesse und Handeln in Organisationen

Sinne einer Anpassung an veränderte Umweltbedingungen nicht vorstellbar, innovatives Verhalten der Mitglieder wäre vollkommen ausgeschlossen, oder wie Katz (1964) feststellt:

> „No organizational planning can foresee all contingencies within its operations, or can anticipate with perfect accuracy all environmental changes [...]. The resources of people in innovation, in spontaneous cooperation, in protective and creative behavior are thus vital to organizational survival and effectiveness."
> [Katz (1964, S.123)]

Katz unterscheidet diesbezüglich zwei verschiedene Arten von nicht-aufgabenbezogenem Verhalten: Das *innovative* Verhalten und das *spontane* Verhalten. Unterschieden werden die beiden Ausprägungen durch den Ort ihrer Bewertungen. Spontanes Verhalten kann nur von dem betroffenen Individuum als solches bewertet werden, wohingegen innovatives Verhalten eine Bewertung durch die Organisation bzw. die zur Bewertung befähigten Mitglieder der Organisation voraussetzt. Koch (2001) bezeichnet das spontane Verhalten als *freiwilliges Arbeitsverhalten*, da die Freiwilligkeit aus der Sicht der Person das entscheidende Kriterium ist. Die zweite Ausprägung des nicht-aufgabenbezogenen Arbeitsverhaltens bezeichnet Koch als *abweichendes Arbeitsverhalten*, da es von dem regulären Arbeitsverhalten auffällig abweicht (in bezug auf Normen, Routinen und Prozeduren der Organisation). Ohne dieses nicht-aufgabenbezogene, innovative Verhalten wären Organisationen nicht in der Lage sich an veränderte Bedingungen anzupassen. Bei strikter Regulierung und Kontrolle der Handlungen der

11. Interessengeleitetes Handeln in Organisationen

Mitglieder würden Organisationen in eine Stagnation verfallen und schließlich aufgrund ihrer Inflexibilität zugrunde gehen. Oder in der Terminologie von Geißler (1991) gesprochen: Wenn die einzelnen Mitglieder ihr verändertes Steuerungspotential nicht in Handlungen übersetzen dürfen, dann kann es nicht zu organisationalem Lernen kommen.

11.4.3.2. Geplantes Handeln bei Ajzen

Wie kann das Zustandekommen des nicht-aufgabenbezogenen Handelns verstanden werden? Die Theorie des geplanten Handelns von Ajzen erklärt, genauso wie die Theorie des zielgerichteten Handelns von Hacker, menschliches Handeln auf Grundlage der Ziele, die sich eine Person setzt, oder anders ausgedrückt, auf Grundlage der Bildung von Intentionen. Dabei dienen Intentionen in der Theorie von Ajzen als eine Art „Super Faktor"[26], der konzeptionell alle motivationalen Faktoren enthält, die das Handeln beeinflussen. Handeln bzw. Nichthandeln ist somit abhängig vom Bestehen bzw. Nichtbestehen einer Intention. Das Individuum kann somit entscheiden Intentionen zu bilden (oder nicht) bzw. wie diese Intentionen ausgerichtet sind.

Ajzen's Theorie bezog sich ursprünglich auf Bereiche des Handelns, die sich durch eine hohe volitionale Kontrolle auszeichnen, in denen das Individuum also frei bestimmen konnte, welche Ziele es wie verfolgen wollte.[27] Diese Fassung berücksichtigte ebenso wenig die Handlungseinschränkungen, die in Organisationen vorherr-

---

[26] Ajzen (1985)Ajzen (1991),
[27] Vgl. Fishbein und Ajzen (1975)

11.4. Interesse und Handeln in Organisationen

schen, wie die bisher entwickelten Vorstellungen über interessengeleiteten Handelns in Kapitel 5.5. Die erweiterte Theorie des geplanten Handelns berücksichtigt jedoch auch den Fall, dass nur eine eingeschränkte volitionale Kontrolle des Handelns gegeben ist. Sie geht davon aus, dass die Einschränkungen des Handelns von den Individuen bei ihrem Handeln eingeplant werden. Die wahrgenommenen Verhaltenskontrolle fließt somit in das Modell zur Erklärung der Intentionsbildung mit ein.

Die Erklärung des Verhaltens in der Theorie des geplanten Handelns vollzieht sich nach Ajzen (1991)in zwei Schritten. Während das resultierende Verhalten eines Individuums aus dessen Intentionen und der wahrgenommenen Verhaltenskontrolle resultiert, werden die Intentionen ihrerseits durch die drei Determinanten Einstellungen, subjektive Normen und wahrgenommene Verhaltenskontrolle erklärt. Durch die wahrgenommene Verhaltenskontrolle bekommt das Modell eine kontextspezifische Ausrichtung. Grafisch dargestellt ist das Modell der geplanten Handlungen in Abbildung 11.4

Die Ansätze zur Erklärung des Handelns bei Hacker und bei Ajzen weisen somit die Gemeinsamkeit auf, dass sie von der Existenz von Zielen ausgehen, auf die das Handeln ausgerichtet wird. In dem Ansatz von Ajzen ist jedoch die Zielbildung nicht auf die Übernahme von vorgegebenen Zielen beschränkt, sondern die Bildung der Ziele durch das Individuum selbst ist erklärbar. Handeln von Individuen in Organisationen, das nicht primär aufgabengebunden ist, kann somit erklärt werden. Die Theorie des geplanten Handelns ist kompatibel mit der Selbstbestimmungstheorie von Deci und Ryan (1985), wie sie in Abschnitt 6.2.3 beschrieben wurde. Wenn das ge-

11. Interessengeleitetes Handeln in Organisationen

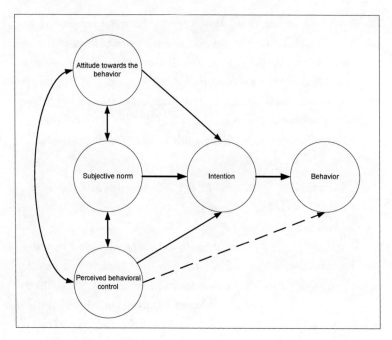

Abbildung 11.4.: Theorie des geplanten Handelns bei Ajzen. [Ajzen(1991), S.182]

plante Handeln nach der Bildung der Intention ausbleibt, so kann dies verschiedene Gründe haben: Die Intention wird wieder aufgegeben, da sich die wahrgenommene Verhaltenskontrolle verändert, der Handlungsversuch scheitert an mangelnden Fähigkeiten des Individuums oder andere Personen bzw. Umstände verhindern das Handeln.

Für das Ziel dieser Arbeit ist der Parameter der wahrgenommenen Verhaltenskontrolle von besonderem Interesse. Diese wahrgenom-

11.4. Interesse und Handeln in Organisationen

mene Kontrolle stellt die Konstruktion des Individuums darüber dar, in wieweit es in seiner Macht steht das intendierte Verhalten auszuführen. Wahrgenommene Kontrolle ist somit die intrapsychische Konstruktion von Verhaltensbeschränkungen, wie sie im sozialen Umfeld (beispielsweise in der Abteilung) vorherrschen. Dabei handelt es sich bei diesen Konstruktionen um die Vorwegnahme von potentiell eintretenden Reaktionen auf Handlungen der anderen Mitglieder des sozialen Systems. Aus diesem Grund ist die Vorhersage von individuellem Verhalten in sozialen Systemen ein schwieriges Unterfangen, was jedoch nicht bedeutet, dass es keine Aussagen zu der Auswirkung des sozialen Kontexts auf das individuelle Verhalten gibt.

Zajonc (1966) beispielsweise kommt aufgrund eigener und der Auswertung fremder Untersuchungen zu dem Schluss, dass die Anwesenheit anderer Personen, und zwar nicht nur die physische, sondern auch die psychische Repräsentation dieser, ein Lernen und Zeigen von neuen Verhaltensweisen des einzelnen behindert und die Reproduktion von in der Vergangenheit bewährtem Verhalten fördert.[28] Somit kann also nicht generell davon ausgegangen werden, dass es zu einer Verhaltensänderung des Individuums in der Gruppe und somit zu einer Verhaltensänderung der Gruppe an sich kommt, selbst wenn potenzielle Handlungsspielräume vorhanden sind. Dies gilt allerdings nur dann, wenn die Anwesenden (oder Anwesend-Abwesenden) im Rahmen des individuellen Konstruktions- und Bewertungsprozesses als relevant empfunden werden. Wichtig ist also, wie oben bereits dargestellt wurde, die individuelle Konstruktion

---

[28] vgl. Zajonc (1966, S.13f)

11. Interessengeleitetes Handeln in Organisationen

der sozialen Situation.[29] Selbst wenn die als relevant empfundenen Anderen der Meinung sind, dass sie Freiräume für neues Verhalten bereitstellen, so kann es zu einer Hemmung des Zeigens neuen Verhaltens aufgrund der unterschiedlichen Konstruktion des betroffenen Individuums kommen.

11.4.3.3. Interesse und eigenverantwortliches Handeln

Organisationen zeichnen sich durch die Existenz von geschriebenen und ungeschriebenen Regeln und Normen aus. Neben der meist schriftlich fixierten formalen Organisationsstruktur, niedergelegt in Organigrammen, Stellenbeschreibungen und Handlungsvorschriften, existieren die ungeschriebenen Werte und Normen von Organisationen.[30] Beide schränken den potentiellen Handlungsspielraum ein. Beispielsweise kann eine Vorschrift in einer konkreten Organisation festlegen, dass generell der Dienstweg einzuhalten ist und ein ungeschriebenes Gesetz, welches durch das Verhalten der Mitglieder gelebt (und dadurch am Leben gehalten) wird, kann lauten: Grüße auf alle Fälle die höheren Vorgesetzten, wenn Du sie auf dem Flur triffst, sprich sie aber nicht informell an.

Wenn ein Organisationsmitglied gegen diese Regeln und Normen verstößt, so fällt dieses *abweichende* Verhalten den anderen Organisationsmitgliedern auf, da es sich vom „normalen" Verhalten abgrenzt und somit einen Unterschied macht. Bei Einhaltung des vor-„geschriebenen" Verhaltens kommt es zu einer Entlastung des Organisationsmitglieds durch die (abstrakte) Organisation, da dem

---

[29] vgl. Lück (1969, S.79)
[30] vgl. hierzu die Ausführungen über Organisationskultur in Abschnitt 2.1.2.

11.4. Interesse und Handeln in Organisationen

Individuum suggeriert wird, dass sein Handeln nicht eigenverantwortlich ist. Verstößt ein Organisationsmitglied jedoch gegen Regeln und Normen, so begibt es sich aus dem Schutz der Vorschriften und handelt auf eigene Verantwortung. Die Ziele des Handelns entsprechen dabei nur bedingt den von der Organisation vorgegebenen Zielen. Die Durchführung dieser Handlungen fordert persönliche Initiative, eine aktive Einstellung gegenüber der Arbeit und proaktives Verhalten. Eigenverantwortliches Handeln ist eine Reaktion darauf, dass in der Organisation ein individuell wahrgenommener Handlungsbedarf besteht und aufgrund eines „normativen Vakuums"[31] keine eindeutige Lösung für das Problem vorgesehen ist.

Der Tatbestand, dass Individuen in Organisationen für die Organisation positive Verhaltensweisen zeigen, die von dem vorgeschriebenen Verhalten abweichen, wurde bereits in mehreren Ansätzen thematisiert, beispielsweise im *Extrarollenverhalten* von Nerdinger (1998), das Verhalten bezeichnet, das über die expliziten Rollenerwartungen hinausgeht; bei Borman und Motowidlo (1983) in Form der *contextual performance*, die zwar nicht gegen Normen verstößt aber auffällt, weil sie über die vorgeschriebenen Aufgaben hinausgeht; in Form des *organizational citizenship behavior* bei Bateman und Organ (1983), wobei diese Art des nicht-aufgabenbezogenen Handelns für die Organisation analog zu der Forderung von Kennedy verstanden werden kann: Frage nicht was Deine Organisation für Dich tun kann, sondern frage was Du für Deine Organisation tun kannst. Von eigenverantwortlichem Handeln kann aber erst dann gesprochen werden, wenn die Situation, in der es stattfindet dadurch gekennzeichnet ist, dass die normativen Standards kei-

---

[31] Koch (2001, S.114)

11. Interessengeleitetes Handeln in Organisationen

ne überzeugenden Handlungsalternativen bieten und deshalb eine persönliche Norm für das Handeln konstruiert werden muss.[32] Ob dieses Verhalten als positiv oder als negativ für die Organisation betrachtet, ob es gefördert oder das Mitglied für sein Verhalten im negativen Sinne verantwortlich gemacht wird, hängt von der Bewertung der in diesem Fall relevanten Mitglieder der Organisation ab (beispielsweise von den direkten Vorgesetzten).

Lässt sich interessengeleitetes Handeln in die hier genannten Ansätze des nicht-aufgabenbezogenen Handelns in Organisationen einordnen oder stellt es eine neue und eigenständige Kategorie dar?

Organizational Citizenship Behavior vs. interessegeleitetem Handeln

Der von Borman und Motowidlo (1983) in die Diskussion um Verhalten in Organisationen eingeführte Begriff des **O**rganizational **C**itizenship **B**ehavior (OCB) bezeichnet Verhalten, das[33]

- ohne Aufforderung gezeigt wird,

- nicht durch das formale Be- bzw. Entlohnungssystem der Organisation erfasst und vergolten wird,

- nicht durch die Stellenbeschreibung oder die Rollenerwartungen seitens der Organisation festgeschrieben ist und

- dessen Unterlassung nicht als Regelverstoß gewertet wird.

---

[32]vgl. Koch (2001, S.211f)
[33]vgl. Organ (1988, S.4)

11.4. Interesse und Handeln in Organisationen

OCB steht laut Organ (1988) Konzepten des Altruismus und des Pflichtgefühls bzw. der Gewissenhaftigkeit (Conscientiousness) nahe. Es zeichnet sich also dadurch aus, dass das gezeigte Verhalten das Ziel hat, einem oder mehreren anderen Organisationsmitgliedern in irgendeiner Weise bei ihrer Arbeit zu helfen, wodurch im Endeffekt der Organisation geholfen wird, was aber nicht als primäres Ziel des Handelns gesehen werden kann. Somit steht es in engem Zusammenhang mit dem Konzept des prosozialen Verhaltens in Organisationen von Brief und Motowidlo (1986).

OCB als Gewissenhaftigkeit und Pflichtgefühl zielt im Gegensatz zu Altruismus nicht auf die Hilfe für spezifische Personen ab, sondern eher auf die Organisation als Entität.[34] Koch (2001) identifiziert darüberhinaus noch Loyalität, Partizipation und Persönliche Initiative als Dimensionen des OCB.[35]

Aus den hier genannten Beschreibungsmerkmalen für Organizational Citizenship Behavior wird ersichtlich, dass interessegeleitetes Handeln nur bedingt als OCB betrachtet werden kann. Einzig die individuelle Initiative kann als Schnittmenge betrachtet werden. Durch Interesse geleitetes Handeln ist primär auf das Individuum selbst bezogen, Altruismus, Pflichtgefühl, Loyalitiät und Partizipation lassen sich in Bezug auf diese Art des Handelns nicht anwenden.

Extra-Rollenverhalten und Interessiertes Handeln

Unter dem von Nerdinger (1998) geprägten Begriff des Extra-Rollenverhaltens (ERV) werden in Organisationen gezeigte Verhaltens-

---
[34] vgl. Organ (1988, S.10)
[35] vgl. Koch (2001, S.186)

11. Interessengeleitetes Handeln in Organisationen

weisen subsummiert, die nicht in formalen Rollenvorschriften festgelegt sind und Auswirkungen auf den betrieblichen Erfolg haben. Dieser Verhaltensbereich hat seit den 1980er Jahren das verstärkte Interesse der Forschung in den angelsächsischen Ländern gefunden. Bislang dominieren Versuche, die dimensionale Struktur aus Sicht der Unternehmen zu bestimmen, die Sicht der Mitarbeiterinnen und Mitarbeiter wurde dagegen weitgehend vernachlässigt.[36] Extra-Rollenverhalten bezeichnet Verhalten in Organisationen, das über die expliziten Rollenerwartungen hinausgeht, welche die Organisation an ihre Mitglieder richtet. Definitionsmerkmale des ERV sind:

- Freiwilligkeit und Intentionalität (es ist also nicht explizit vorgeschrieben)

- Keine Abdeckung durch das formale Entlohnungssystem der Organisation

- Relevanz und potentieller Nutzen für die Organisation.

Beim ERV steht der Nutzen für die Organisation im Vordergrund, was wiederum von der Wahrnehmung und Bewertung durch relevante Mitglieder der Organisation abhängig ist. Interessengeleitetes Handeln von Organisationsmitgliedern kann folglich nur dann als ERV im Sinne von Nerdinger (1998) betrachtet werden, wenn eine Übereinstimmung mit den Zielen der Organisation festgestellt werden kann.

---

[36] vgl. Nerdinger (1998)

11.4. Interesse und Handeln in Organisationen

11.4.3.4. Bedingtaufgabenbezogenes Handeln

Interessengeleitetes Handeln kann gemäß den Ausführungen in Abschnitt 5.5 als Handeln verstanden werden, dessen Ursprung in einer motivationalen Disposition des Individuums in Verbindung mit situativen Reizeigenschaften liegt und eine starke emotionale Komponente aufweist. Somit entspricht dieses Handeln nur bedingt dem Rationalitätsprinzip, welches der Festlegung von Aufgaben und Regeln in Organisationen zugrunde liegt. Das klassische Menschenbild in den Wirtschaftswissenschaften (der Homo Ökonomicus) verfügt über keine irrationalen Komponenten wie Emotionen. Somit ist interessengeleitetes Handeln als nur bedingt aufgabenbezogenes Handeln zu verstehen. Dabei sind drei Fälle zu unterscheiden.

1. *Übereinstimmung von individuellen Interessen und Arbeitsaufgaben*: Aus der Sicht der Organisation liegt der Idealfall dann vor, wenn die individuellen Interessen sich auf die Arbeitsaufgaben beziehen, also eine Übereinstimmung mit dem geforderten Arbeitshandeln besteht. Dies ist beispielsweise der Fall, wenn sich ein Mitarbeiter der EDV-Abteilung einer Organisation für Netzwerktechnologie interessiert und sein interessengeleitetes Handeln (beispielsweise das Testen von neuer Software) in Übereinstimmung mit der Beschreibung seiner Stelle steht. In diesem Fall ist das interessengeleitete Handeln aufgabenbezogen.

2. *Individuelle Interessen haben einen indirekten Bezug zu den Arbeitsaufgaben*: In dem Beispiel des Mitarbeiters der EDV würde dies beispielsweise bedeuten, dass seine Interessen auf dem Gebiet der Elektrotechnik liegt. Bei dem Kauf von neuen

11. Interessengeleitetes Handeln in Organisationen

Kabeln für das Netzwerk der Organisation wäre dies ein Vorteil, da er durch sein abweichendes, nicht-aufgabenbezogendes Verhalten (beispielsweise sein Einmischen in die Entscheidungsfindung zum Kauf neuer Kabel) einen positiven Beitrag für die Organisation leistet.

3. *Individuelle Interessen haben keinen Bezug zu den Arbeitsaufgaben*: Wenn der Mitarbeiter aus dem gewählten Beispiel sich jedoch für Fußball interessiert und das Netzwerk der Organisation nutzt um ein selbst erstelltes Programm zum Abschließen von TOTO-Wetten installiert, so liegt kein Aufgabenbezug vor.

Aus den hier dargestellten Beispielen wird deutlich, dass nicht das abweichende Verhalten des Individuums in der Organisation an sich nicht nützlich bzw. unnütz für die Organisation ist. Es kommt auf die Bewertung der Handlungen an. Der letzte geschilderte Fall erscheint auf den ersten Blick nicht sinnvoll für die Organisation. Der Vorgesetzte des Mitglieds könnte jedoch in dem selbstentwickelten Programm eine Chance für das Unternehmen sehen die Software auf dem Markt anzubieten.

Die Frage, die an dieser Stelle diskutiert werden muss lautet, wann wird nicht aufgabenbezogenes Verhalten als nützlich für die Organisation angesehen und was bewirkt die Förderung der individuellen Interessen?

11.4. Interesse und Handeln in Organisationen

11.4.4. Interessen in der Verwertungsperspektive

Generelle Aussagen darüber wann und wie Handeln von Organisationsmitgliedern bewertet wird machen wenig Sinn, da dies immer von der Wahrnehmung, Konstruktion und Bewertung des bzw. der Mitglieder der Organisation abhängig ist, die aufgrund ihrer Stellung zu der Bewertung in der Lage sind. Wenn jedoch Organisationen als Systeme betrachtet werden, die definierte Ziele verfolgen, so werden die Handlungen der einzelnen Organisationsmitglieder und deren Bewertung in einer Verwertungsperspektive betrachtet.

11.4.4.1. Personalwirtschaft oder die Sicht des Management

Die Personalwirtschaftslehre als pragmatisch-normative und funktionalistische Perspektive des Personalwesens stellt die Frage nach der optimalen Verwertung der Ressource Mensch im organisationalen Kontext. Die wissenschaftlichen Ausführungen zu diesem Thema finden sich in enger Nachbarschaft zu Arbeiten die unter dem Label Personalmanagement, Human Ressource Management und Personalführung erschienen sind.[37] Das Verständnis von Individuen innerhalb der Organisationen ist in dieser Sicht objektivistisch, Personal ist Verfügungsobjekt, der einzelne Mitarbeiter wird gemessen an seiner Arbeitsleistung, er ist ein Mittel zum Zweck der Aufgabenerfüllung der Organisation.[38] Dabei interessiert eigentlich

---

[37] vgl. Neuberger (1997, S.11)
[38] Neuberger (1997) beleuchtet in einem Exkurs die Frage, ob der Mensch Mittelpunkt ist und kommt zu dem Schluss, dass dies wenn überhaupt nur dann der Fall ist, wenn der Mensch im Mittelpunkt im Mittelpunkt des Unternehmrischen Interesses steht, er also "[...] nützlich, knapp, wichtig, verwertbar und sein Geld wert ist, weil er eine geldwerte Leistung erbringt."(e.b.d. S.25)

11. Interessengeleitetes Handeln in Organisationen

nicht der Mensch an sich sondern nur seine Arbeitsleistung.

In dieser Perspektive spielen Interessen von Individuen eine wichtige Rolle bei der Auswahl der geeigneten Mitarbeiter. Der potenzielle Mitarbeiter soll sich für sein Arbeitsgebiet interessieren, er soll Vorwissen mitbringen und dieses ohne fremden Anstoß weiterentwickeln. Somit spielen Eignungsdiagnostische Instrumente, die auf das Feststellen von persönlichen Interessen abzielen eine nicht zu unterschätzende Rolle bei der Selektion von Bewerbern.[39]

Neben dem Gebiet der Personalauswahl stellt sich in der Managementperspektive ferner die Frage, wie die Interessen des einzelnen Organisationsmitglieds nicht nur unterstützt, sondern auch verändert bzw. gezielt manipuliert werden können. Dies ist insbesondere dann von Bedeutung, wenn einzelne Mitglieder im Zuge von *Job-Enlargement*, *Job-Enrichment* Programmen oder bei der Übernahme von Projekten neue Aufgaben übernehmen sollen, die bisher nicht ihren Interessen entsprachen.

Interessen können in der Verwertungsperspektive als eine Art Gut betrachtet werden. Sie sollen verfügbar, nützlich und beliebig veränderbar sein. Das Mitglied soll sich für die ihm zugewiesene Arbeit interessieren und somit einen Beitrag zur Weiterentwicklung der Organisation leisten. Aber sind individuelle Interessen flexibel und manipulierbar?

Der Mensch ist somit nicht Mittelpunkt, sondern *Mittel.Punkt* (s. Neuberger (1990)).

[39] An dieser Stelle muss angemerkt werden, dass die Festlegung der gewünschten Interessen eines Bewerbers für eine zu besetzende Stelle innerhalb einer Organisation keineswegs als rationaler Vorgang verstanden werden sollte. Vielmehr spielen auch hier subjektive und mikropolitische Aspekte eine große Rolle.

11.4. Interesse und Handeln in Organisationen

Zur Klärung dieser Frage lohnt es sich einen Blick auf die Mechanismen zu werfen, die bei der Veränderung des Individuums durch seinen Eintritt in die Organisation greifen, also auf den Bereich der berufsbezogenen *Sozialisation*.

11.4.4.2. Sozialisation in den und im Beruf

Die hier gewählte Unterteilung in Sozialisation *in den* Beruf, bzw. Sozialisation *im* Beruf folgt der Gliederung, die Bamme, Holling und Lempert (1983) für ihren Einführungstext gewählt haben. Sozialisation wird dabei verstanden als eine *Sozial-machung*, *Vergesellschaftung* und *Enkulturation* des Individuums, im Rahmen derer es durch das Erlernen gesellschaftlicher Verhaltenserwartungen und Verhaltensregeln, sowie der Handhabung der kulturellen Leistungen, wie z.B. Sprache, Kleidung, Werte, etc., in die Lage versetzt wird nach den Regeln der Gesellschaft zu spielen.[40]

Dabei bezeichnet Sozialisation in den Beruf die Sozialisation eines Individuums für einen Beruf, also alles was vor dem Eintritt in eine konkrete Organisation mit einer Einkommensabsicht bzw. dem selbständigen Aktiv-werden als Unternehmer mit Gewinnerzielungsabsicht in Bezug auf Sozialisation geschieht. Sozialisation im Beruf betrifft die darauf folgende Einführung in einen Beruf bzw. die Sozialisation durch Arbeit.

Interessen, Werte und Sozialisation

Sozialisation bedeutet also die Übernahme von herrschenden Werten des sozialen Systems durch das Individuum. Was aber steckt

---
[40] vgl. Neuberger (1994, S.92f)

11. Interessengeleitetes Handeln in Organisationen

hinter dem Begriff „Wert"? In der Auffassung von Kluckhohn (1951) ist ein Wert eine Auffassung vom Wünschenswerten, die explizit oder implizit für einen Einzelnen oder eine Gruppe kennzeichnend ist und welche die Auswahl der zugänglichen Ausprägungen, Ziele und Mittel des Handelns beeinflusst.[41] Werte sind somit sozial generiert aber gleichzeitig auch Teil des psychischen Systems des Individuums, wie die Definition von Kmieciak (1976) zeigt, der Werte versteht als...

> „[...] ein kulturell und sozial determiniertes (und geltendes) dynamisches und ich-zentrales, selbst-kostitutives Ordnungskonzept als Orientierungslinie, die den System-Input einer Person (Wahrnehmung) selektiv organisiert und akzentuiert, sowie ihren Output (Verhalten) reguliert, mithin eine ich-dirigierende, aktive Planung und Ausrichtung des Verhaltens über verschiedene Situationen hinweg ermöglicht."
> [Kmieciak (1976, S.150)]

Da Interessen als individuelle motivationale Prädispositionen betrachtet werden, die von den Werten des Individuums abhängig sind[42] kann davon ausgegangen werden, dass eine sozialisationsbedingte Angleichung der individuellen Werte an die vorherrschenden Werte der Organisation auch einen Einfluss auf individuelle Interessen hat.

---

[41] vgl. Kluckhohn (1951, S.395)
[42] vgl. den Ansatz von Lunk (1926) sowie die Ausführungen in Abschnitt 5.5

11.4. Interesse und Handeln in Organisationen

Sozialisation in den Beruf
Die Rolle der individuellen Interessen in dieser Phase der Sozialisation stellt eine grundlegend andere dar, als in der darauf folgenden Sozialisation im Beruf. Durch die Förderung der Eltern in der Familie, sowie die (meines Erachtens nur noch rudimentär vorhandene) Förderung der individuellen Interessen innerhalb des Schulsystems und den Einfluss des Heranwachsens erfahren die Interessen eine Entwicklung und einen Wandel hin auf gesellschaftlich tolerierte bzw. geförderte Interessen, wie beispielsweise für Musik, Sport oder Naturwissenschaften. Diese Interessen wirken sich aus in Bezug auf die Selektion der potenziellen Organisation durch das Individuum und in der komplementären Sichtweise auf die Selektion des Individuums durch die Organisation.

Sozialisation im Beruf
Ab dem Eintritt in die Organisation findet das Anpassen des Individuums an die Organisation statt, wobei die neuen Organisationsmitglieder verschiedene Anpassungsleistungen erbringen müssen. Sie müssen das Bild, welches sie sich von der Organisation vor ihrem Eintritt konstruiert hatten revidieren und an die tatsächlichen Gegebenheiten anpassen, sie müssen die Regeln der Organisation lernen um zum Mitspieler zu werden, sie müssen die ihnen zugeschriebene Rolle annehmen oder diese selbst gestalten bzw. aushandeln und die geltenden Standards in Bezug auf Werte und Normen kennen lernen und leben. Es muss diesbezüglich darauf hingewiesen werden, dass es bei Eintritt eines neuen Elements in das System Organisation natürlich nicht nur zu einer Anpassung des Individuums an die Organisation, sondern auch zu einer Veränderung und

11. Interessengeleitetes Handeln in Organisationen

Anpassung der Organisation an das neue Individuum kommt. Diese fällt in ihrer Intensität unterschiedlich aus, je nachdem ob das neue Element ein einfacher Mitarbeiter oder ein neues Mitglied des Vorstands ist. Ein Zusammenhang von Macht und hauptsächlicher Wirkungsrichtung der Anpassung kann somit nach angenommen werden.

In Bezug auf Interessen als motivationale Dispositionen wurde in Abschnitt 5.5 festgestellt, dass diese sowohl als angeboren, als auch sozial bedingt und entwickelbar betrachtet werden können und von den Werten des Individuums abhängig sind.[43] Unter der Berücksichtigung, dass an einer Thematik interessierte Individuen schneller, leichter und vor allem ohne fremden Antrieb Lernen und sich erfolgreich mit dieser Thematik auseinander setzen und dabei ein gutes Gefühl haben, ergibt sich in der Verwertungsperspektive die Forderung, dass die Interessen der „neuen" Mitglieder in Organisationen, sofern nicht bereits von vornherein eine Übereinstimmung der geforderten und der vorhandenen Interessen bestand, an deren Aufgaben angeglichen werden. Dieser Angleichungsprozess muss sich jedesmal wiederholen, wenn das Mitglied auf eine neue Stelle versetzt wird, bzw. sich die Aufgaben der Stelle gravierend ändern oder die Aufgaben der Stelle sich in Folge von Programmen aus dem Bereich der Arbeitsgestaltung verändern.

---

[43] vgl. Seite 174

11.4. Interesse und Handeln in Organisationen

11.4.4.3. Job Enlargement, Job Enrichment und Job Rotation

Der Beitrag dieser Methoden[44] zu der Thematik des organisationalen Lernens, wie sie im Verlauf dieser Arbeit entwickelt wurde liegt auf der Hand. Durch sie werden die einzelnen Organisationsmitglieder zum Erlernen neuer Handlungsfähigkeiten angehalten, was eine Veränderung des individuellen Steuerungspotenzials mit sich bringt. In der Wissensperspektive des Organisationalen Lernens kann vor Allem die Methode des Job Rotation als ein Beitrag zum organisationalen Lernen gesehen werden, da das rotierende Individuum Wissen aus verschiedenen Bereichen der Organisation sammeln und in andere hineintragen kann.

Job Enlargement

Bei Job Enlargement handelt es sich wie bei den anderen, im Rahmen dieses Abschnitts diskutierten Methoden, um eine spezifische Form der Arbeitsgestaltung. Sie kann als Aufgabenerweiterung beschrieben werden und bedeutet,

> „dass der Arbeitende [...] innerhalb seines Arbeitsplatzes verschiedene Tätigkeiten ausübt, die bislang von mehreren stärker spezialisierten Arbeitskräften ausgeführt wurden."
> [von Rosenstiel (1992, S.106)]

Diese Aufgabenerweiterung kann aus mehreren Motiven heraus eingeführt werden. Zum einen im Sinne der Steigerung der Arbeits-

---
[44] Die analytische Trennung zwischen den Begriffen ist nicht unumstritten. Manche Autoren (beispielsweise Eschenbach (1977)) beschreiben Job Rotation als eine Ausprägung des Job Enlargement.

11. Interessengeleitetes Handeln in Organisationen

zufriedenheit, also in der Tradition der Human Relations Schule, mit dem Hintergrund die durch Arbeitsteilung entstandenen Leistungsstörungen zu beseitigen.[45] Dabei soll der „[...] Arbeitsinhalt soweit vergrößert werden, dass ein menschengerechter Umfang entsteht."[46] Zum anderen kann Job Enlargement zur Verwirklichung von Personaleinsparung verwendet werden, wenn frei gewordene Stellen nicht neu besetzt, sondern die Aufgaben auf andere Stellen verteilt werden.

Die Erweiterung der Arbeitsaufgabe, die einer organisationalen Stelle zugeordnet ist, durch eine Gruppe von zusätzlichen Aufgaben führt zu einer Veränderung der Anforderungen an den jeweiligen Stelleninhaber und somit zu neuen Anforderungen an die Interessen.

Job Enrichment

Eine adäquate Übersetzung des angelsächsischen Begriffs *enrichment* in diesem Zusammenhang stellt meines Erachtens nach der Begriff *Bereicherung* dar und zwar in dem Sinne, dass das betroffenen Individuum eine Erweiterung seines Entscheidungsspielraums und Kompetenz- bzw. Machtbereichs erfährt.[47] Job Enrichment stellt somit im Vergleich zu Job Enlargement eine Erweiterung der Aufgaben des Individuums in vertikaler Richtung dar. Hierzu ist eine Veränderung und Ergänzung des individuellen Wissens nötig, da die betroffenen Aufgaben, meist durch die Übernahme administrativer Tätigkeiten holistischer und somit anspruchsvoller werden.

---

[45] vgl. Eschenbach (1977, S.71)
[46] Rühl (1973, S.154)
[47] vgl. Ulich (1972, S.266)

11.4. Interesse und Handeln in Organisationen

Job Rotation

Diese Art der Arbeitsgestaltung kann als ein Art geplanter Arbeitsplatzwechsel beschrieben werden, bei dem verschiedene Organisationsmitglieder nach einem bestimmten Rhythmus ihren Arbeitsplatz wechseln, wobei es in der Regel zu einer Erweiterung des Aufgabenspektrums, meist jedoch nicht zu einer Erweiterung des Entscheidungsspielraum kommt.[48] Diese Form der Arbeitsgestaltung kann einen wichtigen Beitrag zum organisationalen Lernen in der Wissensperspektive leisten, da nicht nur die rotierenden Individuen durch die Übernahme neuer Arbeiten und Herausforderungen ihr individuelles Wissen erweitern, sondern auch durch den Kontakt mit neuen Kollegen ihr Wissen weitergeben können.

Projektarbeit

Neben den bisher dargestellten Methoden stellt die Arbeit von Organisationsmitgliedern in Projekten, die außerhalb der Aufgaben, die ihrer spezifischen Stelle zugeschrieben sind, eine weitere Herausforderung für die Organisationsmitglieder dar. Dabei wird *Projekt* verstanden als ein

> „[...] zeitlich begrenztes Entwicklungsvorhaben zum Lösen von Problemen innerhalb eines vorgegebenen Zielsystems. Es umfasst die Gesamtheit der für die Problemlösung notwendigen [...] arbeiten."
> [Zehnder (1987, S.19)]

Die Übertragung von Aufgaben eines Projekts auf ein Mitglied der Organisation stellt in diesem Sinne eine Erweiterung der Aufgaben

---
[48] vgl. von Rosenstiel (1992, S.206)

11. Interessengeleitetes Handeln in Organisationen

des betroffenen Individuums dar, womit in Bezug auf die Anforderungen an die Interessen selbes gilt wie bereits bei Job-Enlargement und Job-Enrichment beschrieben.

11.5. Zusammenfassung

Die Betrachtung von Interessen in Organisationen richtet die Aufmerksamkeit eines Beobachters auf mehrere Phänomene. Zum einen auf die Frage nach Einfluss, Macht und Politik. Wer hat die Möglichkeit seine Interessen gegen den Willen der anderen durchzusetzen und zu bestimmen welche Interessen ein potenzieller Stelleninhaber mitbringen muss. Zum anderen spielen Interessen im Sinne der Steuerung von Handlungen eine große Rolle, da (sofern es zu einer Übereinstimmung von individuellen Interessen und kollektiven Handlungsanforderungen kommt) die Kontrolle der Handlungen des einzelnen Organisationsmitglieds von außen (z.b. durch Führungskräfte) in das Individuum hinein verlagert wird, was die ökonomischste Art der Führung darstellt.

Aufgrund von Interesse gezeigtes abweichendes Arbeitsverhalten[49] kann einen wertvollen Beitrag zu der Veränderung der Organisation leisten. Voraussetzung hierfür ist jedoch, dass dieses Verhalten von den relevanten (zur Bewertung befugten) Mitgliedern der Organisation als für die Organisation nützlich bewertet und nicht unterdrückt sondern durch das Schaffen von Verhaltensfreiräumen unterstützt wird.

---

[49]Wobei hierunter entgegen der negativen Konnotation des Begriffs „abweichend" nichts negatives verstanden wird.

Die Verwertungsperspektive fördert die Betrachtung von individuellen Interessen als manipulierbare Objekte. Sie sollen auf die Anforderungen der Organisation hin angepasst werden, damit die Individuen ihre persönlichen Handlungsziele zu den gewünschten Zielen des Arbeitshandelns machen und diese planvoll verfolgen (Hacker (1998)) bzw. ihre handlungssteuernden Intentionen (Ajzen (1991) auf die gewünschten Ziele „der" Organisation ausrichten.

11.6. Nicht intendierte Folgen

Interessen regen an zu intensiver Auseinandersetzung mit einer spezifischen Thematik und geben dem Individuum ein gutes Gefühl. Bei einer Angleichung der individuellen motivationalen Prädispositionen an die Anforderungen „der" Organisation ist eine höhere Leistungsbereitschaft (motivationale Komponente von Interesse), ein schnelleres Einarbeiten bzw. Anpassen an Neuerungen (aufgrund der in Abschnitt 10.1 dargestellten Auswirkungen auf Lernprozesse) und eine höhere Zufriedenheit (emotionale Komponente von Interesse) bei der Arbeit zu erwarten. Aber ist dies durchweg als positiv zu betrachten oder haben individuelle Interessen auch Nebenwirkungen? Können aus der emotionalen Komponente, dem Wohlfühlen bei der Verrichtung interessegeleiteter Tätigkeiten, die zu anhaltender Auseinandersetzung mit dem Themengebiet führt, negative Begleiterscheinungen der modernen Leistungsgesellschaft wie Arbeitssucht und Burnout resultieren?

11. Interessengeleitetes Handeln in Organisationen

11.6.1. Interesse und Arbeitssucht

Der Begriff der „Arbeitssucht" wurde aus dem amerikanischen Kunstwort „Workaholism" hergeleitet, das erstmals 1971 von dem Psychologen Oats in dem Buch „Confessions of a workaholic" in die Diskussion eingeführt wurde.[50]

Die erste Untersuchung zur Arbeitssucht in Deutschland findet sich bei Mentzel (1979). Bei der Beobachtung und Amnese von Sucht ergab sich dabei eine verblüffende Parallelität von Arbeitssucht und Alkoholismus. Mentzel fand dabei heraus, dass die „Jellnik-Skala"[51] zur Einstufung der Fortgeschrittenheit des Alkoholismus auf Arbeitssüchtige übertragen werden konnte.[52] Die Psychodynamik der Arbeitssucht ist ähnlich komplex wie bei allen Suchtvarianten. Spezifisch für diese Art der Sucht sind ihre hohe gesellschaftliche Akzeptanz und die Schwierigkeit, dem gesellschaftlichen Zwang zur Arbeit zu entgehen.[53] Nach Ernst (1986) stellt arbeitssüchtig eine Beschreibung dar für ...

> „[...] Menschen, die aus eigenem Antrieb lange und hart arbeiten, die fast immer mehr arbeiten als es die jeweiligen Stellenbeschreibungen und die Erwartungen von Mitarbeitern und Vorgesetzten erfordern."
> [Ernst (1986, S.100)]

Breitsameter und Reiners-Kröncke (1997) nennen acht charakteristische Merkmale für Arbeitssucht, die sich in den Ansätzen der

---

[50] vgl. Breitsameter und Reiners-Kröncke (1997, S.24)
[51] vgl. Jellnik (1969)
[52] vgl. Mentzel (1979, S.115)
[53] vgl. Heide (1999, S.6)

11.6. Nicht intendierte Folgen

verschiedenen Autoren finden lassen:[54]

1. Die Arbeitszeit wird auf die Freizeit ausgedehnt
2. Es besteht ein innerer Zwang zum Arbeiten
3. Das Erledigen von Arbeiten zeichnet sich durch Zwanghaftigkeit aus
4. Die Betroffenen sind unfähig Distanz zur Arbeit zu gewinnen
5. Die Arbeit wird als zentraler Lebensinhalt gesehen
6. Es besteht ein Nicht-aufhören-können
7. Unfähigkeit Arbeiten delegieren zu können
8. Es besteht ein Hang zum Perfektionismus

Bis heute herrscht keine Klarheit darüber was die genauen Ursachen für Suchtverhalten sind. Liegen genetische Dispositionen vor? Spielen soziale Einflüsse eine dominante Rolle? Was sich jedoch laut Puttkammen (1991) bei allen Suchtkarrieren herauskristallisiert ist, dass Störungen des Gefühlsbereiches und eine gestörte Beziehungsfähigkeit in Verbindung mit einem unterentwickelten Selbstwertgefühl konstitutiv dazugehören.[55] Dennoch existiert eine gewisse Übereinkunft darüber, dass die Faktoren der Suchtentstehung an drei Eckpunkte geknüpft werden können. Einmal der Mensch selbst mit seiner individuellen Lebensgeschichte, dann das Suchtmittel und schließlich die Gesellschaft mit ihrer Einstellung zu dem Suchtmittel.[56]

---
[54] vgl. Breitsameter und Reiners-Kröncke (1997, S.25-32)
[55] vgl. Puttkammen (1991, S.11)
[56] vgl. Gross (1992, S.15f)

11. Interessengeleitetes Handeln in Organisationen

11.6.1.1. Der Faktor Mensch

In Bezug auf den Menschen als Faktor der Suchtentstehung finden sich in der Literatur Aussagen zu mehreren Sub-Faktoren, die unter dem Faktor „Mensch" subsummiert werden können.

Genetische Faktoren
Es liegt nahe Sucht auf eine genetische Veranlagung zurückzuführen, verbinden sich damit doch wirtschaftliche Interessen in Bezug auf die Selektion von potentiellen Mitgliedern bei privaten Krankenkassen, bei der Entwicklung von geeigneten Therapien und letztendlich (wahrscheinlich in nicht allzu ferner Zukunft) bei der Selektion von neuen Organisaionsmitgliedern. Allerdings konnte ein genetischer Defekt, der gesteigerte Aktivität zur Kompensation als Folge hat (beispielsweise bei zu niedriger Endorphinproduktion) bisher nicht nachgewiesen werden.[57] Allerdings konnte festgestellt werden, dass zu Aggression, Extrovertiertheit und Ungeduld neigende Menschen mehr von Arbeitssucht gefährdet sind als Ausgeglichene.[58]

Persönliche Reife
Es wird als wahrscheinlich angesehen, dass Arbeitssüchtige Fehlentwicklungen erfahren haben. Nach der Libido-Theorie von Freud können tiefgreifende Störungen in der Oralen- bzw. Analen-Phase bei Regression im späteren Leben zu Suchterkrankungen führen.[59] Speziell bei Arbeitssüchtigen wurde festgestellt, dass in ihrer Kind-

---

[57] vgl. Gross (1992, S.106)
[58] vgl. Machlowitz (1986, S.52)
[59] vgl. Wellhöfer (1990, S.226)

11.6. Nicht intendierte Folgen

heit die elterliche Zuneigung von Leistung abhängig gemacht wurde. Durch dieses „Belohnungssystem" wurde der Grundstein für eine permanente Leistungssteigerung angelegt.[60]

Ich-Stärke und Angst
Nach Gross (1992) ist Sucht eine Verwahrlosung des Innenlebens und eine krankhafte Form der Daseinsbewältigung.[61] Ein schwaches Selbstwertgefühl, Unselbständigkeit, Unzufriedenheit, Angst und Ich-Schwäche wirken als Basis für die Flucht in eine bessere Welt. Angst wird dabei als zentrale Ursache für Arbeitssucht gesehen.[62]

11.6.1.2. Der Faktor Gesellschaft

Sucht findet nie alleine statt. Die Betroffenen sind eingebunden in soziale Beziehungen, sie sind Mitglieder in Organisationen und Familienangehörige. Deshalb stellt sich die Frage, welche Faktoren der sozialen Umgebung sich verstärkend auf das Suchtverhalten auswirken.

Situation am Arbeitsplatz
Kapitalistische Gesellschaften zeichnen dich dadurch aus, dass Leistung und Wettbewerb das Arbeitshandeln bestimmen. Wer nach oben will muss sich damit abfinden, dass er über das „normale"

---
[60] vgl. Fassel (1994, S.47ff)
[61] vgl. Gross (1992, S.193)
[62] Orthaus, Knaak und Sanders (1993) nennt dabei insbesondere die Angst vor der inneren Leere, vor zwischenmenschlicher Nähe, vor uneingestandenen Defiziten und Versagensangst.

an Arbeit hinaus Leistung erbringen muss, nicht nur quantitativ, sondern auch qualitativ. Dabei sind Selbstständige mehr gefährdet als Angestellte, da sie über ihre Arbeitszeit selbstständig bestimmen können.[63] Hinzu kommt, dass keine Sucht ein so hohes Prestige genießt wie die Arbeitssucht.[64] Arbeitssüchtige sind nicht nur toleriert, sie sind sogar hoch angesehen und in Organisationen willkommen, da diese meist nur an der Verwertung der Arbeitsleistung interessiert sind. Arbeitssüchtige suchen von sich aus Aufgaben zur Befriedigung ihrer Sucht, ohne dass man ihnen welche übertragen muss.

Familiäre Situation

Arbeitssucht tritt meistens in Familien auf, in denen hohe Erwartungen, ein rigides Pflichtgefühl und penible Ordnung herrschen. In Familien, in denen bereits von Seite der Eltern her eine Tendenz zur Arbeitssucht besteht, ist die Gefahr erhöht, dass auch die Kinder Schuldgefühle beim geringsten Anzeichen von Faulheit entwickeln und das Verhalten der Eltern durch Lernen am Modell übernehmen.[65]

Reizbelastung außerhalb der Arbeit

Eine hohe Reizbelastung seitens der Familie oder des Bekanntenkreises kann zu einer Flucht in die Arbeit führen. Dort finden die Betroffenen „Ruhe" vor lärmenden Kindern, Problemen mit den Nachbarn und Streitigkeiten mit dem Ehepartner.[66] Durch die

---

[63] vgl. Breitsameter und Reiners-Kröncke (1997, S.68)
[64] vgl. Orthaus et al. (1993, S.28)
[65] vgl. Orthaus et al. (1993, S.73)
[66] vgl. Heckmann (1987, S.1069)

11.6. Nicht intendierte Folgen

Flucht in die Arbeit wird eine erträgliche Situation geschaffen, deren vermehrte Aufsuchung in die Arbeitssucht führen kann. In der Steigerung bedeutet dies, dass es den Betroffenen immer schwerer fällt nach Hause zu gehen, was ein amerikanisches Managermagazin zu dem Titel verleitete: „When it's harder to go home".[67]

Persönliche Konflikte

Dieser Faktor begünstigt das Abgleiten in die Arbeitssucht, wenn bei individuellen Problemen eine Flucht in die Arbeit einer Lösung der Probleme vorgezogen wird. Bei häufiger Anwendung dieser Bewältigungsstrategie besteht die Gefahr einer Gewöhnung, die sich zur Sucht entwickeln kann.

11.6.1.3. Der Faktor Suchtmittel

Sucht ist immer an ein bestimmtes Suchtmittel gebunden, durch dessen Konsumption die Betroffenen bestimmte Ziele verfolgen, wie sie in den vergangenen Abschnitten beschrieben wurden. Diese Suchtmittel können anhand verschiedener Merkmale charakterisiert werden. In Bezug auf Arbeitssucht stellen die Faktoren Verfügbarkeit, Gefährlichkeit und Dosierung interessante Charakterisierungsmerkmale dar.

Verfügbarkeit

Arbeit stellt aufgrund ihrer Verfügbarkeit eine sehr reizvolle Droge dar. Sie ist immer und überall verfügbar[68] und sie verursacht nicht

---

[67] vgl. Heide (1999, S.17)
[68] Orthaus et al. (1993, S.12) spricht von der „unendlichen Droge".

11. Interessengeleitetes Handeln in Organisationen

nur keine direkten Kosten, sie gibt auch noch Geld und Ansehen. Die Beschaffung ist an keine illegalen Aktivitäten gekoppelt und Arbeit wird von nicht Arbeitssüchtigen gerne abgegeben. Eine Diskussion um härtere Gesetze zum Stopp der Ausbreitung von Arbeit ist ebenfalls nicht zu erwarten.

Gefährlichkeit

Die Gefährlichkeit der „Droge" Arbeit wird meistens verkannt. Eine Einsicht seitens der Betroffenen, dass es sich dabei um eine Krankheit handelt, ist meist nicht gegeben, erst nach einem totalen Zusammenbruch, beispielsweise einem Herzinfarkt, kommt die späte Einsicht.[69] Die „Droge" wirkt also in keinster Weise abschreckend, sondern eher verlockend.

Dosis

Da ein Tag nur 24 Stunden hat und Menschen nicht ohne ein gewisses Mindestmaß an Schlaf auskommen können, erweist sich die quantitative Steigerung der „Dosis" an Arbeit als schwieriges Unterfangen. Selbst unter Zuhilfenahme leistungssteigernder Stoffe, welche die Wach-Phase ausweiten sollen, ist Arbeiten nur auf eine begrenzte Anzahl von Stunden pro Tag limitiert. Somit besteht ein Anreiz bei Erreichen des quantitativen Limits eine qualitative Steigerung anzustreben. Dies kann beispielsweise durch die Übernahme immer neuer und riskanterer Projekte geschehen, deren Erfolg wiederum zu Wiederholungszwang führt.[70]

---

[69] vgl. Gross (1990, S.118)
[70] vgl. Breitsameter und Reiners-Kröncke (1997, S.71)

11.6. Nicht intendierte Folgen

11.6.1.4. Folgen der Arbeitssucht

Die bisherigen Aussagen stellen die Arbeitssucht großenteils als etwas dar, das unter Umständen den betroffenen Individuen schadet, der Organisation hingegen Nutzen bringt. Handelt es sich deshalb um ein individuelles Problem?

Im Gegensatz zu den Suchtkrankheiten, die sich auf einen süchtigmachenden Stoff beziehen und bei denen die ersten Anzeichen einer Sucht bereits nach relativ kurzer Zeit zu erkennen sind, treten die ersten negativen Folgen der Arbeitssucht erst nach einem längeren Zeitraum auf. Aber dann ist es meistens zu spät. Das Gefährliche an der Sucht ist, dass viele Betroffenen vor einem psychophysiologischen Zusammenbruch gar nicht erkennen, dass sie arbeitssüchtig sind.[71]

Die destruktiven Auswirkungen der Arbeitssucht für das Individuum beschreibt Richter[72] folgendermaßen:

„Der äußerliche Scheinerfolg, das Männlichkeitsprestige und die Prämien der Überanpassung in der Arbeitswelt entlarven sich als die blendende Fassade eines faktischen Scheiterns, das freilich lange verborgen bleibt. Dieser Typ, der so fabelhaft wie kein anderer in unserer Konkurrenzgesellschaft funktioniert und obendrein als Inbegriff sexueller Attraktivität propagiert wird, ist wahrscheinlich der kränkeste überhaupt, denn kein an-

---

[71] vgl. Gross (1992, S.91)
[72] in Gross (1990)

11. Interessengeleitetes Handeln in Organisationen

> derer - abgesehen von Drogenabhängigen - betreibt den *Ruin des eigenen Körpers* mit der gleichen Zielstrebigkeit wie er."
> [Richter, H.E. in Gross (1990, S.106), Hervorhebungen durch S.G.]

Der Begriff „Männlichkeitsprestige" verleitet dazu zu glauben, dass Arbeitssucht ausschließlich männliche Individuen betrifft. Die Untersuchungen von Fassel (1994) belegen jedoch, dass Frauen ebenfalls von Arbeitssucht betroffen sind und zwar besonders häufig aufsteigende, lebendige, berufstätige Frauen im Alter von zwanzig bis Ende dreißig.[73] Die häufigsten Symptome der Arbeitssucht sind laut Orthaus et al. (1993) Kreislaufstörungen, anhaltende Kopfschmerzen und Schlaflosigkeit. In vielen Fällen führt Arbeitssucht zu Herz-Kreislauf-Erkrankungen und nicht selten zum Tode. Ferner finden sich neben den physischen Folgen auch psychische, wie beispielsweise Depressionen, das Verfallen in Ängste und Apathie und die Betroffenen fühlen sich ausgebrannt.[74]

Neben den gesundheitlichen Folgen für die Betroffenen existieren jedoch noch soziale und wirtschaftliche. Wer permanent nur mit seiner Arbeit beschäftigt ist und seine gesamten Interessen in die Arbeit verlegt, stößt zwangsweise auf Probleme mit seinem sozialen Umfeld (das nicht dem Bereich der Arbeit zugeordnet werden kann). Arbeitssüchtige tendieren dazu ihre Beziehungen und damit verbundenen Verpflichtungen zu vernachlässigen.[75] Die im Berufsleben von erfolgreichen Individuen geforderten Eigenschaften wie

---

[73] vgl. Fassel (1994, S.65)
[74] Zum Phänomen des Burnout s. unten Abschnitt 11.6.2 ab Seite 341.
[75] vgl. Fassel (1994, S.73)

11.6. Nicht intendierte Folgen

Aggressivität, Zielgerichtetheit und Rationaltität werden in die privaten Beziehungen getragen, was sich mit den dort herrschenden Anforderungen nach Emotionen, Ausgeglichenheit und einfühlsamen Verständnis füreinander nicht vereinbaren lässt.[76] Ähnliches gilt für die Situation im Freundeskreis, in dem die Beziehungen vernachlässigt werden und schließlich nur noch zum Schein bestehen. Die Fixierung der persönlichen Interessen auf die Arbeit führt somit zu einer sozialen Vereinsamung.

In Bezug auf die wirtschaftlichen Auswirkungen erweist sich die Annahme, dass Arbeitssüchtige aufgrund ihrer hohen Arbeitsbereitschaft gut für die Unternehmen sind, als zu oberflächlich. Wenn die Produktivität einer Person an ihre Grenze stößt, so fällt sie danach wieder ab und der Mehraufwand bringt keine qualitative Verbesserung. Aufgrund der Überlastung werden häufiger Fehler gemacht und die Mehrarbeit wird dazu benötigt die Fehler zu korrigieren. Dabei steigt der Verschleiß an Arbeitskräften und es fallen hohe Ausfallzeiten an.[77]

Anhand der hier dargestellten negativen Folgen der Arbeitssucht muss das in Organisationen (insbesondere der Wirtschaft) vorherrschende positive Bild des „Workaholic" revidiert werden. Die destruktiven Auswirkungen der einseitigen Interessensorientierung und Überbeanspruchung wirken sich langfristig negativ auf die Organisation aus.

---

[76]vgl. Rüßmann (1983, S.116)
[77]vgl. Fassel (1994, S.28ff)

11. Interessengeleitetes Handeln in Organisationen

Zusammenfassung

Arbeitssucht ist eine gesellschaftlich tolerierte bzw. geförderte Fluchtreaktion, ein in der Kindheit gelerntes Verhalten, das pathologische Züge annimmt. Eigenschaften der Person wie persönliche Reife und Ich-Stärke spielen eine Rolle in Bezug auf die Anfälligkeit gegenüber der Sucht. Durch das Arbeiten wird entweder ein negativer Zustand beseitigt (beispielsweise Flucht vor Reizbelastung) oder ein positiver Zustand zu erreichen versucht (beispielsweise soziale Anerkennung). Jedoch stellt keiner der oben dargestellten Faktoren für sich genommen bereits einen Auslöser für Arbeitssucht dar. Ansonsten wäre jeder Mensch arbeitssüchtig. Es handelt sich vielmehr um Phänomene, die auf vielschichtige und komplexe Weise in einem weitverzweigten Geflecht von interdependenten Faktoren wurzeln, in dem sich Ursachen und Wirkungen meist gegenseitig bedingen.

Interessengesteuertes Handeln zeichnet sich dadurch aus, dass während der mit den Werten der Person vereinbaren Handlung ein positives Gefühl (emotionale Komponente) erfahren wird, wodurch eine effektive und intensive Auseinandersetzung mit der spezifischen Thematik ermöglicht wird. Durch die Nähe des Interessenskonzept zu Konzepten der intrinsischen Motivation wird die Erklärung des guten Gefühls in Zusammenhang mit dem Flow-Konzept von Csikszentmihalyi (1978) möglich, welches in Abschnitt 6.2.4 beschrieben wurde. Durch das Erleben diese Gefühls kommt es zu einem Aufgehen in der Tätigkeit und einem Vergessen der Zeit. Somit kann es auch hier zu einer Ausdehnung der Arbeitszeiten kommen, die (zumindest anfangs) nicht als schädlich anzusehen

11.6. Nicht intendierte Folgen

ist. Gefahr droht erst dann, wenn wie oben beschrieben die Interessen des Individuums als motivationale Prädisposition sich immer mehr in die Arbeit verlagern und schließlich keine Interessen mehr im Nicht-Arbeitsbereich zu finden sind. Die kurz und mittelfristig sinnvoll erscheinende Strategie des Personalmanagements Individuen zu rekrutieren, bei denen eine Übereinstimmung zwischen Interessen und den Anforderungen der Stelle besteht bzw. die individuellen Interessen an die Anforderungen der Stelle anzupassen kann sich langfristig als suboptimal erweisen.

11.6.2. Interesse und Burnout

Burnout tauchte zuerst als ein soziales Problem auf und nicht als wissenschaftliches Kostrukt, weshalb die ersten Konzeptionen auch eher pragmatisch geprägt waren als akademisch. In der ersten Phase der konzeptionellen Entwicklung lag der Fokus auf der klinischen Beschreibung von Burnout, auf die dann eine zweite ‚empirische Phase folgte, in der Burnout empirisch erfasst wurde.[78]

Als erstes führte Freudenberger (1974) den Begriff „Burnout" in die Diskussion ein. Er arbeitete als Psychiater in alternativen Hilfsorganisationen wie therapeutischen Wohngemeinschaften, Frauenhäusern und Kriseninterventionszentren. Er beobachtete, dass viele ehrenamtliche Mitarbeiter, mit denen er zusammenarbeitete, zunehmend an emotionaler Erschöpfung litten und ihre Motivation und ihr Engagement verloren. Sie wurden zu reizbaren, unflexiblen und rigiden Personen, die ihre KlientInnen zynisch und von oben

---

[78]Für eine ausführliche Beschreibung der Entwicklung der Burnout-Konzepte s. Maslach und Schaufeli (1993).

11. Interessengeleitetes Handeln in Organisationen

herab behandelten. Gewöhnlich dauerte dieser Prozess etwa ein Jahr und war von verschiedenen mentalen und physischen Symptomen begleitet. Um diesen Zustand der psychischen Erschöpfung zu beschreiben, brauchte Freudenberger das Wort „Burnout".

Arbeitssucht und Burnout sind unterschiedliche pathologische Phänomene, die jedoch nicht ganz unabhängig voneinander zu betrachten sind. So finden sich in der Literatur zu Arbeitssucht häufig Formulierungen zu den Folgen und Symptomen der Sucht, die auf Burnout schließen lassen.[79] Da „Burnout" ein sehr vielseitiger und populärer Begriff geworden ist, wird im Rahmen dieses Abschnitts als erstes versucht das Konzept einzugrenzen.

11.6.2.1. Burnout als Metapher

Mit dem Begriff „Burnout" werden in der Literatur negative Folgen von Arbeitsbeanspruchungen meist psychosozialer Arbeitsgruppen (wie beispielsweise Ärzte, Pflegepersonal, Therapeuten etc.) bezeichnet, wobei das Konzept in der Zwischenzeit auch auf andere Berufsgruppen ausgeweitet wird. Nicht zuletzt wegen seiner Symbolik wird der Begriff dabei meist leichtfertig und oberflächlich benützt.[80] „Ausbrennen" und „Ausgebranntsein" stellen dabei Metaphern dar, die sich auf das Bild eines Feuers, einer Öllampe oder einer Kerze beziehen. Ein Mitarbeiter muss in diesem Bild entflammt gewesen sein, um ausbrennen zu können.[81] In dieser metaphorischen Sichtweise setzt Feuer Energie für die Arbeit frei, gleich-

---

[79] Beispielsweise verwendet Gross (1990, S.120) die Formulierung, dass Arbeitssüchtige ab einem gewissen Punkt körperlich und seelisch *ausgebrannt* sind.
[80] vgl. Buschmann und Gamsjäger (1999, S.281)
[81] vgl. Pines, Aronson und Kafry (1983, S.13)

11.6. Nicht intendierte Folgen

zeitig muss es jedoch etwas verbrennen, um existieren zu können. In Bezug auf die Substanz, die auf dem Weg vom Brennen zum Ausbrennen verbrannt wird, finden sich in der Literatur leider nur recht vage Aussagen, wie Optimismus, Überidentifikation, Selbstüberschätzung, idealistische Begeisterung und Illusionen.[82] Motivationen und Emotionen spielen dabei eine wichtige Rolle, sowohl bei der Auslösung, als auch bei der Bewältigung von Burnout.

11.6.2.2. Definitionen und Beschreibungen

Nach Maslach und Jackson (1984) ist Burnout ein Syndrom aus *emotionaler* Erschöpfung, Depersonalisierung und reduzierter Leistungsfähigkeit, das insbesondere bei Menschen auftritt, die mit anderen Menschen arbeiten.[83] An neuere Stresskonzepte in der Psychologie lehnt sich am deutlichsten Cherniss (1980) an, der die transaktionale Stresskonzeption von Lazarus und Launier (1981) zur Grundlage seiner Konzeption macht. Er definiert Burnout als Resultat eines transaktionalen Prozesses, der sich aus Arbeitsbelastungen, Stress und psychologischer Anpassung zusammensetzt. Der Prozess beginnt mit dem Wahrnehmen einer Diskrepanz zwischen den Anforderungen, welche an die Person gestellt werden und den Ressourcen und Fähigkeiten, die dem Individuum zur Verfügung stehen. Das zweite Stadium ist die sofortige, kurzzeitige emotionale Reaktion auf diese Unausgewogenheit, durch Gefühle der Angst, Müdigkeit, Anspannung und Erschöpfung. Das dritte Stadium besteht aus einer Reihe von Verhaltens- und Einstellungsänderungen, wie die Tendenz Klienten in einer distanzierten und

---
[82] vgl. Büssing (1992, S.42)
[83] vgl. Maslach und Jackson (1984, S.134)

11. Interessengeleitetes Handeln in Organisationen

mechanistischen Weise oder mit zynischer Voreingenommenheit zu behandeln.[84] Im Verlauf des Prozesses ziehen sich ursprünglich engagierte Mitarbeiter als Reaktion auf die erlebten Stressoren von ihrer Arbeitstätigkeit zurück. Burnout ist in seiner Ausprägung vor allem durch eine defensive Bewältigungsstrategie gekennzeichnet, welche sich in den Symptomen Apathie, Zynismus und emotionaler Distanz äußert.

Eine Gemeinsamkeit der genannten Ansätze liegt in der Herausstellung individueller Symptome von Müdigkeit/Frustration bzw. von emotionaler (Maslach und Jackson (1984)) oder allgemeiner (Pines et al. (1983)) Erschöpfung, wobei diese bei Freudenberger und Richelson sowie bei Pines et al. (1983) im Mittelpunkt der Definition stehen und damit bezeichnend für das Wesen des Burnouts sind. Bei Maslach ist hingegen Erschöpfung nur eines von drei Symptomen und wird dabei außerdem auf den Bereich der emotionalen Erschöpfung eingeengt. Nach Ansicht von Shirom (1989) ist die emotionale Erschöpfung jedoch diejenige Dimension des Maslach Burnout Inventory (und damit auch des Burnoutbegriffs von Maslach), welche den Kern des Burnoutzustands ausmacht. Auch Schaufeli, Enzmann und Girault (1993, S.212) stellen in ihrer Literaturanalyse zu Meßverfahren für Burnout fest, dass allgemeine Übereinstimmung darin herrsche, die Kernbedeutung des Burnout in der Erschöpfung der Ressourcen einer Person zu sehen; bei Anzahl und Natur weiterer möglicher Dimensionen findet sich jedoch eine große Vielfalt uneinheitlicher Angaben.

---

[84]vgl. Cherniss (1980, S.17)

11.6. Nicht intendierte Folgen

11.6.2.3. Auslösende Faktoren

Wie die Mannigfaltigkeit der im vorangegangen Abschnitt dargestellten Beschreibungen des Burnout zeigt, existiert eine Vielfalt wenig kohärenter Definitionen und Vorstellungen darüber, was Burnout eigentlich ist. Dementsprechend lassen sich auch Unklarheiten über die dem Syndrom zugeschriebenen Ursachen, Wirkungen und Folgen in der Literatur erkennen. Es können jedoch drei verschiedene Herangehensweisen identifiziert werden, die den Fokus ihrer Betrachtung auf unterschiedliche Schwerpunkte legen. Zum einen werden die Ursachen des Burnout in den betroffenen Individuen verortet[85] zum anderen in der Umwelt des Individuums bzw. in Kombination der beiden Betrachtungsweisen.[86] Da es m.E. nach unvollständig wäre sich nur mit individuellen Bedingungen für Burnout auseinanderzusetzen, werden im Folgenden die Ansätze der letztgenannten Kategorien für weitere Erklärungen herangezogen.

Im Hinblick auf die Entstehungsbedingungen können dabei zwei Gruppen von Ansätzen unterschieden werden. Die eine Kategorie sieht die Ursachen in einer Nicht-Übereinstimmung von persönlichen Erwartungen an die Arbeit und deren dann tatsächlich wahrgenommenen Ausprägungen (beispielsweise Pines et al. (1983)). Die andere Gruppe von Ansätzen sieht die Auslöser eher in widrigen Bedingungen der Arbeit selbst (beispielsweise Cherniss (1980)).

---

[85] Beispielsweise bei Edelwich und Brodsky (1984), die den Burnout-Prozess als vierstufigen Prozess der Desillusionierung von der „Idealistischen Begeisterung" bis zur „Apathie" beschreiben.
[86] Beispielsweise bei Cherniss (1980) bzw. Maslach und Jackson (1984).

11. Interessengeleitetes Handeln in Organisationen

Individuelle Faktoren

Individuelle Faktoren, wie beispielsweise Ziele und Erwartungen spielen sowohl bei Freudenberger (1974), als auch bei Pines et al. (1983) eine wichtige Rolle im Prozess des Ausbrennens. Ausgangspunkt ist die Feststellung, dass in einer spezifischen Situation nur ein Teil der Personen Symptome des Burnout entwickeln. Individuen, die von vornherein ein geringes Engagement in ihre Tätigkeit einbringen und in ihrer Arbeit nicht unbedingt nach Selbstverwirklichung suchen, sind in der Regel selten von Burnout betroffen oder umgekehrt formuliert: „In order to burn out, one has to be set on fire".[87] Den Zusammenhang von Zielen, Erwartungen und Burnout ist in Abbildung 11.5 auf Seite 347 dargestellt. Die emotionale Belastung, die in diesem Verständnis zu Burnout führt, liegt in einer Kombination aus sehr hohen Erwartungen mit chronischem Stress.

Faktoren der Umwelt

In Bezug auf die Beschaffenheit der (Arbeits-) Umwelt finden sich über die einzelnen Ansätze hinweg immer wieder einige Burnout begünstigende Faktoren. Dies sind Stress, fehlendes (positives) Feedback und emotionale Beanspruchung.

Laut Cherniss (1980) führt Stress gewöhnlich dann zu Burnout, wenn die institutionelle Unterstützung für (soziales) Engagement schwach ist.[88] Als Umweltfaktoren nennen Pines et al. (1983) im Wesentlichen Stress und Unzufriedenheit erzeugende Arbeitsbedin-

---

[87]Pines (1993, S.41)
[88]Damit stellt Cherniss sich gegen die Auffassung von Freudenberger und Richelson (1983), dass Burnout eine Reaktion auf Überengagement ist.

11.6. Nicht intendierte Folgen

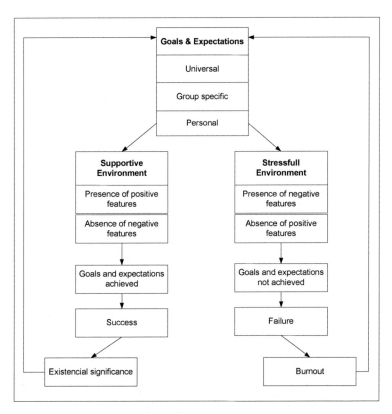

Abbildung 11.5.: Zusammenhang von individuumsspezifischen Faktoren und Eigenschaften der Umwelt bei Pines. [Aus: Pines(1993), S.42]

11. Interessengeleitetes Handeln in Organisationen

gungen wie Überforderung, Rollendruck und Rollenambiguität, zu hohe Verantwortung, gleichförmige Routine, Mangel an Autonomie, fehlendes Feedback, fehlende soziale Unterstützung, schlechte Ausbildung und ungenügende Bezahlung. Die emotionale Beanspruchung wird am meisten von Maslach und Jackson (1984) thematisiert, die das Syndrom als eine Antwort auf die ständige emotionale Anspannung sehen, die entsteht, wenn man intensiv mit Menschen arbeitet, vor allem wenn diese Probleme haben. Es kann als eine Art Job-Stress gesehen werden. Das Einzigartige bei Burnout ist, dass der Stress aus der sozialen Interaktion zwischen Helfern und Klienten entsteht.

11.6.2.4. Gefährdung der interessierten Mitarbeiter

Wie aus der Beschreibung der Burnout-auslösenden Faktoren der Arbeitsumwelt ersichtlich wird, lassen sich diese nicht nur in helfenden Berufen finden. Stress durch Überforderung, hohe Verantwortung und Rollenambiguität finden sich heute in den meisten Berufsfeldern. Dies gilt ebenso für die von Albrecht, Büchner und Engelke (1982) identifizierten Belastungsfaktoren des Pflegepersonals in Krankenhäusern, die sich ebenfalls in anderen beruflichen Umgebungen finden lassen. Konkret sind dies (der Häufigkeit der Nennung nach geordnet): Auf sehr viele Sachen acht geben, schnell reagieren, sehr konzentrieren, sehr oft umstellen, oft hetzen, häufige Störungen, körperliche Belastungen, psychische Belastungen, wenig Möglichkeit zum Abschalten, keine Erfolgserlebnisse, hohe Verantwortung und häufiger Ärger mit Vorgesetzten.[89]

---

[89] Albrecht et al. (1982) abgedruckt in Stengel (1997, S.216)

11.6. Nicht intendierte Folgen

Nun stellt sich natürlich die Frage, ob Mitarbeiter, bei denen eine Übereinstimmung zwischen ihren Interessen als motivationale Prädisposition und den Anforderungen seitens der Organisation als Burnout gefährdet angesehen werden können?

Interessegeleitetes Handeln zeichnet sich dadurch aus, dass die Individuen von sich aus und freiwillig viel Energie in die Auseinandersetzung mit einer spezifischen Aufgabe setzen, wobei sie ein „gutes Gefühl" aus der Tätigkeit an sich erhalten und nicht auf externes Feedback angewiesen sind. Somit stellt der oben genannte Burnout begünstigende Faktor des fehlenden externen Feedbacks keine Gefährdung für interessiert handelnde Individuen dar. Wenn sich jedoch das interessierte Handeln nur auf Teilbereiche der Arbeit konzentriert und es zu einer Vernachlässigung anderer relevanter Teilbereiche der Arbeit kommt, so können Überforderung und Rollendruck entstehen, die wiederum ein Ausbrennen begünstigen. Allerdings scheint es bei einem Vergleich der Burnout begünstigenden Faktoren mit der Beschreibung des interessegeleiteten Handelns fraglich ob dieses zu Burnout führt.

Der einzige Zusammenhang kann m.E. nach im Zusammenspiel von Burnout und Arbeitssucht gesehen werden. Wenn Burnout als eine Folgeerscheinung von Arbeitssucht betrachtet wird, so kann der in Abschnitt 11.6.1 herausgearbeitete Zusammenhang von interessegeleitetem Handeln und Arbeitssucht in letzter Konsequenz auch zu Burnout führen.

11. Interessengeleitetes Handeln in Organisationen

11.6.3. Zusammenfassung

Eine Übereinstimmung von individuellen Interessen als motivationale Prädisposition und den Anforderungen „der" Organisation, wie sie beispielsweise in den Stellenbeschreibungen hinterlegt ist hat Vor- und Nachteile für „die" Organisation. Die Vorteile liegen auf der Hand, sie lassen sich beschreiben mit Schlagworten wie „Leistungsbereitschaft", „Wille zur selbstständigen Weiterentwicklung" und „Arbeitseifer", die sich wie ein Auszug aus einer Personalanzeige lesen. Die negativen Konsequenzen der Übereinstimmung der individuellen Interessen mit den an die Person gestellten Anforderungen, bzw. die Gefahr einer Verlagerung der persönlichen Interessen in die Arbeit werden dabei nur schwer bis überhaupt nicht berücksichtigt. Es bringt kurz bzw. mittelfristig Prestige, Anerkennung und Lob, langfristig jedoch negative Konsequenzen für die Betroffenen und deren soziales Umfeld, sowie für die Organisation und die Gesellschaft.[90]

---

[90] Beispielsweise durch die dadurch entstehenden Kosten im Gesundheitswesen.

12. Die Rolle von Interesse in OL-Prozessen

In diesem Kapitel werden die bisher erarbeiteten Erkenntnisse darüber, was unter OL verstanden werden kann und welche Rolle die Organisationsmitglieder, sowie deren Interessen spielen, zusammenfassend in einer systemisch/konstruktivistischen Sichtweise dargestellt.

12.1. Ergänzung der kognitiven Sichtweise durch eine emotionale Überlegungen

Die in Kapitel 2.2.2 diskutierten Ansätze verstehen, wie in Kapitel 3 herausgearbeitet wurde, OL als kognitive Prozesse auf der Ebene der Organisation. Dabei werden die Mitglieder der Organisation, deren zentrale Rolle in den organisationalen Lernprozessen in Abschnitt 2.2.3 diskutiert wurde, als emotionslos und rational handelnde Individuen betrachtet. Die Nichtbeachtung von Emotionen in Organisationen und organisationalen Überlegungen kann dabei auf eine lange Geschichte zurückblicken, auf die in dem Exkurs ab

12. Die Rolle von Interesse in OL-Prozessen

Seite 359 eingegangen wird.

Emotionen, insbesondere die in Kapitel 7 diskutierte Interessenemotion, spielen bei der Auslösung und dem Andauern von Verhalten eine wichtige Rolle. Das „Wohlfühlen" durch die Verrichtung der Arbeit, ausgelöst durch als subjektive Empfindung der *Interessenemotion*[1] spielt eine wichtige Rolle bei der erfolgreichen Auseinandersetzung mit der Arbeitsaufgabe und trägt zu der Zufriedenheit der Mitarbeiter bei. Für die Organisation nützliche individuelle Lernprozesse, egal welcher der in Abschnitt 4 dargestellten Ansätze des individuellen Lernens zugrundegelegt wird,[2] profitieren von der katalysatorischen Wirkung von Interesse.

12.2. Beschreibung unter konstruktivistischer Perspektive

Die in Kapitel 8.3 eingeführte konstruktivistische Sichtweise auf interessegesteuerte Handlungen wird bei der Darstellung der „Lernvorgänge" auf organisationaler Ebene beibehalten. Die Vorstellungen des Modells von Seite 266 werden dabei um eine Komplexitätsstufe erweitert und die in den Abschnitten des Kapitel 11 gewonnenen Erkenntnisse über die Bedingungen des Handelns in Organisationen berücksichtigt.

---

[1] Übereinstimmung von Interesse als motivationaler Disposition und den Aufgaben der organisationalen Stelle vorausgesetzt.
[2] Es sei denn diese werden rein behavioristisch konzipiert.

12.2. Beschreibung unter konstruktivistischer Perspektive

Abgrenzung der Systeme

In einem ersten Schritt erweist es sich als sinnvoll festzulegen, welche Konzeption von Organisationen den Überlegungen zugrundegelegt wird. Diesbezüglich ist es m. E. nach am sinnvollsten, Organisationen als operativ geschlossene komplexe autopoietische Handlungssysteme zu verstehen. Dabei wird bewusst nicht der Begriff Verhalten bzw. Verhaltenssysteme verwendet. Handlung wird hier als eine zielgerichtete Form des Verhaltens verstanden, worin sich das Verständnis von Organisationen als Systemen zur kollektiven Zielerreichung widerspiegelt.

Die Abgrenzung des Systems von der Umwelt erfolgt dadurch, dass die Handlungen von vertraglich gebundenen Mitgliedern der Organisation ausgeführt werden. Dies umfasst also die Handlungen aller regulären Angestellten, sowie der Teilzeitkräfte, die eine organisatorische Stelle begleiten. Handlungen von externen Beratern, die durch einen Beratervertrag festgelegte Aufgaben für die Organisation übernehmen, gehören somit ebenfalls zum System. Die Umwelt der beobachteten Organisation kann aufgrund der Systemdefinition der Organisation als das zu dieser komplementäre System aufgefasst werden. Sie besteht also aus Handlungen von Individuen, die nicht vertraglich an die Organisation gebunden sind.

Die Handlungsmöglichkeiten der Mitglieder werden dabei als in ihrer Vielfalt beschränkt angesehen, um die aus der funktionalen Differenzierung resultierende Integration sicherzustellen. Differenzierung und Integration stellen dabei einen wechselseitigen Prozess dar, wobei sich aus dieser Differenzierung abgrenzbare Subsysteme ergeben, deren Handlungen sich auf jeweils eine spezifisches Teilziel beziehen.

12. Die Rolle von Interesse in OL-Prozessen

Die tatsächlich getätigten Handlungen können von einem Beobachter unterteilt werden in solche, die der Erfüllung der durch die organisationale Stelle vorgegebenen Aufgaben dienen (also als aufgabenbezogene Handlungen) und andere, die keinen direkten Bezug zu der Arbeitsaufgabe haben (nichtaufgabenbezogene Handlungen). Die Zuordnung von konkreten Handlungen zu einer der beiden Kategorien ist nicht per se gegeben. Sie erfolgt durch Wahrnehmung und Interpretation eines Beobachters, dessen Handlungen entweder der Organisation oder der Umwelt zugeordnet werden können.

Beschreibung von Veränderung

Da organisationales Lernen als die Anpassung einer Organisation an veränderte Umweltbedingungen gesehen werden kann und dieser Aspekt in den in Abschnitt 2 diskutierten Ansätzen durchgängig explizit oder implizit vorhanden ist, erweist es sich für eine modellhafte Darstellung als unumgänglich Veränderungen zu definieren.

In der hier entwickelten Sichtweise können Veränderungen in der Umwelt als Veränderungen in den Handlungen der nicht zu der spezifischen Organisation gehörigen Individuen beschrieben werden. So stellt beispielsweise die Einführung einer innovativen Arbeitstechnik, außerhalb der im Fokus stehenden Organisation, eine Veränderung des Verhaltens bei Individuen der Umwelt dar. Veränderungen innerhalb der Organisation können ebenfalls durch veränderte Handlungen beschrieben werden, nur dass diese innerhalb der Systemgrenzen ablaufen.

12.2. Beschreibung unter konstruktivistischer Perspektive

Wahrnehmung der Umwelt

Veränderungen können nur wahrgenommen werden, wenn sie beobachtet werden. Veränderungen in der Umwelt können somit nur dann vom System wahrgenommen werden, wenn Rezeptoren bestehen, die auf die Wahrnehmung der Umwelt spezialisiert sind.[3] Da die Umwelt des Systems sich durch eine große Komplexität auszeichnet, ist sie nicht einfach überschaubar, sondern vielschichtig und verwickelt. Aus diesem Grund erweist es sich als sinnvoll die Umwelt weiter zu unterteilen in kleinere, weniger komplexe Einheiten. Dies geschieht unter Zuhilfenahme des in Abschnitt 8.2 eingeführten Begriffs der Thematik. Thematik wurde auf Seite 263 definiert als Gruppe von Objekten, die unter einem bestimmten Oberbegriff zusammengefasst werden können. Bei dem Verständnis der Umwelt als System von Handlung bedeutet dies eine Unterteilung in Handlungen, die sich auf eine bestimmte Thematik beziehen.

Die Wahrnehmung dieser Umweltausschnitte durch die Organisation kann entweder durch dedizierte Stellen in der Organisation formal festgelegt sein[4], oder als nichtaufgabenbezogene Handlung erfolgen.[5] Im ersten Fall würde dies dem so genanntem „boundary-spanning personnel" von Daft und Huber (1987) entsprechen.[6] Im zweiten Fall, also wenn dies nicht durch konkrete organisationale Stellen abgedeckt ist, wäre es eine freiwillige, da nichtaufgabenbe-

---

[3] Analog zu den Rezeptoren von biologischen Systemen, wie beispielsweise Sinneszellen im Auge, die auf Wahrnehmung bestimmter Wellenlängen des Lichts spezialisiert sind (vgl. Maturana und Varela (1987, ab S.155))
[4] Genauer gesagt durch die Handlungen, die durch die Stelle vorgeschrieben sind.
[5] vgl. die Ausführungen in Abschnitt 11.4.2 bzw. 11.4.3
[6] vgl. die Ausführungen in Abschnitt 2.2.2.4

12. Die Rolle von Interesse in OL-Prozessen

zogene Handlung. Der zweite Fall stellt dabei die ökonomischere Variante dar, da keine expliziten Stellen zur Beobachtung der Umwelt geschaffen werden bzw. modifiziert werden müssen.

Die Rolle von Interesse

An dieser Stelle ist es wichtig darauf hinzuweisen, dass die Konzeption von Organisationen als Handlungssysteme den Vorteil der Abstraktion von konkreten Individuen bietet, Handlungen aber nicht ohne diese stattfinden können. Zwar besteht die Organisation als komplexes Handlungssystem weiter wenn verschiedene Stelleninhaber ausgetauscht werden. Eine Nichtbesetzung aller Stellen hingegen würde, das Handlungen zwar vorgeschrieben sind, diese jedoch nicht ausgeführt werden und somit auch kein Handlungssystem existiert.

Da Beobachtung nach Bateson (1982, S.381) beschrieben werden kann als die Feststellung eines bedeutsamen Unterschieds, ist eine grundlegende Bedingung für Beobachtung, dass der Umweltausschnitt in dem die Veränderung stattfindet, eine Bedeutung für das beobachtende Individuum besitzt. Diese subjektive Bedeutung kann in dem Objektbezug bzw. in dem Bezug zu der spezifische Thematik gesehen werden. Individuen beispielsweise, die sich für Computerhardware interessieren, werden die Markteinführung einer neuen Chip-Generation beobachten, da der Umweltausschnitt in dem die Veränderung stattfindet für sie Bedeutung besitzt. Diese Bedeutung resultiert aus der in der Vergangenheit erlebten und bei wiederholter Auseinandersetzung mit der Thematik empfundenen positiven Gefühl als subjektive Komponente der Interessenemotion, welche als Antrieb für den Beobachtungsprozess dient. Die Beob-

12.2. Beschreibung unter konstruktivistischer Perspektive

achtung wird aufgrund der emotionalen Komponente nicht durch das Eintreten eines Ereignisses beendet, wie dies bei den triebbasierten Motivationsmodellen der Fall ist.

Individuelle Handlungen
Die Beobachtung führt zu einer Veränderung in der intrapsychischen Konstruktion der jeweiligen Thematik. Ob das Individuum aufgrund dieser Konstruktion seine Handlungen verändert, hängt dabei von mehreren Faktoren ab. Zum einen davon, ob es eine Handlungsintention ausbildet und zum Anderen von dem Grad der wahrgenommenen und konstruierten Verhaltenskontrolle, und den Verhaltensspielräumen.[7] Die tatsächliche Durchführung der Handlung ist davon abhängig, wie das Individuum seine eigenen Fähigkeiten und die zukünftigen Handlungen der anderen Individuen in Bezug auf die von ihm geplanten konstruiert.

Der Sprung auf die Ebene der Organisation
Veränderungen in den Handlungen eines Individuums bewirken zwar aufgrund der Systemdefinition eine Veränderung des Systems, im Normalfall sind die Auswirkungen hiervon jedoch nicht so gravierend als dass ein Beobachter von einer Veränderung der Organisation sprechen könnte. Es sei denn es handelt sich um eine Organisation mit nur einem Mitglied. Bleibt es bei einer kurzfristigen Veränderung des individuellen Handels, so kann im Sinne von Kim (1993a) von einem individuellen single-loop-lernen gesprochen

---

[7]vgl. die Ausführungen in Abschnitt 11.4.3.2

12. Die Rolle von Interesse in OL-Prozessen

werden.[8]

Der Sprung von der Ebene des Individuums auf die kollektive Ebene kann nur dann erfolgen, wenn abweichende individuelle Handlungen zugelassen, von anderen Mitgliedern beobachtet, darüber reflektiert sie als positiv bewertet und dadurch Veränderungen in den Handlungen der anderen Mitgliedern bewirkt werden. Wichtig ist an dieser Stelle darauf hinzuweisen, das die Festlegung der „kritischen Menge" an veränderten Handlungen, die vorliegen muss, damit von einer Veränderung des Systems gesprochen werden kann, abhängig ist vom jeweiligen Beobachter.

Es müssen also durch das Zeigen von abweichenden Verhalten[9] die anderen handelnden Individuen der Organisation so irritiert werden, dass diese ebenfalls ihre Handlungen verändern. Wenn dies einmalig geschieht und die veränderten Handlungen sich nicht dauerhaft im System etablieren, also keinen festen Einfluss in die Struktur des Systems findet, so kann dies als nur kurzfristig gezeigte Variation bezeichnet werden. Erst wenn die ursprünglich abweichenden Handlungen zur Regel geworden sind, also regelmäßig gezeigt werden, kann von einem Wandel der Organisation gesprochen werden.

Lernen als Konstruktion eines Beobachters

Die Bezeichnung „organisationales Lernen" ist in der hier zugrunde gelegten systemisch/konstruktivistischen Sichtweise ein Begriff, der

---

[8] vgl. die Ausführungen in Abschnitt 2.2.2.7 bzw. die grundlegenden Überlegungen von Argyris und Schön (1978)

[9] Abweichendes Verhalten wird hier nicht als negativ verstanden, sondern nur als von dem bisher gezeigten abweichend.

12.2. Beschreibung unter konstruktivistischer Perspektive

eine Konstruktion eines Beobachters beschreibt. Eine Beobachtung bezieht sich auf einen für das Individuum relevanten Unterschied, der sich in diesem Fall durch eine festgestellte Differenz zwischen zwei Zuständen des Systems, zu unterschiedlichen Beobachtungszeitpunkten beschreiben lässt.[10] Die Beschreibung der nicht direkt beobachtbaren Vorgänge zwischen diesen Systemzuständen als ein Lernen „des" Systems stellt somit die Folge einer Konstruktionsleistung eines Beobachters dar.

Zusammenfassend ist der Vorgang dargestellt in Abbildung 12.1 auf Seite 360

Exkurs: Gründe für die Nichtbeachtung von Emotionen

Emotionale Überlegungen finden bisher nur in geringem Ausmaß Einfluss in organisationale Überlegungen und Theorien. Zu nennen sind hier die Auseinandersetzungen mit den Problembereichen Arbeitszufriedenheit und Stress, sowie der Einfluss von "Fröhlichkeit" in der Führung.[11]

Auffällig erscheint dabei, dass die Auseinandersetzung mit negativen Emotionen, wie beispielsweise Angst und Ärger, zu überwiegen scheint. Eine mögliche Ursache hierfür kann darin gesehen werden, dass die negativen Auswirkungen sich deutlicher zeigen, als die positiven Auswirkungen. Ärger und Wut, sowie die damit verbundenen Begleiterscheinungen lassen sich relativ eindeutig feststellen, wohingegen die Auswirkungen von positiven Emotionen schwerer messbar sind.

---

[10]s. hierzu auch die Ausführungen in Kapitel 3.2.2 ab Seite 114.
[11]vgl. Jaehrling (2000)

12. Die Rolle von Interesse in OL-Prozessen

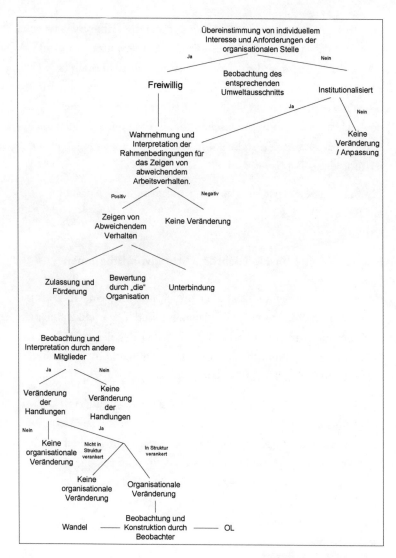

Abbildung 12.1.: Von individuellem Interesse zu organisationalem Lernen

12.2. Beschreibung unter konstruktivistischer Perspektive

Ein weiterer Grund für die fehlende Berücksichtigung von Emotionen könnte in der fehlenden Planbarkeit liegen. Ein Merkmal, welches Averill und Nunley (1993) herausstellen, und als „Passivität" von Emotionen bezeichnen. Der Akteur ist ihnen passiv ausgeliefert.[12] Somit fällt es schwer praxisbezogene Ratgeber-Literatur zu diesem Thema zu verfassen, denn im Gegensatz zu dem Vorhaben, sich in die Bedienung einer Maschine zu einem festgelegten Zeitpunkt eingearbeitet zu haben, kann man nicht planen bestimmte Emotionen zu einem bestimmten Zeitpunkt zu haben. Emotionen überkommen den Akteur und sind nicht steuerbar. Weitere Merkmale, welche die Autoren in Bezug auf Emotionen herausarbeiten sind deren *Subjektivität* und *Irrationalität*. Auch diese finden in organisationsbezogenen Überlegungen kaum Raum. Auch wenn z.B. bei Ansätzen zur Erklärung des Entscheidungsverhaltens in Organisationen von *bounded rationality*[13] ausgegangen wird, so ist diese begrenzte Rationalität durch die mangelhafte Informationsverarbeitungskapazität der Betroffenen begründet, nicht aber durch den Einfluss von Emotionen.

Die Vernachlässigung des Themas Emotionen in Organisationen hat dabei Methode. Menschen in Organisationen, am meisten in Organisationen der Wirtschaft, sollen rational handeln, die Ziele der Organisation zu ihren eigenen machen und diese effizient verfolgen. Personal ist der Mensch ohne Ansehen der Person,[14] ein Verfügungsobjekt, welches vom Management eingesetzt wird. Es ist ein Produktionsfaktor, der aufgrund seines Arbeitsvermögens für die Organisation erworben und im Arbeitsprozess zu Arbeits-

---
[12] vgl. Averill und Nunley (1993, S.46ff)
[13] vgl. Simon (1991)
[14] vgl. Neuberger (1994, S.8)

12. Die Rolle von Interesse in OL-Prozessen

leistung transformiert wird. Emotionen als Teil der Persönlichkeit des vertraglich gebundenen Organisationsmitglieds haben in diesen Vorstellungen keinen Platz.

Die Vernachlässigung der Emotion in der Organisationsforschung hat dabei tief liegende Wurzeln. Sie finden sich in der Vernachlässigung des Themengebiets in der Soziologie, obwohl Emotionen aufgrund ihrer Wechselwirkung mit der sozialen Dimension durchaus ein attraktiver Gegenstandsbereich der soziologischen Theoriebildung sein könnten, bzw. unabdingbar sein sollten.[15]

Diese Nichtbeachtung von Emotionen geht geschichtlich betrachtet sehr weit zurück. Ein römisches Sprichwort besagt *ira brevis furor* und beschreibt somit die Emotion Zorn als einen Anfall von Wahnsinn, welcher als Bedrohung der Rationalität gesehen wird. Rationalität und Emotionalität werden als unvereinbare, absolut gegensätzliche Vorstellungsmodelle gesehen, welche das Wesen der Menschen beschreiben. Oder mit den Worten von Scherer (1986) ausgedrückt:

„[...] zum einen die Vorstellung vom Menschen als Vernunftswesen, dessen Verhalten durch die Ratio bestimmt wird, und zum anderen die [...] Sichtweise des Menschen als Sklave seiner Leidenschaften und Affekte."
[Scherer (1986, S.180)]

Diese Spaltung der Vorstellungen über das Wesen der Menschen, einerseits *Ratio* andererseits *Passio*, scheint sich durch die Geschichte

---
[15] vgl. Kemper (1987, S.264)

12.2. Beschreibung unter konstruktivistischer Perspektive

der Wissenschaften, welche sich mit dem Verhalten der Menschen befassen, zu ziehen. Die Vertreter der stoischen Lehre in der Antike vertraten das Ideal des Weisen, welcher seine Emotionen vollkommen durch seinem rationalen Geist (Logos) kontrollieren konnte.[16] Es wurde eine Gleichsetzung von Vernunft, Aktivität, Männlichkeit und Herrschaft angenommen, welcher die Gleichsetzng von Affektivität, Passivität, Weiblichkeit und Unterlegenheit gegenübergestellt wurde.[17]

In der Psychologie wurden die Emotionen im Laufe der „Kognitiven Wende" in den 1960er Jahren aus der Betrachtungen über das menschliche Verhalten zugusten einer Fokusierung auf den Menschen als Vernunnftwesen gedrängt. Menschliches Verhalten und Entscheidungen wurden auf der Grundlage logischer Überlegungen gesehen, Emotionen wurden dabei meist als Pannen im regelmäßigen Ablauf der logischen Prozesse gesehen.[18]

Bis heute hat sich die Vorstellung von der Dichotomie von Emotion und Rationalität gehalten. Oder wie Rapaport (1977) einleitend feststellt:

„Der Sprachgebrauch, der gesunde Menschenverstand und die große Überlieferung der abendländischen Philosophie stimmen darin überein, dass *Gedanken* und *Gefühle* etwas voneinander unabhängiges sind, etwas das völlig gegensätzlich ist."
[Rapaport (1977, S.17), Hervorhebungen i.O.]

---

[16] vgl. Craemer-Ruegenberg (1993, S.26f)
[17] vgl. die Ausführungen von Lohmann (1993, S.8)
[18] vgl. Scherer (1986, S.180)

12. Die Rolle von Interesse in OL-Prozessen

Emotionen werden als irrational und dysfunktional betrachtet. Verantwortlich für diese Dichtomisierung ist laut Heller (1980) die Tatsache, dass von den vielen verschiedenen Gefühlstypen nur die Affekte als Extremformen berücksichtigt werden, wie z.B. Angst und Wut, welche das (rationale) Denken blockieren.[19]

---

[19] vgl. Heller (1980, S.41f)

13. Zusammenfassung und Schlussfolgerung

Organisationen sehen sich einer immer schneller wandelnden Umwelt ausgesetzt, der sie durch einen permanenten organisatorischen Wandel begegnen müssen um weiterhin im Wettbewerb bestehen zu können. Eine Möglichkeit dies zu bewerkstelligen wird in der Umwandlung von Organisationen zu „lernenden" Organisationen gesehen. Aus diesem Grund wurden im ersten Teil der Arbeit Ansätze des organisationalen Lernens dargestellt, welche die Veränderung von Organisationen als Anpassung an die geänderten Umwelten anhand von kognitiven Prozessen aus der Psychologie erklären und (zumindest teilweise) den Anspruch erheben, durch Implementation der entsprechenden Strukturen diesen Wandel zu ermöglichen.

Die Diskussion dieser Ansätze ergab, dass es sich bei organisationalem Lernen um ein sehr heterogenes Theoriegebiet handelt und jeder Ansatz das Phänomen aus einer anderen Sichtweise betrachtet. Konkret wurden der *Zyklus des Wahlverhaltens* von March und Olsen (1976); das *kulturell-kybernetische Modell* von Argyris und Schön (1978); die *wissensbasierten Ansätze* von Duncan und Weiss (1979), Pautzke (1989) sowie Walsh und Ungson (1991); der *infor-*

13. Zusammenfassung und Schlussfolgerung

mationsorientierte Ansatz von Daft und Huber (1987); der *Disziplinen Ansatz* von Senge (1990); das Strukturmodell von Klimecki et al. (1994), sowie das *OADI-Modell der gemeinsamen mentalen Modelle* von Kim (1993a) betrachtet und das Konzept des *organisationalen Lernens* „an sich" kritisiert.

Dabei konnte festgestellt werden, dass diese Vorstellungen sehr „kognitionslastig" konzipiert sind. Emotionale Überlegungen spielen keine Rolle dabei. Übertragen auf die Konzepte des organisationalen Lernens konnte auch hier eine Vernachlässigung der emotionaler Aspekte festgestellt werden. Organisationale Lernprozesse wurden bisher als rational und kognitiv betrachtet. Als Auslöser werden durchgehend Veränderungen der Umwelt angesehen, die Reaktion der Organisationen wird in einem behavioristischen Sinn als quasi reflexartig angenommen. Aber warum „lernen" einige Organisationen schneller und effektiver und einige Organisationen langsamer bzw. nicht?

Zur Klärung dieser Frage nach der Antriebsregulation des organisationalen Lernens wurde auf die Agenten des Lernprozesses rekurriert und die Frage gestellt: „Wer lernt beim organisationalen Lernen?" Dabei wurde festgestellt, dass das Lernen der einzelnen Organisationsmitglieder als *notwendige*, wenn auch nicht hinreichende Bedingung für die untersuchten Prozesse des organisationalen Lernens betrachtet werden kann. Ohne ein Lernen der einzelnen Organisationsmitglieder, das sich in veränderten Handlungen äußert, ist kein Lernen „der" Organisation möglich. Aus diesem Grund wurde der Blick auf Prozesse des individuellen Lernens geworfen und der Frage nachgegangen, welche Theorien des individuellen Lernens den anfangs diskutierten Ansätzen des organisationalen Ler-

13. Zusammenfassung und Schlussfolgerung

nens zugrundeliegen. Dabei konnte festgestellt werden, dass diese Theorien zwar Auskunft geben über die Ausführungsregulation aber nicht über die Antriebsregulation.

Die Reflexion über potentielle Auslöser für individuelle Lernprozesse führte zu dem komplexen Phänomen des Interesses.

Aufgrund der Vielschichtigkeit des Phänomens wurde nach einer einleitenden Begriffsklärung diskutiert was unter Interesse in einer individuumsbezogenen Ausrichtung verstanden werden kann. Hierzu wurden die Ansätze und Definitionen von Lunk (1926), Herbart (1965a), Dewey (1975), Kerschensteiner (1928) und Piaget (1974) herangezogen und auf zentrale Aussagen hin untersucht. Dadurch konnten sieben Merkmale von Interesse identifiziert werden.

1. Motivationale Prädisposition (Eigenschaft)
2. Gegenstandsbezogenheit
3. Motivationale Komponente
4. Emotionale Komponente
5. Kognitive Komponente
6. Wertbezogene Komponente

Da die Definition von Interesse Merkmale beschreibt, wie sie auch bei Erklärungsansätzen der Motivation, insbesondere der intrinsischen Motivation zu finden sind, wurde eine Gegenüberstellung mit den Ansätzen von White (1959), Berlyne (1967), Deci (1975), sowie Csikszentmihalyi (1979) vorgenommen und festgestellt, dass es

13. Zusammenfassung und Schlussfolgerung

sich bei Interesse und intrinsischer Motivation um Konzepte handelt, die starke Überschneidungen aufweisen und keine klare Trennung erlauben. Als Ergebnis kann jedoch festgehalten werden, dass Interesse motivierend wirkt.

Da Interesse in den dargestellten Ansätzen immer mit einem „guten Gefühl" verbunden wird, wurde es in einem eigenen Abschnitt vor dem Hintergrund der Emotionsforschung untersucht. Konkret wurden dafür das Komponentenmodell der Emotionen von Scherer (1990) und das Strukturmodell der Emotionen von Mees (1991) herangezogen und festgestellt, dass es anhand der Beschreibungen von Emotionen durch die beiden genannten Ansätze gerechtfertigt ist von Interesse als Emotion zu sprechen und dass Interesse von einigen Forschern (beispielsweise Izard (1971)) als sozialisationsunabhängige Basisemotion betrachtet wird, die universell anhand einer bestimmten Mimik erkannt werden kann.

Die bis zu diesem Punkt gewonnenen Erkenntnisse wurden in einer Definition für Interesse zusammengeführt und ein einfaches, konstruktivistisches Modell des interessegesteuerten Verhaltens entwickelt. Dazu wurde der enge Objektbegriff der oben dargestellten Definitionen von Interesse erweitert auf „Thematik" als Gruppe von Objekten, welche aus unterschiedlichen Objekten mit unterschiedlichen Reizeigenschaften besteht, deren Gruppierung subjektiv anhand eines spezifischen Themas erfolgt. Die Grundaussage des Modell ist, dass interessegeleitetes Handeln abhängig ist von den Werten und Gefühlsempfindungen des Individuums und dass die soziale Umwelt, oder genauer die intrapsychische Konstruktion dieser, einen großen Einfluss hat auf das Zeigen von interessegeleteten Verhaltensweisen hat.

13. Zusammenfassung und Schlussfolgerung

In dem darauf folgenden Teil wurde nach einer Diskussion der Auswirkungen von Interesse auf individuelle Lernprozesse und Lernleistungen die bisher individuumsbezogene Sichtweise in einen organisationalen Kontext integriert und der Frage nachgegangen, welche Rolle Interessen in Organisationen spielen. Dabei wurde herausgearbeitet, dass die klassische Diskussion um Interessen in Organisationen nicht die individuellen motivationalen Prädispositionen als Grundlage hat.

Als Konsequenz daraus wurde interessegeleitetes Handeln in der individuumzentrierten Sicht, die im vorangegangenen Teil der Arbeit entwickelt wurde, vor dem Hintergrund der durch die Organisationsstruktur eingeschränkten Handlungsspielräume diskutiert. Dabei wurde insbesondere auf die Erklärungsansätze zum Arbeitshandeln von Hacker (1998) und Oesterreich (1981) eingegangen und festgestellt, dass diese wegen des zugrundeliegenden Rationalitätsparadigmas nur bedingt in der Lage sind Handlungen in Organisationen zu erklären, die eine starke emotionale Komponente besitzen. Aus diesem Grund wurde die Frage nach der Erklärung für dieses (von „der Organisation" nicht eingeplanten) nichtaufgabenbezogenes Handeln in Organisationen gestellt. Dabei konnte festgestellt werden, dass bislang vorhandene Erklärungskonzepte, wie beispielsweise das „Organizational Citizenship behavior" von Borman und Motowidlo (1983) und „Extra-Rollenverhaltens" von Nerdinger (1998) aufgrund ihrer Ausrichtung auf das Wohl anderer Organisationsmitglieder bzw. „der" Organisation nicht auf interessegeleitetes Handeln anwendbar sind. Interessengeleitetes Handeln stellt eine eigene Kategorie von freiwilligen Handlungen in Organisationen dar, die nur bei dem Fall der Übereinstimmung der indi-

13. Zusammenfassung und Schlussfolgerung

viduellen Interessen mit den Anforderungen der organisatorischen Stelle als aufgabenbezogen betrachtet werden kann.

Das Ergebnis dieser Diskussion hat gezeigt, dass in der Verwertungsperspektive, die den Beurteilungen von Handlungen in Organisationen durch „die" Organisation bzw. durch die jeweiligen zur Bewertung aufgrund ihrer Position befähigten Mitglieder zugrunde liegt, eine Förderung des Übereinstimmens von individuellen Interessen und organisationalen Anforderungen als wünschenswert betrachtet wird. Bei Vorhandensein dieser Übereinstimmung arbeiten die entsprechenden Individuen selbstständig, sie setzen sich selbst mit Neuerungen auf ihrem Aufagbengebiet auseinander und fühlen sich dabei wohl.

Die hieraus resultierende Frage lautet folglich: „Ist es sinnvoll bei der Personalselektion auf eine Übereinstimmung der individuellen motivationalen Prädispositionen mit den Anforderungen der organisationalen Stelle zu achten bzw. darauf hinzuwirken, dass es zu einer Angleichung der individuellen Interessen an die Anforderungen kommt?"

Diskutiert wurde diese Frage zu den Risiken und Nebenwirkungen von Interesse in Organisationen durch Überlegungen zu den pathologischen Erscheinungen *Arbeitssucht* und *Burnout*. Dabei wurde festgestellt, dass bei einer Übereinstimmung von individuellen Interessen und den Anforderungen der organisatorischen Stellenbeschreibung die Gefahr des Abgleitens in die Arbeitssucht gegeben sein kann, sofern sich weitere Faktoren negativ auf das Individuum auswirken. In Bezug auf Burnout konnte zwar kein direkter Zusammenhang mit Interesse gefunden werden, jedoch kann Burnout

13. Zusammenfassung und Schlussfolgerung

als Folgeerscheinung von Arbeitssucht gesehen werden und somit indirekt ein Zusammenhang hergestellt werden.

Abschließend wurden in Kapitel 12 die gewonnen Erkenntnisse über organisationale Lernprozesse, individuelles Interesse als Emotion und motivationale Disposition, sowie die Überlegungen zu aufgaben- bzw. nichtaufgabenbezogenem Handeln in Organisationen in einen systemisch/konstruktivistischen Zusammenhang dargestellt.

Die Schlussfolgerung aus den hier angestellten Überlegungen, die unter der Leitfrage standen: „Welche Rolle spielen Interessen in organisationalen Lernprozessen?" können somit folgendermaßen beschrieben werden.

„Interesse" stellt ein komplexes Phänomen dar, dem im Rahmen von organisationalen Lernprozessen eine ambivalente Rolle zukommt. Aufgrund seiner positiven Auswirkungen in Bezug auf die Auslösung und Unterstützung von individuellen Handlungen und Lernprozessen trägt es dazu bei, die notwendige Bedingung für organisationale Lernprozesse, nämlich inidividuelles Lernen und Veränderung zu erfüllen. Dies ist allerdings nur dann gegeben, wenn es zu einer Übereinstimmung von Interesse des Individuums und den Anforderungen der organisationalen Stelle kommt. Aus diesem Grund erscheint es in einer kurz- bis mittelfristigen Verwertungsperspektive für Organisationen sinnvoll daran interessiert sein Mitglieder zu rekrutieren, deren Interessen sich möglichst mit den Aufgaben der zu besetzenden Stelle decken bzw. zu versuchen eine Anpassung der Interessen der betroffenen Mitglieder anzustreben. Andererseits ergibt sich daraus jedoch die Gefahr, des Abrutschens in die Arbeitssucht mit den längerfristig negativen Folgen für die Or-

13. Zusammenfassung und Schlussfolgerung

ganisation, wie beispielsweise sinkende Belastbarkeit und geringere Produktivität.

Literaturverzeichnis

Aguilar, F.: 1967, *Scanning the Business Environment*, MacMillan, New York.

Ajzen, I.: 1985, From Intentions to Actions: A Theory of Planned Behavior, *in* J. Kuhl und J. Beckmann (Hrsg.), *Action Control*, Springer, New York, 11–39.

Ajzen, I.: 1991, The theory of planned behavior, *Organizational Behavior and Decision Making* (50), 179–211.

Albrecht, H., Büchner, E. und Engelke, D. R.: 1982, *Arbeitsmarkt und Arbeitsbedingungen des Pflegepersonals in Berliner Krankenhäusern: Analysen und Maßnahmenvorschläge*, Berlin-Verlag, Berlin.

Aldrich, H. E., McKlevey, B. und Ulrich, D.: 1984, Design Strategy from the Population Perspective, *Journal of Management* (10), 67–86.

Alston, W. P.: 1981, Emotion und Gefühl, *in* G. Kahle (Hrsg.), *Logik des Herzens. Die soziale Dimension der Gefühle*, Suhrkamp, Frankfurt a. M., 9–33.

Anochin, P. K.: 1967, *Das funktionelle System als Grundlage der physiologischen Architektur des Verhaltensaktes*, Fischer, Jena.

Literaturverzeichnis

Argyris, C.: 1976, Single-Loop and Double-Loop Models in Research on Decision Making, *Administrative Science Quarterly* **21**, 363–375.

Argyris, C.: 1990, *Overcoming Oganizational Defences: Faciliating Organizational Learning*, Allyn and Bacon, Boston, Mass.

Argyris, C.: 1997, *Wissen in Aktion*, Klett-Cotta, Stuttgart.

Argyris, C.: 1999, *On Organizational Learning*, 2. Auflage, Blackwell Business, Malden, Mass.

Argyris, C., Putnam, R. und McLain Smith, D.: 1985, *Action Science*, Jossey-Bass Publishers, San Francisco, London.

Argyris, C. und Schön, D.: 1974, *Theory in Practice*, Jossey-Bass, San Francisco.

Argyris, C. und Schön, D.: 1978, *Organizational Learning: A Theory of Action Perspective*, Addison-Wesley Publishing Company, Reading, Mass.

Armstrong, H.: 2000, The Learning Organization: Changed Means to an Unchanged End, *Organization* **7**(2), 355–361.

Arnold, M. B.: 1960a, *Emotion and personality*, Vol. II. Neurological and physiological aspects, Columbia Press, New York.

Arnold, M. B.: 1960b, *Emotion and Personaliy*, Vol. I. Psychological Aspects, Columbia University Press, New York.

Arnold, R.: 2000a, *Das Santiago-Prinzip*, Fachverlag Deutscher Wirtschaftsdienst, Köln.

Arnold, R.: 2000b, Der Pilgerpfad zum lernenden Unternehmen: Interview in, *Personalwirtschaft* (11), 76–77.

Arthur, W. B.: 1994, Inductive reasoning and bounded rationality, *American Economic Review: Papers and Proceedings* **84**, 406–411.

Literaturverzeichnis

Ashby, W. R.: 1956, *An Introduction to Cybernetics*, Chapman and Hall, London.

Ashby, W. R.: 1960, *Design for a Brain*, 2. Auflage, Chapman and Hall Ltd., London.

Asher, H.: 1954, *Cost Quality Relationships in the Air Frame Industry*, Rand Corporation, Santa Monica, Ca.

Averill, J. R.: 1980, A Constructivist View of Emotion, *in* R. Plutchik und H. Kellermann (Hrsg.), *Emotion: Theory, Research and Experience*, Vol. 1, Academic Press, 305–339.

Averill, J. R. und Nunley, E. P.: 1993, *Die Entdeckung der Gefühle*, Kabel, Hamburg.

Baden-Fuller, C. W. F. und Stopford, J. M.: 1994, *Rejuvenating the mature business*, Harvard Business School Press, Boston, Mass.

Bamme, A., Holling, E. und Lempert, W.: 1983, *Berufliche Sozialisation - Ein einführender Studientext*, Max Huber, München.

Bandura, A.: 1977, Self-efficacy: Towards a unifying theory of behavioral change, *Psychological Review* (84), 191–215.

Bandura, A.: 1979, *Sozial-kognitive Lerntheorie*, Klett-Kotta, Stuttgart.

Barnard, C. I.: 1938, *The functions of the executive*, Harvard University Press, Cambridge, Mass.

Bateman, T. S. und Organ, D. W.: 1983, Job satisfaction and the good soldier: The relationship between affect and employee „citizenship", *Academy of Management Journal* **26**, 587–595.

Bateson, G.: 1982, *Geist und Natur, eine notwendige Einheit*, Suhrkamp, Frankfurt, a.M.

Literaturverzeichnis

Bateson, G.: 1985, *Ökologie des Geistes: Antropologische, psychologische, biologische und epistemologische Perspektiven*, Surkamp, Frankfurt a.M.

Baumert, J. und Köller, O.: 1998, Interest research in secondary level I: An overview, *in* L. Hoffmann, A. Krapp, K. A. Renninger und J. Baumert (Hrsg.), *Interest and Learning*, IPN-Schriftenreihe, Kiel, 241–256.

Becker-Carus, C.: 1981, *Grundriss der Physiologischen Psychologie*, Quelle und Meyer, Heidelberg.

Bergknapp, A.: 2000, *Ärger in Organisationen*, Dissertation, Universität Augsburg, Augsburg.

Berlyne, D. E.: 1960, *Conflict arousal and curiosity*, McGraw-Hill, New York.

Berlyne, D. E.: 1967, Arousal and Reinforcement, *in* D. Levine (Hrsg.), *Nebraska Symposium on Motivation*, Nebraska University Press, Lincoln, 1–10.

Berlyne, D. E.: 1971, What next? Concluding Summary, *in* D. E. Berlyne und D. E. Hunt (Hrsg.), *Intrinsic Motivation: A new Direction in Education*, Holt, Reinhart and Winston, Toronto, 186–196.

Berlyne, D. E.: 1974, *Konflikt, Erregung, Neugier*, Klett, Stuttgart.

Bühler, K.: 1982, *Sprachtheorie*, Fischer, Jena.

Birbaumer, N.: 1983, Psychophysiologische Ansätze, *in* A. H. Euler und H. Mandel (Hrsg.), *Emotionspsychologie. Ein Handbuch in Schlüsselbegriffen*, Urban und Schwarzenberg, München, Wien, Baltimore, 45–52.

Boisot, M. H.: 1995, *Information Space: A Framework for Learning in Organizations, Institutions and Culture.*, Routlege, London.

Literaturverzeichnis

Borman, W. C. und Motowidlo, S. J.: 1983, Expanding the criterion domain to include elements of contextual performance, *in* N. Schmitt und W. C. Borman (Hrsg.), *Personnel selection in organizations*, Jossey-Bass, San Francisco, 71–98.

Bower, G. H. und Cohen, P. R.: 1982, Emotional influences on memory and thinking, *in* M. S. Clark und S. T. Fiske (Hrsg.), *Affect and cognition*, Hillsdale, New Jersey, 291–331.

Breitsameter, J. und Reiners-Kröncke, W.: 1997, *Arbeitssucht - ein umstrittenes Phänomen*, Nummer 13 in *Schriftenreihe des Instituts für Soziale Praxis*, Asgard-Verlag Dr. Werner Hippe, Sankt Augustin.

Brief, A. P. und Motowidlo, S. J.: 1986, Prosocial organizational behavior, *Academy of Management Review* (11), 710–725.

Broadbent, D. E.: 1971, *Decision and Stress*, Academic Press, London.

Büssing, A.: 1992, Ausbrennen und Ausgebranntsein, *Psychosozial* **15**(52), 42–50.

Buck, R.: 1985, Prime Theory: An integrated view of motivation and emotion, *Psychological Review* (92), 389–413.

Burns, J. M.: 1978, *Leadership*, Harper and Row, New York.

Burns, T. und Stalker, G. M.: 1961, *The Management of Innovation*, Travistock, London.

Burrell, G. und Morgan, G.: 1979, *Sociological Paradigms and Organizational Analysis*, Heinemann, London.

Buschmann, I. und Gamsjäger, E.: 1999, Determinanten des Lehrer-Burnout, *Psychologie, Erziehung und Unterricht* **46**, 281–292.

Literaturverzeichnis

Cangelosi, V. E. und Dill, W. R.: 1965, Organizational Learning: Observations Toward a Theory, *Administrative Science Quarterly* **10**, 175–203.

Cannon, W. B.: 1915, *Bodily changes in panic, hunger, fear and rage*, 2. Auflage, Appleton-Century-Crofts, New York.

Cherniss, C.: 1980, *Staff Burnout*, Sage, Beverly Hills, Ca.

Ciompi, L.: 1994, Affektlogik - die Untrennbarkeit von Fühlen und Denken, *in* J. Fedrowitz, D. Matejowski und K. G. (Hrsg.), *Neuroworlds: Gehirn - Geist - Kultur*, Campus, Frankfurt a.M., 117–130.

Cohen, M. D., March, J. G. und Olsen, J. P.: 1972, A garbage can model of organizational choice, *Administrative Science Quarterly* (17), 1–25.

Collinsk, J.: 1996, Why bounded rationality, *Journal of Economic Literature* **34**, 669–700.

Craemer-Ruegenberg, I.: 1993, Begrifflich-systemische Bestimmung von Gefühlen. Beiträge aus der antiken Tradition, *in* H. Fink-Eitel und G. Lohmann (Hrsg.), *Zur Philosophie der Gefühle*, Suhrkamp, Frankfurt a.M., 20–32.

Csikszentmihalyi, M.: 1978, Intrinsic Rewards and Emergent Motivation, *in* M. R. Lepper und D. Green (Hrsg.), *The Hidden Costs of Reward*, Wiley, New York, 205–216.

Csikszentmihalyi, M.: 1979, The Concept of Flow, *in* B. Sutton-Smith (Hrsg.), *Play and Learning*, Gardner, New York, 257–274.

Csikszentmihalyi, M.: 1985, *Das flow-Erlebnis*, Klett-Kotta, Stuttgart.

Cyert, R. M. und March, J. G.: 1963, *A Behavioral Theory of the Firm*, Englewood Cliffs, New Jersey.

Literaturverzeichnis

Daft, R. L. und Huber, G. P.: 1987, How Organizations Learn: A Communication Framework, *in* N. Ditomaso und S. B. Bacharach (Hrsg.), *Research in the Sociology of Organizations*, Vol. 5, JAI Press, Greenwich, Connecticut and London, England, 1–36.

Daft, R. L. und Macintosh, N. B.: 1981, A Tenative Exploration into the Ammount and Equivocality of Information Processing in Organizational Work Units, *Administrative Science Quarterly* **26**, 207–224.

Daft, R. und Weick, K.: 1984, Towards a model of organizations as interpretations systems, *Academy of Management Review* **9**(2), 284–295.

Dahl, R. A.: 1957, The concept of power, *Behavioral Science* (2), 201–215.

Darwin, C.: 1872, *The expression of emotion in man and animals*, Murray, London.

Davitz, J. R.: 1969, *The language of emotion*, Academic Press, New York.

deCharmes, R.: 1968, *Personal Causation*, Academic Press, New York.

Deci, E. L.: 1975, *Intrinsic Motivation*, Plenum Press, New York.

Deci, E. L.: 1980, *The Psychology of Self-Determination*, Heath, Lexington.

Deci, E. L.: 1992, The Relation of Interest to the Motivation of Behavior, *in* K. A. Renninger, S. Hidi und A. Krapp (Hrsg.), *The Role of Interest in Learning Develoment*, Lawrence Erlbaum Associates, Publishers, Hillsdale, N.J., 43–70.

Deci, E. L. und Ryan, R. M.: 1980, The empirical exploration of intrinsic motivational processes, *in* L. Berkowitz (Hrsg.), *Advances in Experimental Social Psychology*, Academic Press, New York, 39–80.

Literaturverzeichnis

Deci, E. L. und Ryan, R. M.: 1985, *Intrinsic motivation and self-determination in human behavior*, Plenum, New York.

Dewey, J.: 1895, Interest in Relation to the Training of the Will, *in* J. F. Herbart (Hrsg.), *Year Book*, University of Chicago Press, Chicago, 209–246.

Dewey, J.: 1938, *Experience and Education*, Kappa Delta Pi, New York.

Dewey, J.: 1951, *Wie wir denken*, Morgarten Verlag Conetz und Huber, Zürich.

Dewey, J.: 1975, *Interest and Effort in Education*, Southern Illinois University Press, Carbondale.

Dogson, M.: 1993, Organizational Learning: A Review of Some Literature, *Organization Studies* **14**(3), 375–394.

Dollard, I., Doob, L. W., Miller, N. E., Mower, O. H. und Spears, R. R.: 1939, *Frustration and Aggression*, Yale University Press, New Haven.

Dorsch, F. H.: 1994, *Psychologisches Wörterbuch*, 12. Auflage, Huber, Bern, u.a.

Douglas, M.: 1986, *How institutions think*, Syracuse University Press, Syracuse, N.Y.

Downs, A.: 1966, *Inside Bureaucracy*, Little, Brown and Company, Boston, Mass.

Dreyfus, H. L. und Dreyfus, S. E.: 1987, *Künstliche Intelligenz - Von den Grenzen der Denkmaschine und dem Wert der Intuition*, Rowohlt Taschenbuch Verlag, Berlin.

Duffy, E.: 1934, Emotion: An example for the need of reorientation in psychology, *Psychological Review* (41), 184–198.

Duncan, R.: 1972, Characteristics of Organizational Environments and Perceived Environmental Uncertainty, *Administrative Science Quarterly* **14**, 272–285.

Duncan, R. und Weiss, A.: 1979, Organizational Learning: Implications for Organizational Design, *in* B. M. Staw (Hrsg.), *Research in Organizational Behavior: An Anual Series of Analytical Essays and Critical Reviews*, Vol. 1, JAI Press, Greenwich, CT., 75–123.

Dweck, C. S. und Legett, E. L.: 1988, A social-cognitive approach to motivation and personality, *Psychological Review* (95), 256–273.

Dyer, L. und Parker, D. F.: 1975, Classifying outcomes in work motivation research: An examination of the intrinsic dichotomy., *Journal of Applied Psychology* **60**, 455–458.

Eberl, P.: 1996, *Die Idee des organisationalen Lernens*, Haupt, Bern, u.a.

Edelwich, J. und Brodsky, A.: 1984, *Ausgebrannt - Das Burn-out-Syndrom in den Sozialberufen*, AVM, Salzburg.

Eder, F.: 1992, Schulklima und Interessensentwicklung, *in* A. Krapp und M. Prenzel (Hrsg.), *Interesse, Lernen, Leistung. Neuere Ansätze der pädagogisch-psychologischen Interessensforschung*, Aschendorff Verlag, Münster, 165–194.

Ekman, P.: 1972, Universal and cultural differences in facial expression of emotion, *in* J. R. Cole (Hrsg.), *Nebraska Symposium on Motivation*, University of Nebraska Press, Lincoln, 207–238.

Ekman, P., Friesen, W. V. und Ellsworth, P.: 1982, What emotion categories or dimensions can observers judge from facial behavior?, *in* P. Ekman (Hrsg.), *Emotion in the human face*, Cambridge University Press, New York, 39–55.

Literaturverzeichnis

Ellison, G. und Fudenberg, D.: 1993, Rules of thumb for social learning, *Journal of Political Economy* **101**(4), 612–643.

Emery, F. E. und Trist, E, L.: 1965, The Casual Texture of Organizational Environment, *Human Relations* **18**, 21–32.

Entwistle, N. J.: 1988, Motivational factors in student's approaches to learning, *in* R. R. Schmeck (Hrsg.), *Learning Strategies and Learning Styles*, Plenum Press, New York, 21–51.

Ernst, H.: 1986, Sucht nach Arbeit - Flucht in die Arbeit?, *in* D. Korczak (Hrsg.), *Die betäubte Gesellschaft*, Fischer, Frankfurt, a.M., 99–107.

Eschenbach, A.: 1977, *Job Enlargement und Job Enrichment*, Wissenschaftlicher Verlag A. Lehmann, Würzburg.

Estes, W.: 1979, Lernen und Verhalten, *in* O. Hasseloff (Hrsg.), *Struktur und Dynamik des menschlichen Verhaltens*, Kohlhammer, Stuttgart, 98–112.

Etzioni, A.: 1975, *Die aktive Gesellschaft*, Opladen, Wiesbaden.

Euler, A. H.: 1983, Lerntheoretische Ansätze, *in* A. H. Euler und H. Mandel (Hrsg.), *Emotionspsychologie. Ein Handbuch in Schlüsselbegriffen*, Urban und Schwarzenberg, München, Wien, Baltimore, 62–72.

Euler, A. H. und Mandl, H.: 1983, Begriffsbestimmung, *in* A. H. Euler und H. Mandl (Hrsg.), *Emotionspsychologie. Ein Handbuch in Schlüsselbegriffen*, Urban und Schwarzenberg, München, Wien, Baltimore, 5–9.

Ewert, O.: 1983, Ergebnisse und Probleme der Emotionsforschung, *in* H. Thomae (Hrsg.), *Theorien und Formen der Motivation*, Vol. 1 *Enzyklopädie der Psychologie*, Hogrefe, Göttingen, 398–452.

Eysenck, M. W.: 1982, *Attention and Arousal*, Springer, Berlin.

Fassel, D.: 1994, *Wir arbeiten uns noch zu Tode - Die vielen Gesichter der Arbeitssucht*, Knaur, München.

Festinger, L.: 1957, *A Theory of Cognitive Dissonanz*, Stanford University Press, Stanford, C.A.

Fiol, C. M. und Lyles, M. A.: 1985, Organizational Learning, *Academy of Management Review* (10), 803–813.

Fischbach, G.: 1992, Gehirn und Geist, *Spektrum der Wissenschaft* (11), 30–41.

Fishbein, M. und Ajzen, I.: 1975, *Belief, attitude, intention, and behavior*, Addison-Wesley, Reading, Mas.

Foppa, K.: 1972, *Lernen, Gedächtnis, Verhalten: Ergebnisse und Probleme der Lernpsychologie*, Verlag Kiepenheuer und Witsch, Köln, Berlin.

Forrester, J. W.: 1972, *Der teuflische Regelkreis. Das Globalmodell der Menschheitskrise*, Deutsche Verlagsanstalt, Stuttgart.

Freimut, J., Hauck, O. und Ashbar, T.: 2002, Struktur und Dynamik organisatorischen Erfahrungswissens. Dargestellt am Beispiel der Einführung von Gruppenarbeit in einer Automobilmontage, *Zeitschrift für Personalforschung* **16**(1), 5–38.

French, J. R. P. und Raven, B.: 1958, The Basis of Social Power, *in* D. Cartwright (Hrsg.), *Studies in Social Power*, Institute for Social Research / University of Michigan, Ann Arbor, Michigan, 150–167.

French, W. L. und Bell, C. H. J.: 1977, Zur Geschichte der Organisationsentwicklung, *in* B. Sievers (Hrsg.), *Organisationsentwicklung als Problem*, Klett, Stuttgart, 33–42.

Freudenberger, H. J.: 1974, Staff burnout, *Journal of Social Issues* **30**(1), 159–165.

Freudenberger, H. J. und Richelson, G.: 1983, *Mit dem Erfolg leben*, Heyne, München.

Frey, B.: 1997, *Markt und Motivation. Wie ökonomische Anreize die (Arbeits-) Moral verdrängen*, Vahlen, München.

Friedman, V. J.: 2002, The Individual as Agent of Organizational Learning, *California Management Review* **44**(2), 70–89.

Frijda, N.: 1986, *The Emotions*, Cambridge University Press, Cambridge and New York.

Galbraith, J.: 1973, *Designing Complex Organizations*, Addison-Wesley, Reading, Mass.

Gardiner, H. M., Clark-Metcalf, R. und Beebe-Center, J. G.: 1937, *Feeling and Emotion: A history of theories*, American Book, New York.

Gardner, P. L.: 1975, Attitudes to science: A review, *Studies in Science Education* (2), 1–41.

Garner, R. amd Gillingham, M. G. und White, C. S.: 1989, Effects of „seductive details" on macroprocessing and microprocessing in adults and children, *Cognition and Instruction* (6), 41–57.

Garner, W.: 1962, *Uncertainty and Structure as Psychological Concepts*, Wiley, New York.

Geißler, H.: 1991, Vom Lernen in der Organisation zum Lernen der Organisation, *in* T. Sattelberger (Hrsg.), *Die Lernende Organisation. Konzepte für eine neue Qualität der Unternehmensentwicklung*, Gabler, Wiesbaden, 81–96.

Geißler, H.: 1995, *Grundlagen des Organisationslernens*, Deutscher Studien Verlag, Weinheim.

Gerhardt, V.: 1976, Interesse, *in* J. Ritter und K. Gründer (Hrsg.), *Historisches Wörterbuch der Philosophie*, Vol. 4, Wissenschaftliche Buchgesellschaft, Darmstadt, 479–494.

Gerhardt, V.: 1977, Interesse - Terminus technicus des neuzeitlichen Denkens, *in* P. Massing und P. Reichel (Hrsg.), *Interesse und Gesellschaft*, Piper, München, 36–52.

Gheradi, S. und Nicolini, D.: 2000, To Transfer is to Transform: The Circulation of Safety Knowledge, *Organization* **7**(2), 329–348.

Giddens, A.: 1977, *New Rules of Sociological Method. A Positive Critique of Interpretative Sociology*, Hutchinson, London.

Giddens, A.: 1979, *Central Problems in Social Theory. Action, Structure and Contradiction in Social Analysis*, Basingstoke, London.

Giddens, A.: 1981, *A contemporary critique of historical Materialism*, Basingstoke, London.

Giddens, A.: 1982a, *Profiles and Critiques in Social Theory*, Basingstoke, London.

Giddens, A.: 1982b, *Sociology. A brief but critical introduction*, Basingstoke, London.

Goldmannn-Rakic, P.: 1992, Das Arbeitsgedächtnis, *Spektrum der Wissenschaft* (11), 94–102.

Gottfredson, L. S.: 1981, Circumposition and compromise: A developmental theory of occupational aspirations, *Journal of Counseling Psychology* **6**(28), 545–579.

Graumann, C. F. und Willig, R.: 1983, Wert, Wertung, Werthaltung, *in* H. Thomae (Hrsg.), *Enzyklopädie der Psychologie: Motivation und Emotion, Theorien und Formen der Motivation*, Vol. I, Hogrefe, Göttingen, 312–396.

Gray, J. A.: 1982, *The neuropsychology of anxiety*, Oxford University Press, Oxford.

Grinyer, P. H. und Spencer, J. C.: 1979, *Turnaround: Managerial Recepies for Strategic Success.*, Associated Business Press, London.

Groeben, N. und Vorderer, P.: 1988, *Leserpsychologie: Lesemotivation - Lektürewirkung*, Achendorff, Münster.

Gross, W.: 1990, *Sucht ohne Drogen - Arbeiten, Essen, Spielen, Lieben...*, Neuland Verlagsgesellschaft, Geesthacht.

Gross, W.: 1992, *Was ist das Süchtige an der Sucht?*, Neuland Verlagsgesellschaft, Geesthacht.

Grossmann, S. P.: 1967, *A Textbook of Physiological Psychology*, Wiley and Sons inc., London and New York.

Guthrie, E.: 1935, *The Psychology of Learning*, Peter Smith, New York.

Habermas, J.: 1981, *Theorie des kommunikativen Handelns: Handlungsrationalität und gesellschaftliche Rationalisierung*, Vol. 1, Shurkamp, Frankfurt.

Hacker, W.: 1973, *Allgemeine Arbeits- und Ingenieurpsychologie*, Deutscher Verlag der Wissenschaften, Berlin.

Hacker, W.: 1986, *Arbeitspsychologie*, Schriften zur Arbeitspsychologie Nr.41, Verlag Hans Huber, Bern, Stuttgart, Toronto.

Hacker, W.: 1992, *Expertenkönnen. Erkennen und Vermitteln*, Verlag für angewandte Psychologie, Göttingen, Stuttgart.

Hacker, W.: 1998, *Allgemeine Arbeitspsychologie*, Schriftenreihe zur Arbeitspsychologie Nr.58, Verlag Hans Huber, Bern, Göttingen, Toronto, Seattle.

Hagemüller, P.: 1985, *Methoden und Technik des Lernens*, Pädagogischer Verlag Schwann, Düsseldorf.

Hambrick, D.: 1982, Environmental Scanning and Organizational Strategy, *Strategic Management Journal* **3**, 159–174.

Hannen, M. und Freeman, J.: 1977, The Population Ecology of Organizations, *American Journal of Sociology* (82), 929–964.

Hebb, D. O.: 1949, *The Organization of Behavior*, Wiley, New York.

Heckhausen, H.: 1974, Motive und ihre Entstehung, *in* F. E. Weinert et al. (Hrsg.), *Funkkolleg pädagogische Pschologie*, Fischer, Frankfurt, 133–171.

Heckhausen, H.: 1977, Achievement Motivation and its constructs: A cognitive Model, *Motivation and Emotion* **1**(4), 283–392.

Heckhausen, H.: 1989, *Motivation und Handeln*, 2. Auflage, Springer, Berlin.

Heckmann, W.: 1987, Sucht, *in* S. Grubitzsch und G. Rexilius (Hrsg.), *Psychologische Grundbegriffe - Mensch und Gesellschaft in der Psychologie*, Rowohlt, Reinbek, 1068–1076.

Hedberg, B.: 1981, How Organizations Learn and Unlearn, *in* P. Nystrom und W. Starbuck (Hrsg.), *Handbook of Organizational Design*, Vol. 1, University Press, Oxford, 3–27.

Hegel, G. W. F.: 1970, *Enzyklopädie der philosophischen Wissenschaften. III. Die Philosophie des Geistes.*, Werke, Suhrkamp, Frankfurt, a.M.

Heide, H.: 1999, *Arbeitssucht. Skizze der theoretischen Grundlage für eine vergleichende empirische Untersuchung*, Beiträge zur sozialökonomischen Handlungsforschung, SEARI, Bremen.

Heller, A.: 1980, *Theorie der Gefühle*, VSA-Verlag, Hamburg.

Heller, W.: 1994, *Arbeitsgestaltung*, Enke, Stuttgart.

Helvetius, C. A.: 1972, *Vom Menschen, seinen geistigen Fähigkeiten und seiner Erziehung*, Suhrkamp, Frankfurt, a.M.

Literaturverzeichnis

Herbart, J. F.: 1965a, Allgemeine Pädagogik, aus dem Zweck der Erziehung abgeleitet, *in* J. F. Herbart (Hrsg.), *Pädagogische Schriften*, Vol. 2 *Pädagogische Grundschriften*, Küpper, Düsseldorf, 9–155.

Herbart, J. F.: 1965b, *Allgemeine Pädagogik aus dem Zweck der Erziehung abgeleitet*, Vol. 23 *Kamps pädagogische Taschenbücher*, Verlag Kamp, Bochum.

Herbart, J. F.: 1965c, Umriss pädagogischer Vorlesungen, *in* J. F. Herbart (Hrsg.), *Pädagogische Schriften*, Vol. 3 *Pädagogisch-didaktische Schriften*, Küpper, 165–283.

Hernández-Peón, R., Scherer, H. und Jouvett, M.: 1956, Modification of electric activity in cochlear nucleus during attention in unanesthetized cats, *Science* (123), 331–332.

Herrmann, T.: 1982, Über begriffliche Schwächen kognitivistischer Emotionstheorien: Begriffsinflation und Akteur-System-Kontamination, *Sprache und Kognition* (1), 3–14.

Hüholdt, J.: 1993, *Wunderland des Lernens - Lernbiologie, Lernmethodik, Lerntechnik*, 8. Auflage, Verlag für Didaktik, Bochum.

Hidi, S. und Anderson, V.: 1992, Situational Interest and its Impact on Reading and Expository Writing, *in* E. Renninger, S. Hidi und A. Krapp (Hrsg.), *The Role of Interest in Learning an Development*, Erlbaum, Hillsdale, N.J., 215–239.

Hidi, S. und Baird, W.: 1988, Strategies for increasing text-based interest and student's recall of expository texts, *Reading Research Quarterly* (23), 465–483.

Hillman, J.: 1960, *Emotion*, Routledge and Kegan Paul, London.

Hofstätter, P. R.: 1973, *Psychologie*, Fischer Taschenbuch-Verlag, Frankfurt, a.M.

Literaturverzeichnis

Hogg, M. A.: 1992, *The social psychology of group cohersiveness. From attraction to social identity.*, Harvester Wheatsheaf, New York.

Hokanson, J. E.: 1969, *The physiological basis of motivation*, Wiley, New York.

Huber, G., O'Connell, M. und Cummings, L.: 1975, Perceived Environmental Uncertainty: Effects of Information and Structure, *Academy of Management Journal* **18**, 725–740.

Huber, G. P.: 1991, Organizational Learning: The Contributing Process and the Literatures, *Organizational Science* (2), 88–115.

Hunt, J. M.: 1971, Towards a History of Intrinsic Motivation, *in* D. E. Berlyne und D. E. Hunt (Hrsg.), *Intrinsic Motivation: A new Direction in Education*, Holt, Reinhart and Winston, Toronto, 1–32.

Inhelder, B.: 1972, Einige Aspekte von Piagets genetischer Theorie des Erkennens, *in* H. G. Furth (Hrsg.), *Intelligenz und Erkennen: Die Grundlagen der genetischen Erkenntnistheorie Piagets*, Suhrkamp, Frankfurt, a.M., 44–72.

Innhofer, C. und Innhofer, U.: 2000, Wissen ist Macht, *Personalwirtschaft* (12), 22–26.

Isen, A. M., Daubmann, K. A. und Gorgoglione, J. M.: 1987, The influence of positive affect on cognitive organization: Implications for Education, *in* R. E. Snow und M. J. Farr (Hrsg.), *Aptitude, Learning and Instruction*, Vol. 3: Conative and affective process analyses, Erlbaum, Hillsdale, N.J., 143–164.

Izard, C. E.: 1971, *The Face of Emotion*, Appleton-Century-Crofts, New York.

Izard, C. E.: 1977, *Human Emotions*, Plenum Press, New York.

Literaturverzeichnis

Jaehrling, D.: 2000, *Fröhlich Führen. Erfolge planen und verwirklichen mit dem emotionalen Führungskonzept*, Metropolitan, Düsseldorf.

James, W.: 1884, What is an Emotion?, *Mind* (9), 188–205.

James, W.: 1890, *The Principles of Psychology*, Holt, Reinhard and Winston, New York.

Jaspers, K.: 1946, *Allgemeine Psychopathologie*, Springer, Berlin.

Jellnik, E. M.: 1969, *The Disease of Alcoholism*, Yale University Press, New Haven.

Joas, H.: 1995, Eine soziologische Transformation der Praxisphilosophie - Giddens' Theorie der Strukturierung, *in* A. Giddens (Hrsg.), *Die Konstitution der Gesellschaft*, Campus, Frankfurt, 9–23.

Kandel, E. und Hawkins, R.: 1992, Molekulare Grundlagen des Lernens, *Spektrum der Wissenschaft* (11), 66–76.

Kant, I.: 1983, *Kritik der reinen Vernunft*, Vol. 3 *Werke*, Wissenschaftliche Buchgesellschaft, Darmstadt.

Kasten, H.: 1983, Entwicklungspsychologische Ansätze, *in* A. H. Euler und H. Mandel (Hrsg.), *Emotionspsychologie. Ein Handbuch in Schlüsselbegriffen*, Urban und Schwarzenberg, München, Wien, Baltimore, 85–95.

Katz, D.: 1964, The motivational basis of organizationale behavior, *Behavioral Science* (9), 131–146.

Kemper, T. D.: 1987, How many emotions are there? Wedding the social and the automatic components, *American Journal of Sociology* 93(2), 263–289.

Kerschensteiner, G.: 1928, *Theorie der Bildung*, Teubner, Leipzig.

Literaturverzeichnis

Kühl, S.: 2000, Lernende Organisation - eine Vergötterung des Wandels, *Personalwirtschaft* (6), 46–53.

Kießling, A.: 1988, *Kritik der Giddensschen Sozialtheorie. Ein Beitrag zur theoretisch-methodischen Grundlegung der Sozialwissenschaften*, Beiträge zur Gesellschaftsforschung, Bd.8, Lang.

Kieser, A.: 1993, *Organisationstheorien*, Kohlhammer, Stuttgart.

Kieser, A. und Kubicek, H.: 1983, *Organisation*, de Gruyter, Berlin.

Kim, D.: 1993a, The Link Between Individual and Organizational Learning, *Sloan Management Review* (Fall), 37–50.

Kim, D. H.: 1993b, *A Framework and Methology for Linking Individual and Organizational Learning: Applications in TQM and Development*, PHD-Thesis, Sloan School af Management, Massachusetts Institute of Technology, Boston, Massachusetts.

Klages, L.: 1950, *Grundlagen der Wissenschaft vom Ausdruck*, Bouvier, Bonn.

Kleinginna, P. R. und Kleinginna, A. M.: 1981, A categorized list of emotion definitions, with suggestions for a consensual definition, *Motivation and Emotion* **5**, 345–379.

Klimecki, R. et al.: 1994, Zur empirischen Analyse organisationaler Lernprozesse im öffentlichen Sektor, *in* W. Bussmann (Hrsg.), *Lernen in Verwaltung und Policy-Netzwerken*, Ruegger Verlag, Zürich, 9–37.

Klimecki, R. G.: 1997, Führung in der lernenden Organisation, *in* H. Geißler (Hrsg.), *Unternehmensethik, Managementverantwortung und Weiterbildung*, Luchterhand, Berlin, 82–105.

Klix, F.: 1979, *Information und Verhalten: Kybernetische Aspekte der organismischen Informationsverarbeitung. Einführung in Naturwissenschaftliche Grundlagen der allgemeinen Psychologie*, 4. Auflage, Huber, Bern.

Literaturverzeichnis

Klix, F.: 1994, Gedächtnis, *in* R. Asanger und G. Wenninger (Hrsg.), *Handwörterbuch der Psychologie*, 5. Auflage, BELTZ Psychologische Verlagsunion, Weinheim, 213–219.

Kluckhohn, C.: 1951, Values and value-orientation in the theory of action: An exploration in definition and classification, *in* T. Parsons und E. Shils (Hrsg.), *Towards a general theory of action*, Harvard University Press, Cambridge, Mass., 388–433.

Kluge, A. und Schilling, J.: 2000, Organisationales Lernen und lernende Organisation: Ein Überblick zum Stand von Theorie und Empirie, *Zeitschrift für Arbeits- und Organisationspsychologie* **44**, 179–191.

Kmieciak, P.: 1976, *Wertstrukturen und Wertewandel in der Bundesrepublik Deutschland*, Schwartz, Göttingen.

Koch, S.: 2001, *Eigenverantwortliches Handeln von Führungskräften*, Rainer Hampp Verlag, München.

Kofman, F. und Senge, P. M.: 1993, Communities of commitment: The heart of learning organizations, *Organizational Dynamics* **22**(2), 5–23.

Kolb, D. A.: 1976, Management and the learning process, *California Management Review* **18**(3), 21–31.

Kolb, D. A.: 1984, *Experiential Learning - Experience as the Source of Learning and Development*, Prenttice-Hall, Engelwood Cliffs, N.J.

Krapp, A.: 1992, Konzepte und Forschungsansätze zur Analyse des Zusammenhangs von Interesse, Lernen und Leistung, *in* A. Krapp und M. Prenzel (Hrsg.), *Interesse, Lernen, Leistung*, Aschendorff, Münster, 9–53.

Krapp, A.: 2000, Individuelle Interessen als Bedingung für lebenslanges Lernen, *in* F. Achtenhagen und W. Lempert (Hrsg.), *Entwicklung eines Programmkonzepts „Lebenslanges Lernen"*

Literaturverzeichnis

für das Bundesministerium für Bildung, Wissenschaft, Forschung und Technologie, Leske und Budrich, Opladen.

Krebsbach-Gnath, K.: 1996, *Organisationslernen: Theorie und Praxis der Veränderung*, Deutscher Universitäsverlag, Wiesbaden.

Kreps, D.: 1990, *Game Theory and Economic Modelling*, Clarendon Press, Oxford.

Kruse, O.: 1995, Entwicklungstheorie der Emotionen und Psychopathologie, *in* H. Petzold (Hrsg.), *Die Wiederentdeckung des Gefühls. Emotionen in der Psychotherapie und der menschlichen Entwicklung.*, Junfermann, Paderborn, 137–167.

Kuhlen, R.: 1999, *Die Konsequenzen von Informationsassistenten*, Suhrkamp, Frankfurt a.M.

Kutter, P.: 1983, Psychoanalytische Ansätze, *in* A. H. Euler und H. Mandel (Hrsg.), *Emotionspsychologie. Ein Handbuch in Schlüsselbegriffen*, Urban und Schwarzenberg, München, Wien, Baltimore, 52–62.

Laird, J. D.: 1974, Self-Attribution of Emotion: The effects of expressive behavior on the quality of emotional experience, *Journal of Personality and Sozial Psychology* (29), 475–486.

Lang, J. P.: 1984, Cognition in emotion: Concept and action, *in* C. Izard, J. Kagan und R. Zajonc (Hrsg.), *Emotion, Cognition and Behavior*, Cambridge University Press, New York, 1–61.

Lange, C. G.: 1910, *Die Gemütsbewegung*, Kabitsch, Würzburg.

Lawrence, P. R. und Lorsch, J. D.: 1967, Differenciation and Integration in Complex Organizations, *Administrative Science Quarterly* **12**, 1–47.

Lawson, M.: 2001, In praise of slack: Time is of the essence, *The Academy of Management Executive* **15**(3), 125–135.

Literaturverzeichnis

Lazarus, R. S.: 1968, Emotions and Adaption: Conceptual and empirical relations, *in* W. J. Arnold (Hrsg.), *Nebraska Symposium on Motivation*, Vol. 16, University of Nebraska Press, Lincoln, Ne., 175–270.

Lazarus, R. S., Coyne, J. C. und Folkman, S.: 1984, Cognition, emotion and motivation: The doctoring of 'humpty dumpty', *in* K. R. Scherer und P. Ekman (Hrsg.), *Approaches to Emotion*, Erlbaum, Hillsdale, N.J., 221–237.

Lazarus, R. S. und Launier, R.: 1981, Stressbezogene Transaktion zwischen Person und Umwelt, *in* J. R. Nitsch (Hrsg.), *Stress*, Huber, Bern, 213–259.

Lazlo, E.: 1972, *Introduction to Systems Philosophy*, Gordon and Breach, Science Publishers, New York u.a.

Lück, H. E.: 1969, *Soziale Aktivierung*, Wison, Köln.

Leeper, R. W.: 1948, A motivational theory of emotion to replace „emotions as disorganized response", *Psychological Review* (55), 5–21.

Leontjew, A. A.: 1979, *Tätigkeit, Bewusstsein, Persönlichkeit*, Volk und Wissen, Berlin.

Lepper, M. R. und Greene, D.: 1978, Overjustification Research and Beyond: Toward a Means-End Analysis of Intrinsic and Extrinsic Motivation, *in* M. R. Lepper und D. Greene (Hrsg.), *The Hidden Costs of Reward: New Perspectives on the Psychology of Human Motivation*, Erlbaum, New Jersey, 109–148.

Lersch, P.: 1932, *Gesicht und Seele*, Ernst Reinhart Verlag, München.

Leventhal, H.: 1984, A perceptual motor theory of emotion, *in* K. R. Scherer und P. Ekman (Hrsg.), *Approaches to Emotion*, Erlenbaum, 271–292.

Levitt, B. und March, J. G.: 1988, Organizational Learning, *Annual Review of Sociology* (14), 319–340.

Lewin, K.: 1951, *Field Theory in Social Sciences*, Harper and Row, New York.

Lindsley, D. B.: 1951, Emotion, *in* S. S. Stevens (Hrsg.), *Handbook of Experimental Psychology*, Wiley, New York, 473–516.

Lippit, R. und Lippit, G.: 1977, Der Beratungsprozess in der Praxis. Untersuchung zur Dynamik der Arbeitsbeziehung zwischen Klient und Berater, *in* B. Sievers (Hrsg.), *Organisationsentwicklung als Problem*, Klett, Stuttgart, 93–115.

Lipps, T.: 1907, Das Wissen von fremden Ichen, *in* T. Lipps (Hrsg.), *Psychologische Untersuchungen*, Vol. 1, Engelmann, Leipzig, 694–722.

Lämmert, E.: 1996, Vom Nutzen des Vergessens, *in* G. Smith und H. M. Emrich (Hrsg.), *Vom Nutzen des Vergessens*, Akademischer Verlag, Berlin, 9–14.

Lohmann, G.: 1993, Zur Rolle von Stimmungen und Zeitdiagnose, *in* H. Fink-Eitel und G. Lohmann (Hrsg.), *Zur Philosophie der Gefühle*, Suhrkamp, Frankfurt a.M., 8–19.

Lorenz, K.: 1963, *Das sogenannte Böse*, Dr. G. Borath-Schoeler Verlag, Wien.

Luhmann, N.: 1984, *Soziale Systeme*, Suhrkamp, Frankfurt a.M.

Lukes, S.: 1976, *Power: A radical view*, Macmillan, London.

Lunk, G.: 1926, *Das Interesse*, Vol. 1, Klinkhardt, Leipzig.

Lunk, G.: 1927, *Das Interesse*, Vol. 2, Klinkhardt, Leipzig.

Luria, A. R.: 1970, *Die höheren kortikalen Funktionen des Menschen und ihre Störungen bei örtlicher Hirnschädigung.*, Deutscher Verlag der Wissenschaften, Berlin.

Literaturverzeichnis

Machlowitz, M.: 1986, *Arbeitssucht und wie man damit leben kann*, MVG-Verlag, Landsberg am Lech.

MacHulp, F.: 1962, *The Production and Distribution of Knowledge in the United States*, Princeton, New Jersey.

MacLean, P. D.: 1975, Sensory and perceptive factors in emotional functions of the triune brain., *in* L. Levi (Hrsg.), *Emotions: Their parameters and measurement*, Raven, New York, 71–92.

Mandl, H.: 1983, Kognitionstheoretische Ansätze, *in* A. H. Euler und H. Mandel (Hrsg.), *Emotionspsychologie. Ein Handbuch in Schlüsselbegriffen*, Urban und Schwarzenberg, München, Wien, Baltimore, 72–80.

Mandl, H. und Huber, G. L.: 1983, Theoretische Grundposition zum Verhältnis von Emotion und Kognition, *in* H. Mandl und G. L. Huber (Hrsg.), *Emotion und Kognition*, Urban und Schwarzenberg, München, 1–60.

Mandler, G.: 1984, *Mind and Body: The Psychology of Emotion and Stress*, Norton, New York.

March, J. G.: 1955, An introduction to the theory and measurement of influence, *American Political Science Review* (49), 431–451.

March, J. G. und Olsen, J. P.: 1975, Uncertainty of the Past, *European Journal of Political Research* (3), 147–171.

March, J. G. und Olsen, J. P.: 1976, *Ambiguity and Choice in Organizations*, Universitetsforlag, Bergen.

March, J. G. und Olsen, J. P.: 1990, Die Unsicherheit der Vergangenheit, *in* J. G. March (Hrsg.), *Entscheidung und Organisation: Kritische und konstruktive Beiträge, Entwicklungen und Perspektiven*, Gabler, Wiesbaden, 373–398.

March, J. und Simon, H.: 1958, *Organizations*, Wiley, New York.

Literaturverzeichnis

Marton, F. und Säljö, R.: 1976, On qualitative differences in learning: Outcome and process, *British Journal of educational Psychology* (46), 4–11.

Marx, K.: 1857, Grundrisse der Kritik der politischen Ökonomie, Manuskript. Rohentwurf für „Das Kapital".

Maslach, C. und Jackson, S. E.: 1984, Burnout in organizational settings, *in* S. Oskamp (Hrsg.), *Applied Social Psychology Annual*, Sage, Beverly Hills, C.A., 133–153.

Maslach, C. und Schaufeli, W.: 1993, Historical and conceptual development of burnout, *in* W. B. Schaufeli, C. Maslach und T. Marek (Hrsg.), *Professional Burnout: Recent Developments in Theory and Research*, Taylor and Francis, Washington D.C., 1–16.

Matsumo, D. und Sanders, M.: 1988, Emotional experiences during engagment in intrinsically and extrinsically motivated tasks, *Motivation and Emotion* (12), 353–369.

Maturana, H. R. und Varela, F. J.: 1987, *Der Baum der Erkenntnis*, Goldmann, Bern, München.

Mayring, P.: 1992, Klassifikation und Beschreibung einzelner Emotionen, *in* D. Ulich und P. Mayring (Hrsg.), *Psychologie der Emotionen*, Kohlhammer, Stuttgart, 131–181.

McDougall, W.: 1926, *An introduction to social psychology*, Luce, Boston.

McDougall, W.: 1928, Emotion and feeling distinguished, *in* M. L. Reymert (Hrsg.), *Feelings and Emotions*, Clark University Press.

McGraw, K. O.: 1978, The Determinal Effects of Reward on Performance: A Literature Review and a Prediction Model, *in* M. R. Lepper und D. Greene (Hrsg.), *The Hidden Costs of Reward*, Erlbaum, New York, 33–60.

Literaturverzeichnis

McReynolds, P.: 1971, The nature and assessment of intrinsic motivation, *in* P. McReynolds (Hrsg.), *Advances on Psychological Assessment*, Vol. 2, Science and Behavior Books, Palo Alto, 155–177.

Mees, U.: 1991, *Die Struktur der Emotionen*, Hogrefe, Göttingen.

Meilicke, J.: 2000, Vergessen und Entlernen, *Personalwirtschaft* (4), 64–72.

Mentzel, G.: 1979, Über die Arbeitssucht, *Zeitschrift für psychosomatische Medizin und Psychoanalyse* 25, 115–127.

Meyer, A. D. und Starbuck, W. H.: 1993, Interactions between Politics and Ideologies in Strategy Formation, *in* K. Roberts (Hrsg.), *New Challenges to Understanding Organizations*, MacMillan, 99–116.

Meyer, W. U.: 1983, Attributionstheoretische Ansätze, *in* A. H. Euler und H. Mandel (Hrsg.), *Emotionspsychologie. Ein Handbuch in Schlüsselbegriffen*, Urban und Schwarzenberg, München, Wien, Baltimore, 80–85.

Miles, R. E. und Snow, C. C.: 1978, *Organizational Strategy, Structure and Process*, McGraw-Hill, New York.

Miller, D.: 1990, *The Icarus Paradox: How Exceptional Companies Bring about their Downfall*, Harper Business, New York.

Miller, G., Galanter, E. und Pribram, K.: 1960, *Plans and the Structure of Behavior*, Holt, New York.

Miller, G., Galanter, E. und Pribram, K.: 1973, *Strategien des Handelns*, Klett, Stuttgart.

Miller, M.: 1986, *Kollektive Lernprozesse. Studien zur Grundlegung einer soziologischen Lerntheorie*, Suhrkamp, Frankfurt a.M.

Müller-Stewens, G. und Pautzke, G.: 1991, Führungskräfteentwicklung und organisatorisches Lernen. Konzepte für eine neue Qualität der Unternehmensentwicklung, *in* T. Sattelberger (Hrsg.), *Die Lernende Organisation*, Gabler, Wiesbaden, 185–205.

Mowrer, O. H.: 1960, *Learning theory and behavior*, Wiley, New York.

Nagy, L.: 1912, *Psychologie des kindlichen Interesses*, Nemnich, Leipzig.

Nell, V.: 1988, The psychology of reading for pleasure: Needs and gratifications., *Reading Research Quarterly* (23), 6–50.

Nenninger, P.: 1990, Motivationale und lernstrategische Bedingungen akademischen Lernens, *in* P. Strittmatter (Hrsg.), *Zur Lernforschung: Befunde - Analysen - Perspektiven*, Deutscher Studienverlag, Weinheim, 143–158.

Nerdinger, F. W.: 1998, Extra-Rollenverhalten in Organisationen. Stand der Forschung und der dimensionalen Struktur des Konstrukts, *Arbeit. Zeitschrift für Arbeitsforschung, Arbeitsgestaltung und Arbeitspolitik* (7), 21–38.

Neuberger, O.: 1990, Der Mensch ist Mittelpunkt. Der Mensch ist Mittel. Punkt. 8 Thesen zum Personalwesen., *Personalführung* (1), 3–10.

Neuberger, O.: 1994, *Personalentwicklung*, Enke, Stuttgart.

Neuberger, O.: 1995, *Mikropolitik*, Enke, Stuttgart.

Neuberger, O.: 1997, *Personalwesen 1*, Enke, Stuttgart.

Neuberger, O.: 1999, Lernende Führung als Bedingung, Teil und Produkt organisationalen Lernens, *in* Rationalisierungs- und Innovationszentrum der Deutschen Wirtschaft e.V. (Hrsg.), *Erfolgreich durch Lernen*, Wirtschaftsverlag Bachem, Köln, 11–33.

Literaturverzeichnis

Neuberger, O.: 2002, *Führen und führen lassen*, 6. Auflage, Lucius und Lucius, UTB, Stuttgart.

Neuberger, O. und Kompa, A.: 1987, *Wir, die Firma. Der Kult um die Unternehmenskultur*, BELTZ, Weinheim, Basel.

Neuendorff, H.: 1973, *Der Begriff des Interesses*, Suhrkamp, Frankfurt.

Nicholls, J. G.: 1984, Achievement motivation: Conceptions of ability, subjective experience, task choice, and performance, *Psychological Review* (91), 328–345.

Nonaka, I. und Takeuschi, H.: 1995, *The knowledge-creating company*, Oxford University Press, New York.

Nyström, P. C. und Starbuck, W.: 1984, To avoid organizational crisis - unlearn, *Organizational Development* **13**(1), 53–65.

Oatley, K. und Johnson-Laird, P. N.: 1987, Towards a cognitive theory of emotions, *Cognition and Emotion* (1), 29–50.

Oesterreich, R.: 1981, *Handlungsregulation und Kontrolle*, Urban und Schwarzenberg, München, Wien, Baltimore.

(ohne Verfasser): 1998, Was will ich wirklich wissen?, *Psychologie Heute* (7), 20–26.

Organ, D. W.: 1988, *Organizational Citizenship Behavior. The Good Soldier Syndrome*, Lexington Books D.C. Heath and Company, Lexington, Mass.

Orthaus, J., Knaak, A. und Sanders, K.: 1993, *Schöner Schuften - Wege aus der Arbeitssucht*, Kiepenheuer und Witsch, Köln.

Ortony, A., Clore, G. und Collins, A.: 1988, *Cognitive structure of emotion*, Cambridge University Press, Cambridge.

Ortony, A. und Turner, T. J.: 1990, What's basic about basic emotions, *Psychological Review* (97), 315–331.

Literaturverzeichnis

Panksepp, J.: 1982, Towards a general psychobiological theory of emotions, *Behavioral and Brain Science* (5), 407–422.

Papez, J. W.: 1937, A proposed mechanism of emotion, *Archives of Neurological Psychiatry* (38), 725–743.

Pautzke, G.: 1989, *Die Evolution der organisatorischen Wissensbasis - Bausteine einer Theorie des organisationalen Lernens*, Kirsch, München.

Pawlow, I. P.: 1926, *Die höchste Nerventätigkeit (das Verhalten) von Tieren*, Bermann, München.

Pedler, M., Boydell, T. und Burgoyne, J.: 1991, *Das lernende Unternehmen*, Campus, Frankfurt a.M.

Piaget, J.: 1974, *Theorien und Methoden der modernen Erziehung*, Fischer, Frankfurt, a.M.

Piaget, J.: 1975, *Die Entwicklung der physikalischen Mengenbegriffe beim Kinde*, Vol. 4, Klett-Kotta, Stuttgart.

Piaget, J.: 1980, *Abriss der genetischen Epistemologie*, Klett-Kotta, Stuttgart.

Piaget, J.: 1981, Intelligence and Affectivity: Their relationship during child development, *in* T. A. Brown und M. R. Kaegi (Hrsg.), *Annual Reviews Monograph*, Annual Reviews Inc., Palo Alto.

Pines, A. M.: 1993, Burnout: An existential perspective, *in* W. B. Schaufeli, C. Maslach und T. Marek (Hrsg.), *Professional Burnout: Recent Developments in Theory and Research*, Taylor and Francis, Washington D.C., 33–51.

Pines, A. M., Aronson, E. und Kafry, D.: 1983, *Ausgebrannt. Vom Überdruß zur Selbstentfaltung*, Klett-Cotta, Stuttgart.

Literaturverzeichnis

Pintrich, P. R. und DeGroot, E. V.: 1990, Motivational and self-regulated learning components of classtoom academic performance, *Journal of educational Psychology* (82), 33–40.

Plutchik, R.: 1980, *Emotion: A psychoevolutionary synthesis*, Harper, New York.

Polanyi, M.: 1962, *Personal Knowledge*, Routledge, London.

Porter, L. W. und Roberts, K.: 1967, Organizational Communication, *in* M. Dunnette (Hrsg.), *Handbook of Industrial and Organizational Psychology*, Rand-McNally, Chicago, 1553–1589.

Prenzel, M.: 1988, *Die Wirkungsweise von Interessen - Ein pädagogisches Erklärungsmodell*, Beiträge zur psychologischen Forschung, Band 13, Westdeutscher Verlag, Opladen.

Prenzel, M., Krapp, A. und Schiefele, H.: 1986, Grundzüge einer pädagogischen Interessenstheorie, *Zeitschrift für Pädagogik* (32), 163–173.

Primbam, K. H.: 1967, A new neurology and the biology of emotion: A structural approach., *American Psychologist* (22), 830–838.

Probst, G. B. J. und Büchel, B. S. T.: 1994, *Organisationales Lernen*, Gabler, Wiesbaden.

Puttkammen, D.: 1991, Arbeitssucht - workaholism, *Arbeitsgemeinschaft Missionarischer Dienste: Studienbriefe zur Seelsorge*.

Rapaport, D.: 1977, *Gefühl und Erinnerung*, 5. Auflage, Klett, Stuttgart.

Renninger, K. A., Hidi, S. und Krapp, A.: 1992, The Present State of Interest Research, *in* S. Hidi, K. A. Renninger und A. Krapp (Hrsg.), *The Role of Interest in Learning and Development*, Lawrence Erlbaum Associates, Publishers, 433–446.

Rühl, G.: 1973, Untersuchungen zur Arbeitsstrukturierung, *Industrial Engineering* **3**(3), 147–197.

Rüßmann, K. H.: 1983, Das Alibi Arbeit, *Managermagazin* (7), 116–118.

Roseman, I. J.: 1984, Cognitive determinants of emotion: A structural theory, *in* P. Shaver (Hrsg.), *Review of Personality and Social Psychology*, Vol. 5 *Emotion, Relationship and Health*, Sage Publications, Beverly Hills, Ca., 11–36.

Ross, S. A.: 1973, The economic theory of agency: The principal's problem, *American Economic Review* (63), 134–139.

Rousseau, J. J.: 1979, *Emile oder von der Erziehung*, Winkler, München.

Sannon, C. und Weaver, W.: 1949, *The Mathematical Theory of Communication*, University of Illinois Press, Urbana Illinois.

Sartre, J. P.: 1948, *Esquisse d'un Theorie des Emotions*, Hermann, Paris.

Schachter, S.: 1975, Cognition and peripheralist-centralist controversies in motivation and emotion, *in* M. S. Gazzaniga und C. W. Blakemore (Hrsg.), *Handbook of Psychology*, Academic Press, New York, 529–564.

Schachter, S. und Singer, J. E.: 1962, Cognitive, social and psychological determinants of emotional states, *Psychological Review* (69), 379–399.

Schanz, H.: 1979, *Betriebliches Ausbildungswesen*, Gabler, Wiesbaden.

Schaufeli, W., Enzmann, D. und Girault, N.: 1993, Measurement of burnout: A review, *in* W. B. Schaufeli, C. Maslach und T. Marek (Hrsg.), *Professional Burnout: Recent Developments in Theory and Research*, Taylor and Francis, Washington D.C., 199–215.

Schein, E. H.: 1985, *Organizational Culture and Leadership*, Jossey-Bass, San Francisco.

Literaturverzeichnis

Schein, E. H.: 1993, How can organizations learn faster? The challange of entering the green room, *SMR* **34**(2), 85–92.

Schenk, D.: 1997, *Surviving the Data-Smog*, Harper Collins, San Francisco.

Scherer, K. R.: 1978, Die Funktion des nonverbalen Verhaltens im Gespräch, *in* D. Wegner (Hrsg.), *Gesprächsanalyse*, Buske, Hamburg, 273–295.

Scherer, K. R.: 1986, Zur Rationalität der Gefühle, *in* H. Rössner (Hrsg.), *Der ganze Mensch. Aspekte einer pragmatischen Anthropologie*, DTV, München, 180–191.

Scherer, K. R.: 1988, On the symbolic functions of vocal affect expression, *Journal of Language and Social Psychology* (7), 79–100.

Scherer, K. R.: 1990, Theorien und aktuelle Probleme der Emotionspsychologie, *in* K. R. Scherer (Hrsg.), *Psychologie der Emotion. Enzyklopädie der Psychologie, Themenbereich C, Theorie und Forschung*, Vol. 3 *IV*, Verlag für Psychologie Dr. C.J. Hofgrefe, Göttingen, 8–22.

Scherer, K. R. und Walbott, H. G.: 1990, Ausdruck von Emotionen, *in* K. R. Scherer (Hrsg.), *Psychologie der Emotion. Enzyklopädie der Psychologie, Themenbereich C, Theorie und Forschung*, Vol. IV *Enzyklopädie der Emotion*, Hogrefe, Göttingen, 345–422.

Schiefele, H., Prenzel, M. et al.: 1983, Zur Konzeption einer pädagogischen Theorie des Interesses, Gelbe Reihe, Arbeiten zur Empirischen Pädagogik und Pädagogischen Psychologie Nr.6, Institut für Empirische Pädagogik und Pädagogische Psychologie der Universität München.

Schiefele, U.: 1988, Motivationale Bedingungen des Textverstehens, *Zeitschrift für Pädagogik* (34), 687–708.

Literaturverzeichnis

Schiefele, U.: 1990, Thematisches Interesse, Variablen des Leseprozesses und Textverstehen, *Zeitschrift für experimentelle und angewandte Psychologie* (37), 304–332.

Schiefele, U., Krapp, A. und Winteler, A.: 1992, Interest as predictor of academic achievement: A meta analyses of research, *in* S. Hidi und A. Krapp (Hrsg.), *The role of interest in learning and development*, Erlbaum, Hillsdale, New Jersey, 183–212.

Schlossberg, H.: 1952, The description of facial expressions in terms of two dimensions, *Journal of Experimental Psychology* (44), 229–237.

Schlossberg, H.: 1954, Three dimensions of emotion, *Psychological Review* (61), 81–88.

Schmidinger, H. M.: 1983, *Das Problem des Interesses und die Philosophie Sören Kierkegaards*, Alber, Freiburg.

Schneider, K.: 1983, Psychobiologische und Soziobiologische Ansätze, *in* A. H. Euler und H. Mandel (Hrsg.), *Emotionspsychologie. Ein Handbuch in Schlüsselbegriffen*, Urban und Schwarzenberg, München, Wien, Baltimore, 37–45.

Schneider, K. und Dittrich, W.: 1990, Evolution und Funktion von Emotionen, *in* R. Scherer (Hrsg.), *Psychologie der Emotion*, Vol. 3 *IV*, Verlag für Psychologie Dr. C. J. Hogrefe, Göttingen, 41–100.

Schreyögg, G.: 1992, Organisationskultur, *in* E. Frese (Hrsg.), *Handwörterbuch der Organisation*, 3. Auflage, Poeschel, Stuttgart, 1525–1537.

Schuhmacher, R. M. und Czerwinski, M. P.: 1992, Mental models and the aquisition of expert knowledge, *in* R. R. Hoffmann (Hrsg.), *The psychology of expertise*, Springer, New York, 61–79.

Schwartz, M.: 1980, *Physiologische Psychologie*, BELTZ, Basel.

Scott, J. J.: 1969, The emotional basis of social behavior, *Annuals of the New York Academy of Science* (159), 777–790.

Senge, P. M.: 1990, *The Fifth Discipline: The Art and Practice of Learning Organization*, Random Rouse Business Books, New York.

Senge, P. M.: 1997, *Die Fünfte Disziplin*, 4. Auflage, Klett-Kotta, Stuttgart.

Senge, P. M. et al.: 1997, *Das Fieldbook zur fünften Disziplin*, Klett-Kotta, Stuttgart.

Senge, P. M. und Lannon, C.: 1990, Managerial microworlds, *Technology Review* **39**(5), 62–68.

Senge, P. M. und Sterman, J. D.: 1992, Systems thinking and organizational learning: Acting locally and thinking globally in the organization of the future, *in* T. Kochan und M. Useem (Hrsg.), *Transforming Organizations*, Oxford University Press, New York, 353–370.

Shirom, A.: 1989, Burnout in work organizations, *in* C. L. Cooper und I. Robertson (Hrsg.), *International Review of Industrial and Organizational Psychology*, John Wiley and Sons, Chichester, 25–48.

Shrivastava, P.: 1983, A Topology of Organizational Learning Systems, *Journal of Management Studies* (20), 7–28.

Sievers, B.: 1977, Organisationsentwicklung als Problem, *in* B. Sievers (Hrsg.), *Organisationsentwicklung als Problem*, Klett, Stuttgart, 10–31.

Simon, H. A.: 1945, *Administrative behavior*, Free Press, New York.

Simon, H. A.: 1991, The Sciences of the Artificial, *in* H. A. Simon (Hrsg.), *Bounded Rationality and Organizational Learning*, Vol. 2 *Organization Science*, MIT Press, Cambridge, Ma., 125–134.

Simonov, P. V.: 1970, The information-theory of emotion, *in* M. B. Arnold (Hrsg.), *Feelings and Emotions: The Loyola Symposium*, Academic Press, New York, 145–149.

Skinner, B. F.: 1969, *Die Funktion der Verstärkung in der Verhaltenswissenschaft*, Kindler, München.

Smelsund, J.: 1988, *Psycho-Logic*, Springer, Berlin.

Smircich, L.: 1983, Concepts of Culture and Organizational Analysis, *Administrative Science Quarterly* **28**, 339–358.

Smith, C. A. und Ellworth, P. C.: 1985, Pattern of cognitive appraisal in emotion, *Journal of Personality and Social Psychology* (48), 813–838.

Solomon, R. C.: 1976, *The passions, the myth and nature of human emotion*, Doubleday, Garden City, N.Y.

Spencer, H.: 1890, *The principles of psychology*, Vol. I, Appelton, New York.

Staehle, W. H.: 1991, *Management - Eine verhaltenswissenschaftliche Perspektive*, 2. Auflage, Vahlen, München.

Starbuck, W. H.: 1976, Organizations and their Environments, *in* M. D. Dunette (Hrsg.), *Handbook of Industrial and Organizational Psychology*, 1. Auflage, Vol. 1, Rand McNelly, Chicago, 1069–1123.

Stäbler, S.: 1999, *Die Personalentwicklung der Lernenden Organisation. Konzeptionelle Untersuchung zur Initiierung und Förderung von Lernprozessen*, Betriebswirtschaftliche Schriftenreihe, Duncker und Humbold, Berlin.

Steinmann, H. und Schreyögg, G.: 2000, *Management. Grundlagen der Unternehmensführung.*, 5. Auflage, Gabler, Wiesbaden.

Stengel, M.: 1997, *Psychologie der Arbeit*, BELTZ, Weinheim.

Literaturverzeichnis

Stigler, G. J.: 1961, The economics of information, *Journal of Political Economy* **69**(3), 213–225.

Super, D.: 1960, Interest, *in* C. W. Harris (Hrsg.), *Encyclopedia of Educational Research*, 3. Auflage, Macmillan, New York, 728–733.

Tapscott, D.: 1997, *Growing Up Digital. The Rise of the Net Generation*, McGraw-Hill, Columbus.

Taylor, F. D.: 1919, *Die Grundzüge wissenschaftlicher Betriebsführung*, Oldenburg, München, Berlin.

Teigeler, P.: 1972, *Satzstruktur und Lernverhalten*, Huber, Bern, u.a.

Terreberry, S.: 1968, The Evolution of Organizational Environments, *Administrative Science Quarterly* **12**, 590–616.

Thompson, J. D.: 1967, *Organizations in Action*, McGraw-Hill, New York.

Thorndike, E. L.: 1911, *Animal Intelligence*, Mac Millan Company, New York.

Thorndike, E. L.: 1935, *Adult Interests*, MacMillan, New York.

Tolman, E. C.: 1932, *Purposive Behavior in Animals and Men*, Appleton-Century-Crofts, New York.

Tomaszewski, T.: 1978, *Tätigkeit und Bewusstsein. Beiträge zur Einführung in die polnische Tätigkeitspsychologie.*, BELTZ, Weinheim.

Tomkins, S. S.: 1962 and 1963, *Affect, imagery, conciousness*, Vol. 1 and 2, Springer, New York.

Tomkins, S. S.: 1984, Affect theory, *in* K. R. Scherer und P. Ekman (Hrsg.), *Approaches to emotion*, Erlbaum, Hilsdale, New Jersey, 163–196.

Literaturverzeichnis

Traxel, W.: 1972, Gefühl und Gefühlsausdruck, *in* R. Meili und H. Rohracher (Hrsg.), *Lehrbuch der Experimentellen Psychologie*, 3. Auflage, Huber, Bern, 235–280.

Traxel, W. und Heide, H.: 1961, Dimension der Gefühle: Das Problem der Klassifikation der Gefühle und die Möglichkeit seiner empirischen Lösung, *Psychologische Forschung* (26), 179–204.

Trebesch, K.: 1982, 50 Definitionen der Organisationsentwicklung - und kein Ende, *Organisationsentwicklung* **1**(2), 37–62.

Tushman, M. und Nadler, D.: 1978, Information Processing as Integrating Concept in Organization Design, *Academy of Management Review* **3**, 613–624.

Ulich, D.: 1979, Rationalismus und Subjektivismus in „kognitiven" Motivationstheorien, *Zeitschrift für Pädagogik* (25), 23–41.

Ulich, D.: 1989, *Das Gefühl. Eine Einführung in die Emotionspsychologie*, 2. Auflage, Urban und Schwarzenberg, München.

Ulich, E.: 1972, Arbeitswechsel und Aufgabenerweiterung, *REFA-Nachrichten* **25**(4), 265–275.

Ungson, R., Braunstein, D. und Hall, P.: 1981, Managerial Information Processing, *Administrative Science Quarterly* **26**, 116–134.

van Dijk, T. und Kintsch, W.: 1983, *Strategies of discourse comprehension*, Academic Press, Orlando.

Vester, F.: 1982, *Denken, Lernen und Vergessen. Was geht in unserem Kopf vor, wie lernt das Gehirn und wann lässt es uns im Stich*, 8. Auflage, Deutsche Verlagsanstalt, Stuttgart.

Vester, H.-G.: 1991, *Emotion, Gesellschaft und Kultur*, Westdeutscher Verlag, Opladen.

Vogel, S.: 1996, *Emotionspsychologie: Grundriss einer exakten Wissenschaft der Gefühle*, Westdeutscher Verlag, Opladen.

Literaturverzeichnis

Volpert, W.: 1974, *Handlungsstrukturanalyse als Beitrag zur Qualifikationsforschung*, Pahl-Rugenstein, Köln.

von Foerster, H.: 1971, Perception of the future and the future of perception, *Instructional Science* **1**(1), 31–43.

von Foerster, H. und Pörksen, B.: 2001, *Wahrheit ist die Erfindung eines Lügners*, Carl-Auer Systemverlag, Heidelberg.

von Rosenstiel, L.: 1992, *Grundlagen der Organisationspsychologie*, 3. Auflage, Schäffer-Poeschel, Stuttgart.

Wahren, H-K., E.: 1996, *Das lernende Unternehmen: Theorie und Praxis des Organisationalen Lernens*, de Gruyter, Berlin, New York.

Walsh, J. P. und Ungson, G. R.: 1991, Organizational memory, *Academy of Management Review* **16**(1), 57–91.

Watson, J. B.: 1919, *Psychology from the Standpoint of a Behaviorist*, Lippincott, Philadelphia.

Watson, J. B.: 1930, *Behaviorism*, University of Chicago Press, Chicago.

Watzlawick, P., Beavin, J. und Jackson, D.: 1996, *Menschliche Kommunikation - Formen, Störungen, Paradoxien*, Verlag Hans Huber, Bern.

Weber, M.: 1947, Politik als Beruf, *in* M. Weber (Hrsg.), *Schriften zur theoretischen Soziologie und Soziologie der Politik und Verfassung*, Schauer, Frankfurt, a.M., 487–499.

Weick, K.: 1979, *The Social Psychology of Organizing*, Addison-Wesley, Reading, Mass.

Weil, M. M. und Rosen, D. L.: 1997, *Techno Stress. Coping with Technology @Work, @Home, @Play*, Wiley, New York.

Weiner, B.: 1982, The emotional concequences of causal attributions, *in* M. S. Clark und S. T. Fiske (Hrsg.), *Affect and Cognition*, Hillsdale, New Jersey, 185–209.

Weiner, B. und Graham, S.: 1984, An attributional approach to emotional development, *in* C. E. Izard, J. Kagen und R. B. Zajonc (Hrsg.), *Emotions, cognitions and behavior*, Cambridge University Press, New York.

Weinstein, C. E., Goetz, E. T. und Alexander, P. A.: 1988, *Learning and study strategies*, Academic Press, San Diego, Ca.

Wellhöfer, P. R.: 1990, *Grundstudium der allgemeinen Psychologie*, Enke, Stuttgart.

White, R. W.: 1959, Motivation reconsidered: The concept of competence, *Psychological Review* (66), 297–333.

Wiegand, M.: 1996, *Prozesse organisationalen Lernens*, Gabler, Wiesbaden.

Wildavsky, A.: 1983, Information as Organizational Problem, *Journal of Management Studies* **20**(1), 29–40.

Wilkström, S. und Norman, R.: 1994, *Knowledge and Value: A New Perspective on Corporate Transformation*, Routledge, London.

Willke, H.: 1996, Dimensionen des Wissensmanagements - Zum Zusammenhang von gesellschaftlicher und organisationaler Wissensbasierung, *in* G. Schreyögg und P. Conrad (Hrsg.), *Managementforschung*, Vol. 6, Gabler, Wiesbaden, 264–304.

Willke, H.: 2000, *Systemtheorie 1. Grundlagen: Eine Einführung in die Grundprobleme sozialer Systeme*, Lucius und Lucius, Stuttgart.

Willner, A. R.: 1984, *The Spellbinders: Charismatic Political Leadership*, Yale University Press, New Haven.

Wolf, S.: 1965, *The Stomach*, Oxford University Press, New York.

Literaturverzeichnis

Woodworth, R. S.: 1938, *Experimental Psychology*, Holt, Reinhart and Winston, New York.

Woodworth, R. S.: 1958, *Dynamics of Behavior*, Holt, New York.

Wright, T. T.: 1953, Factors Affecting the Cost of Airplanes, *Journal of Aeronautical Science* **3**(4), 122–8.

Wundt, W.: 1874, *Grundzüge der Physiologischen Psychologie*, Engelmann, Leipzig.

Wundt, W.: 1905, *Grundriss der Psychologie*, Engelmann, Leipzig.

Young, P. T.: 1961, *Motivation and Emotion: A survey of the Determinants of Human and Animal Activity*, Wiley, New York.

Zajonc, R. B.: 1966, *Social Psychology: An experimental Approach*, Brooks and Cole, Belmont, Ca.

Zehnder, C. A.: 1987, *Informationssysteme und Datenbanken*, Teubner, Stuttgart.

Zimmer, D. E.: 1981, *Die Vernunft der Gefühle*, Piper, München.

Zobel, J. G.: 2001, Richtig motivieren - ein kritischer Erfolgsfaktor, *Personal* (9), 506–509.

Anhang

A. Abkürzungsverzeichnis

Mass.	Massachusetts
a.M.	Am Main
Anm.	Anmerkung
Ca.	Kalifornien
CT.	Connecticut
D.C.	District of Columbia
IDLL	Individuelles Double-Loop-Lernen
LTD	Englische Geschäftsform, entspricht der Gesellschaft mit beschränkter Haftung (GmbH)
N.J.	New Jersey
N.Y.	New York
Ne.	Nebraska
OADI	Observe Asess Design Implement (Dem Modell von Kim(1993) zugrundegelegte Konzeption des individuellen Lernprozesses)
ODLL	Organisationales Double-Loop-Lernen
OE	Organisationsentwicklung
OL	Organisationales Lernen
s.	siehe
S.	Seite
u.a.	Unter anderem
vgl.	vergleiche

B. Indizes

Autorenregister

Index

Aguilar, F., 53

Ajzen, I., 308

Albrecht, H., 348

Aldrich, H., 17

Alston, W., 214

Anderson, V., 177, 179

Anochin, P., 294

Argyris, C., 4, 6, 21–24, 30, 32–35, 39, 62, 63, 70, 72, 74, 78–80, 83, 92–94, 97, 98, 120, 147, 150, 358, 365

Armstrong, H., 107

Arnold R., 108

Arnold, M., 221, 224, 225

Arnold, R., 108

Arthur, W., 7

Ashby, W., 31, 32, 148, 295

Asher, H., 25, 35

Averill, J., 223, 361

Büchel, B., 90, 91

Büssing, A., 343

Baden-Fuller, C., 6

Baird, W., 177, 179

Bandura, A., 137, 148, 221

Barnard, C., 27

Bateman, T., 313

Bateson, G., 6, 31, 34, 37, 55, 139, 146, 147, 356

Becker-Carus, C., 185, 236

Bell, C., 119

Bergknapp, A., 234, 244

Berlyne, D., 141, 179, 185, 189, 192, 193, 221, 235, 272, 279, 367

Birbaumer, N., 217

Boisot, M., 6

Borman, W., 313, 314, 369

Bower, G., 221

Breitsameter, J., 330, 331, 334, 336

Brief, A., 315

Broadbent, D., 279

Brodsky, A., 345

Buck, R., 206–208, 221, 226

Burns, J., 153

Burns, T., 6, 15

Buschmann, I., 342

Cangelosi, V., 24

Cannon, W., 221, 231, 232, 235

Cherniss, C., 343–346

Ciompi, L., 264, 265

Cohen, M., 27

Cohen, P., 221

Collins, A., 223

Collinsk, J., 7

Craemer-Ruegenberg, I., 363

Csikszentmihalyi, M., 188, 189, 198, 202, 203, 340, 367

Cyret, R., 6, 22, 24, 27, 109

Czerwinski, M., 301

Daft, R., 5, 6, 21, 53–60, 70, 74, 80, 93, 109, 355, 366

Dahl, R., 287

Darwin, C., 221, 238

Davitz, J., 221

deCharmes, R., 186

Deci, E., 189, 194–199, 210, 259, 260, 272, 309, 367

DeGroot, E., 277

Dewey, J., 70, 139–141, 144, 167, 171, 172, 176, 177, 213, 256, 367

Dill, W., 24

Dittrich W., 238

Dogson, M., 76

Dollard, I., 239

Douglas, M., 51

Downs, A., 40

Dreyfus, H., 304, 305

Dreyfus, S., 304, 305
Duffy, E., 221
Duncan, R., 6, 23, 24, 38–43, 48, 50–52, 74, 83, 84, 93, 365
Dweck, C., 276
Dyer, L., 185

Eberl, P., 23, 27, 31, 88
Eckman, P., 221, 237
Edelwich, J., 345
Eder, F., 260, 261
Ekman, P., 224
Ellison, G., 7
Ellworth, P., 221
Emery, F., 15
Entwistle, N., 278
Ernst, H., 330
Eschenbach, A., 325, 326
Estes, W., 134, 135
Etzioni, A., 21
Euler, A., 217
Ewert, O., 223, 231, 233, 245
Eysenck, W., 272, 279

Fassel, D., 333, 338, 339
Festinger, L., 99
Fiol, C., 4, 23, 29
Fischbach, G., 133, 135
Fischbein, M., 308
Foppa, K., 134, 138
Forrester, J., 62
Freeman, J., 17
Freimut, J., 107
French, J., 106
French, W., 119
Freudenberger, H., 341, 346
Frey, B., 187, 200
Friedman, V., 76, 151
Frijda, N., 221, 224, 226, 240
Fudenberg, D., 7

Galbraith, J., 53
Gamsjäger, E., 342
Gardiner, H., 238
Gardner, P., 272
Garner, R., 278
Garner, W., 54
Geißler, H., 41, 81, 82, 308

Gerhardt, V., 159, 161–163
Gheradi, S., 52
Giddens, A., 85–87
Goldmann-Rakic, P., 133, 135
Gottfredson, L., 273
Graham, S., 224, 225
Graumann, C., 249
Gray, J., 224
Greene, D., 195
Grinyer, P., 6
Groeben, N., 274
Gross, W., 331–333, 336–338, 342
Grossmann, S., 185
Guthrie, E., 138

Hüholdt, J., 137
Habermas, J., 43
Hacker, W., 277, 294, 296, 298, 299, 301, 302, 305, 329, 369
Hagemüller, P., 136
Hambrick, D., 17
Hannen, M., 17
Hawkins, R., 133

Hebb, D., 221
Heckhausen, H., 183–186
Heckmann, W., 334
Hedberg, B., 6, 21, 28, 75, 76, 78, 90–92
Hegel, G., 164
Heide, H., 221, 330, 335
Heller, A., 221, 302, 364
Heller, W., 304
Helveticus, 164
Herbart, J., 166, 167, 169, 170, 176, 256, 271, 367
Hermann, T., 248
Hernández-Peón, R., 235
Hidi, S., 177, 179
Hillman, J., 221
Hofstätter, P., 133
Hogg, M., 285
Hokanson, J., 235
Huber, G., 5, 6, 21, 53, 55–60, 74, 80, 93, 109, 218, 355, 366

Inhelder, B., 143
Innhofer, C., 106

Isen, A., 280

Izard, C., 181, 221, 224, 231, 236, 237, 240, 241, 246, 247, 272, 368

Jackson, S., 343–345, 348

Jaehrling, D., 359

James, W., 171, 221, 224, 230, 231, 234, 235

Jaspers, K., 245

Jellnik, E., 330

Joas, H., 85

Johnson-Laird, P., 224

Kandel, E., 133

Kant, I., 164

Kasten, H., 218

Katz, D., 307

Kemper, T., 225, 362

Kerschensteiner, G., 167, 172, 175–177, 213, 255, 256, 367

Kießling, A., 88

Kieser, A., 14, 116, 291

Kim, D., 25, 70–72, 74, 77, 99, 125, 357, 366

Kintsch, W., 159

Klages, L., 221

Kleinginna, P., 215

Klimecki, R., 23, 25, 67–69, 112, 366

Klix, F., 134, 135

Kluckhohn, C., 322

Kluge, A., 112

Kmieciak, P., 322

Koch, S., 307, 313–315

Kofman, F., 6

Kolb, D., 70, 139, 144, 145, 171

Krapp, A., 178, 179, 273, 275, 276, 278

Krebsbach-Gnath, K., 109, 111

Kreps, D., 7

Kruse, O., 223

Kubicek, H., 291

Kuhlen, R., 55

Kutter, P., 217

Laird, J., 239

Lang, C., 221, 230, 232

Lang, J., 221

Lannon, C., 65

421

Launier, R., 343
Lawrence, P., 15, 53
Lawson, M., 48
Lazarus, R., 221, 226, 343
Lazlo, E., 38
Leeper, R., 221
Legett, E., 276
Leontjew, A., 294
Lepper, M., 195
Lersch, P., 221
Leventhal, H., 221
Levitt, B., 27, 37
Lewin, K., 70
Lindsley, D. B., 221
Lippit, R., 121
Lipps, T., 245
Lohmann, G., 363
Lorenz, K., 239
Lorsch, J., 15, 53
Luhmann, N., 6
Lukes, S., 288–290
Lunk, G., 161, 167–169, 175, 177, 255, 256, 274, 322, 367

Luria, A., 294
Lyles, M., 4, 23, 29

Müller-Stewens, G., 74
Machlowitz, M., 332
MacHulp, F., 43
Macintosh, l., 54, 58
MacLean, P., 221
Mandl, H., 217, 218
Mandler, G., 221, 230
March, J., 6, 22–24, 27–29, 35, 37, 39, 40, 53, 70, 74, 77, 78, 80, 82, 83, 92, 94–96, 99, 109, 141, 150, 287, 365
Marton, F., 277
Marx, K., 289
Maslach, C., 341, 343–345, 348
Matsumo, D., 280
Maturana, H., 110, 135, 257, 355
Mayring, P., 222
McDougal, W., 221, 224
McGraw, K., 199
McReynolds, P., 185
Mees, U., 248–251, 253, 368

Meilicke, J., 90

Mentzel, G., 330

Meyer, A., 90

Meyer, W., 217

Miles, R., 16, 17

Miller, D., 6

Miller, G., 137, 294–296

Miller, M., 63, 148–150

Motowidlo, S., 313–315, 369

Mowrer, O., 224

Nadler, D., 4, 5, 53, 57

Nagy, L., 271

Nell, V., 278

Nenninger, P., 276, 278

Nerdinger, F., 313, 315, 316, 369

Neuberger, O., 18–20, 111, 113, 121, 122, 152, 153, 290, 291, 319–321, 361

Neuendorff, H., 161–163

Nicholls, J., 276

Nicolini, D., 52

Nonaka, I., 6

Norman, R., 6

Nunley, E., 361

Nyström, P., 90

Oatley K., 224

Oesterreich, R., 304, 369

Olsen, J., 23, 24, 27–29, 35, 39, 40, 70, 74, 77, 78, 80, 83, 92, 94–96, 99, 141, 150, 365

Organ, D., 314, 315

Organ,D., 313

Orthaus, J., 333–335, 338

Ortony, A., 223, 249, 250

Panksepp, J., 221, 224

Papez, J., 221

Parker, D., 185

Pautzke, G., 24, 38, 39, 43–46, 48, 50–52, 74, 77, 88, 365

Pawlow, I., 138

Pedler, M., 57

Piaget, J., 48, 137, 139, 142, 144, 167, 173, 174, 176, 213, 256, 367

Pines, A., 342, 344–346

Pintrich, P., 277

Plutchik, R., 221, 224, 225

423

Polanyi, M., 76
Porter, L., 53
Prenzel, M., 165–167, 176, 177
Primbam, K., 221
Probst, G., 90, 91
Puttkammen, D., 331

Rüßmann, K., 339
Rühl, G., 326
Rapaport, D., 363
Raven, B., 106
Reiners-Kröncke, W., 330, 331, 334, 336
Richelson, G., 346
Roberts, K., 53
Rosemann, I., 221
Rosen, D., 108
Ross, S., 200
Rousseau, J., 164, 166
Ryan, R., 194, 272, 309

Saljö, R., 277
Sanders, M., 280
Sartre, J., 221
Schön, D., 4, 21–24, 30, 32–35, 39, 62, 70, 72, 74, 78–80, 83, 92, 93, 120, 147, 150, 358, 365
Schachter, S., 221, 230
Schanz, H., 133
Schaufeli, W., 341, 344
Schein, E., 6, 19
Schenk, D., 108
Scherer, H., 235
Scherer, K., 238, 239, 241, 244, 362, 363
Schiefele, H., 273
Schiefele, U., 274, 279
Schilling, J., 112
Schlossberg, H., 223
Schmidinger, H., 162–164
Schneider, K., 217, 238
Schreyögg, G., 19, 20, 153
Schumacher, R., 301
Schwartz, M, 236
Scott, J., 221
Senge, P., 6, 22, 25, 61–66, 70, 93, 125, 366
Shirom, A., 344
Shrivastava, P., 23, 27, 31, 38,

53, 61, 131, 132
Sievers, B., 119
Simon, H., 27, 53, 76, 82, 361
Simonov, P., 221
Singer, J., 230
Skinner, B., 139
Smelsund, J., 251
Smircich, L., 18
Smith, C., 221
Snow, C., 16, 17
Solomon, R., 221
Spencer, H., 246
Spencer, J., 6
Stäbler, S., 63
Staehle, W., 139
Stalker, G., 6, 15
Starbuck, W., 90, 91
Steinmann, H., 153
Stengel, M., 257, 348
Sterman, J., 6, 66
Stigler, G., 7
Stopford, J., 6
Super, D., 273

Takeuschi, H., 6
Tapscott, D., 55
Taylor, F., 107
Teigeler, P., 135
Terreberry, S., 15
Thompson, J., 53, 75
Thorndike, E., 137, 138, 271
Tolman, E., 137
Tomaszewski, T., 298
Tomkins, S., 221, 224, 239
Traxel, W., 215
traxel, W., 221
Trebesch, K., 119, 120
Trist, E., 15
TristE., 15
Tushman, M., 4, 5, 53, 57

Ulich, D., 218, 272
Ulich, E., 326
Ungson, G., 38, 49–51, 365
Ungson, R., 61

van Dijk, 159
Varela, F., 110, 135, 257, 355

Vester, F., 132, 133, 223
Vogel, S., 223, 248
Volpert, W., 302
von Förster, H., 55, 257, 258, 264
Vorderer, P., 274

Wahren, H-K., 30, 31, 139
Walbott, H., 238, 239, 241
Walsh, J., 38, 49–51, 365
Watson, J., 137, 224
Watzlawick, P., 99
Weber, M., 287
Weick, K., 6, 53, 58, 70
Weil, M., 108
Weiner, B., 221, 224, 225
Weinstein, C., 277
Weiss, A., 6, 23, 24, 38–43, 48, 50–52, 74, 83, 84, 93, 365

Wellhöfer, P., 332
White, R., 185, 189–191, 367
Wiegand, M., 5, 29, 31, 35, 36, 61, 64, 104
Wildavsky, A., 54
Wilkström, S., 6
Willig, R., 249
Willke, H., 111, 116
Willner, A., 153
Wolf, S., 234
Woodworth, R., 190, 223
Wright, T., 25
Wundt, W., 221, 234, 246

Young, P., 221

Zakonc, R., 311
Zehnder, C., 327
Zimmer, D., 223
Zobel, J., 183

Sachregister

Index

Akteure, 84, 88, 89, 131, 202, 287

Anpassungslernen, 15, 27, 72, 120

Anthropologie, 18–20

arousal, 185, 279

Auslöser, 40, 46, 48, 66, 125, 151, 238, 259, 260, 281, 340, 345, 366, 367

Behaviorismus, 137

Beobachter, 20, 49, 67, 100, 111, 118, 123, 157, 170, 171, 187, 245, 246, 302, 354, 357, 358

Definition, 9, 64, 81, 100, 116, 117, 120, 121, 123, 135, 160, 175, 214, 255, 263, 267, 322, 344, 367, 368

Denkschulung, 140

Emotion, 9, 176, 181, 205, 206, 208, 211, 213–215, 218, 222, 229, 230, 236, 239, 240, 245, 246, 248, 249, 251, 253, 255, 267, 272, 279, 362, 363, 368, 371

Emotionspsychologie, 9, 213–215

Erregung, 172, 193, 218, 230, 232, 237, 279

Führung, 151, 153, 328, 359

Gefühl, 158, 176, 181, 183, 188, 191, 195, 208, 245, 246, 251, 280, 305, 324, 329, 340, 349, 356, 368

Handeln, 9, 20, 33, 34, 48, 84, 87, 88, 95, 96, 123, 143, 169, 176, 177, 186, 187, 198, 199, 261, 283, 287, 291–294, 299, 304–306, 308–310, 313–317, 319, 340, 349, 368, 369, 371

Information, 53–57, 59, 80

Input, 50, 322

Interpretation, 18, 20, 21, 53, 58, 59, 80, 96, 200, 209, 354

Komponentenmodell, 227, 247, 249, 368

Kultur, 18–20, 46

Lernpathologie, 28

Logistisches Problem, 57

Mentale Modelle, 62, 71

Normen, 20, 24, 29, 33, 51, 71, 92, 98, 169, 307, 309, 312, 313, 323

Organisation, 13, 14, 19, 20, 23–25, 28, 29, 35–37, 39–42, 45, 46, 48–51, 54, 56, 57, 61–64, 67, 69, 70, 72–75, 78–85, 88–91, 93, 96, 98, 100, 101, 106–113, 115, 118–125, 131, 151, 152, 261, 268, 278, 281, 284, 285, 291–293, 306, 307, 312–325, 327–329, 337, 339, 349–358, 361, 366, 369, 370, 372

Organisationsentwicklung, 4, 116, 118–121

Pathologie, 28, 100

Sozialisation, 290, 321–323

Sozialisationsprozess, 20

Stimulus-Response, 28, 137, 138

Strukturmodell, 25, 67, 68, 248, 249, 251, 366, 368

Survey-Feedback-Forschung, 119

System, 18, 21, 28, 67, 85, 87–89, 110, 112, 139, 188, 189, 206, 228, 279, 294, 298, 301, 322, 323, 353, 355, 358

Unternehmenskultur, 18, 20, 21

Verlernen, 89–94

Wandel, 15, 36, 41, 46, 104, 116–118, 304, 323, 358, 365

Weltanschauung, 24, 71

Werte, 20, 29, 71, 92, 165, 312, 321–323

Wissen, 24, 37, 38, 40–46, 48–52, 55, 69, 71, 81, 88, 90, 91, 93, 106, 107, 133, 144, 145, 176, 294, 325, 327

Wissensbasis, 24, 33, 38, 39, 41–46, 51, 83, 84, 88, 93, 150

Aus unserem Verlagsprogramm:

Ina Santjer-Schnabel
**Emotionale Befindlichkeit
in einer selbstorganisationsoffenen Lernumgebung**
*Überlegungen für die ergänzende Berücksichtigung
physiologischer Aspekte*
Hamburg 2002 / 402 Seiten / ISBN 3-8300-0675-6

Uta Dietze-Münnich
**Pädagogische Führung und Erziehung –
Selbsttätigkeit und Selbsterziehung**
*Zur Diskussion pädagogischer Grundkategorien, insbesondere
in der Pädagogik der DDR*
Hamburg 2002 / 530 Seiten / ISBN 3-8300-0615-2

Siegmar Henkes
Führung auf Zeit aus motivationspsychologischer Sicht
Eine Evaluationsstudie
Hamburg 2001 / 280 Seiten / ISBN 3-8300-0445-1

Jan Schilling
Wovon sprechen Führungskräfte, wenn sie über Führung sprechen?
Eine Analyse subjektiver Führungstheorien
Hamburg 2001 / 256 Seiten / ISBN 3-8300-0419-2

Dorothea Gowin
Strukturen zukünftiger Personalarbeit
*Eine systematisch- empirische Untersuchung
über die Gestaltung von Veränderungsprozessen
in der Personalarbeit eines Automobilzulieferunternehmens*
Hamburg 1999 / 364 Seiten / ISBN 3-8300-0064-2

VERLAG DR. KOVAČ
FACHVERLAG FÜR WISSENSCHAFTLICHE LITERATUR

Postfach 50 08 47 · 22708 Hamburg · www.verlagdrkovac.de · info@verlagdrkovac.de

Einfach Wohlfahrtsmarken helfen!